U0113632

中国古代大政治家的治国智慧

◎ 马平安 著

秦皇创制
皇帝制度与郡县体制

中国文史出版社

图书在版编目（CIP）数据

秦皇创制：皇帝制度与郡县体制 / 马平安著 . --
北京：中国文史出版社，2021.12
（中国古代大政治家的治国智慧）
ISBN 978-7-5205-3165-8

Ⅰ . ①秦… Ⅱ . ①马… Ⅲ . ①秦始皇（前 259- 前 210）—生平事迹
Ⅳ . ① K827=33

中国版本图书馆 CIP 数据核字 (2021) 第 181887 号

责任编辑：窦忠如

出版发行：中国文史出版社
社　　址：北京市海淀区西八里庄路 69 号院　邮编：100142
电　　话：010-81136606　81136602　81136603（发行部）
传　　真：010-81136655
印　　装：廊坊市海涛印刷有限公司
经　　销：全国新华书店
开　　本：787×960　1/32
印　　张：10.25
字　　数：182 千字
版　　次：2022 年 9 月北京第 1 版
印　　次：2022 年 9 月第 1 次印刷
定　　价：58.00 元

作者简介

马平安，1964年生，河南卢氏人，历史学博士，中国社会科学院近代史研究所研究员、中国社会科学院大学教授。出版著作《晚清变局下的中央与地方关系》《近代东北移民研究》《北洋集团与晚清政局》《中国政治史大纲》《中国传统政治的基因》《中国近代政治得失》《走向大一统》《传统士人的家国天下》《黄帝文化与中华文明》《孔子之学与中国文化》等30余部，发表文章50余篇。

总　序　治理国家需要以史为鉴

　　世上任何事情的出现，都是一种因缘关系在起作用的结果。

　　这套即将问世的政治家与中国传统国家治理智慧的小丛书，即是本人对中国传统政治与文化多年学习与思考后水到渠成的一种自然的结果。

　　从宏观上来看，国家的治理是一项十分复杂的系统工程。但如果将这一复杂性和系统性作抽象的归类，其基本内容则主要只有两项，也就是《管子·版法解》中所说的"治之本二：一曰人，二曰事"。这其中，人才是关系国家兴衰的第一要素，所以《管子·牧民》篇又说："天下不患无臣，患无君以使之；天子不患无财，患无人以分之。"历史上，政治家对国家制度的探讨、官员的任用、民众的管理、财政的开发、外交的谋划、各种突发事件的应对及处理，等等，无不是对国家治理经验的丰富与积淀，而由这些内容所形成的政治文化，就成为中华民族文化中极其重要的组成部分。

中外古今大量历史经验表明，一个国家和民族的存在与发展，最根本的依赖是文化，以及由文化而产生出来的文化精神。民族的文化精神是一个国家和民族赖以生存和发展的支柱，是一个国家和民族的脊梁，代表着一个国家和民族的精气神。离开了文化和文化精神的支撑，该国家或民族的存在便无以为继。从周公到康熙皇帝，他们都是在中国乃至中华民族发展历史上作出了巨大贡献的杰出人物，他们缔造的政治制度、所展现的政治智慧，都成为中国文化精髓中的重要组成部分，对中华民族的传承与发展有着不可替代的支撑作用。

中国古人懂得总结历史经验教训的重要性，应该是从黄帝时代就开始了，但有明确文字记载的，则要从周人说起。

周人对历史经验的总结、回顾，从文王时代就已经有了明确的记载。《诗经·大雅·荡》篇引文王所说的"殷鉴不远，在夏后之世"，就是周文王针对殷纣王不借鉴也不重视夏后氏被商汤灭亡的教训所发出的叹惜。朱熹在其《诗集传》中说："殷鉴在夏，盖为文王叹纣之辞。然周鉴之在殷，亦可知矣。"文王一方面为殷纣王而叹惜，另一方面也以历史的经验教训作为周人的戒鉴。

殷商灭亡后，周武王、周公以及其他一些有为的周王和辅政大臣更是常常总结夏殷两代人的经验教训。这可以分成两个方面，一方面是对夏殷两代成功统治经验的总结以供学习、效法；另一方面是对夏殷两代执政者的罪过、错误和失败教训的总结以供戒惕。这种模式，可以说是开了中国人史鉴意识的先河。

　　周人思维的特征之一就是习惯以古观今，拿历史来借鉴、说明、指导现实以照亮未来前进的方向。周初统治者即是这种思维特征的代表人物。周公治理国家，不仅总结了夏殷两代失败的历史教训，而且还总结了夏殷先王成功的历史经验，并对这些经验予以高度的赞扬和汲取，从而开创了中国历史上的封建政治制度与建立了家国一体的文化意识。从《周易》《尚书》《诗经》《周礼》《仪礼》等若干先秦文献中，都可以看到周人具有的这种浓郁的史鉴意识。这种文化意识，深深地影响了中国人的文化与心理。

　　在现实生活中，我们在欣赏画作时，都知道每幅作品中藏着一个画魂，这个"魂魄"，往往代表了这幅画境界的高低与价值的大小。

　　以史观画，史学的作品，又何尝不是如此呢？

　　本丛书之"魂"，即是"传统国家治理的经验与教训"。这是一条古代政治家治理国家所汇集而成的波浪滔天、奔流不息的历史长河，在这条奔腾前行的河面上不时迸溅出交相辉映、绚丽夺目的朵朵浪花。

　　这也是一条关于中国古代治理智慧的珍珠玛瑙链，是对古代政治家治国理政智慧和务实政治原则的浓缩，是对古代统治者及关注政治与民生的政治思想家们勇猛精进所创造历史的经验教训的一种总结。

　　纵观中国古代治理史，夏、商、周三代，周公对国家的治理最具有代表性，他封邦建国，创建宗法制度、礼乐文化，以德治国，注重史鉴，对中国传统政治文化价值体系的形成和发展，有着独特的贡献。春秋时期，孔子对国家治理的思考与探索亦堪称典型。他把政治的实施过程看作是一个道德化的过程，十分强调执政者自己在政治实践中以身作则的表率作用，主张"礼治""德治""中庸"，十分强调统治者在治国理政中富民、使民、教民的重要性。战国时期，商鞅改革的成就史无前例。商鞅最重视国家的"公信力"，他主张用法治手段将国民全部集中于"农战"的轨道，"法""权""信"构成了他的治国三宝。在商鞅富国强兵政策的基础上，秦王嬴政实现了国家的统一。秦始皇所开创的中华帝制、郡县制，所拓展的疆域，进一步奠定了中华民族发展的基础。楚汉战争胜利后，刘邦建汉。作为一个务实且高瞻远瞩的政治家，他更具有史鉴意识，采用"拿来主义"，调和与扬弃周秦政治，他的伟大之处在于实行"秦果汉收"，兼采周公与秦始皇治国理政的长处，从而较好地解决了先秦中国政治遗产的继承和发展问题。汉武帝是继周公、孔子、秦始皇、汉高祖之后又一具有雄才大略的不世之主。他治国理政兼用王霸之道，在意识形态上采取文化专制主义，尊崇儒术，重视中央集权以及皇权的建设。三国两晋南北朝时期，因为分裂与战乱，这一时期鲜有在国家治理方面高水平的大政治家，其间尽管有曹操的挟天子以令诸侯、在北方开辟屯田；诸葛亮治理西蜀与西南地区，但皆无法与统一强大王朝的治理体系与能力相媲美。唐宋时代，唐太宗、宋太祖对国家的治理堪为后世示范。唐太宗的三省制衡机制、宋太祖对文官制度的重视与建设都很有特色。北宋后期有王安石变法，但这种努力以失败而告终，非但没有能够挽救北宋王朝，相反倒十足加剧了北宋的动荡与灭亡。明代中后期，统治者一直在寻找振兴之路，其中以张居正新政最具代表性。张居正治国理政所推行的考成法与一条鞭法，为后来治国者的治吏与增加财政收入提供了经验教训。清朝前期，康熙皇帝用理学治国，用各民族团结代替战国以来的"长城线"边防思维，今天中国五十六个民族、幅员辽阔的疆域领土、大国的自信，等等，都是那个时候奠定的。康乾盛世是中国古代五大盛世中成就最高的盛世，康熙皇帝治国理政的经验教训值得总结。

从历史上看，历代帝王圣贤皆重视治国理政、安民惠民，这是经济义理之学所以能成为中国传统文化核心特征的一大重要因素。

笔者以为，在追求学问之路上，大致可以分为四重境界来涵养：

第一重境界，专业之学。也可以称为职业之学，是人们讨生活、养家庭，生存于天地、社会间必具的一门专业学问。只要努力与坚持，人人可为，尽管会有程度高低不同。

第二重境界，为己之学。也可以说是兴趣之学、爱好之学、养基之学。对于这种学问，没有功利，不为虚名，只为爱好而为之。

第三重境界，立心之学。在尽可能走尽天下路、阅尽阁中书，充分汲取天地人文精华的基础上，立志尽己之能为人间留一点正能量的东西，哪怕是炳烛、萤火之光。

第四重境界，治国平天下之学。这种学问在实践上有诸多苛刻条件的限制，无职无位无权者很难走得更远；在理论上也需要有远大抱负、超凡脱俗之人来建树。做这种学问的目的，在于"为万世开太平"，为民族为国家之繁荣富强，为民众之安康福祉，生命不息，追求不已。

从格局上看，古人读书写作多非专职，由兴趣爱好适意为之，因为不是为了"衣食"，故以"为己"之学为多，其旨意亦多追求"立德立功立言"，在著作上讲究"经济义理考据辞章"。窃以为，古人眼中的"经济"，远不是今人所说的"经济"。"经"者，经邦治国；"济"者，济世安民也。经邦治国，济世安民才是古人心中的"经济"之学。"义理"是追求真理，为世人立心，替生民立命。"考据"重在材料在学术研究中的选择及运用。"辞章"则是重视文采的斑斓与华丽。对"经济""义理"的向往和追求是国人的动力，是第一位的。孔子曰："言而无文，行之不远。"此"文"说的就是"经济""义理"。"考据"需要勤奋、细心、谨慎、坚持就可以做到。"辞章"则往往与人的天赋与性格关系很大，千人千面，很多不是通过努力就能达到的。姚鼐在《述庵文钞·序》上说："余尝论学问之事，有三端焉，曰：义理也，考证也，文章也。"章学诚在《文史通义·说林》中说："义理存乎识，辞章存乎才，征实存乎学。"今天，如何学习与继承中国古人优良的著述传统，在生活实践中树立"修齐治平""家国天下""立德立功立言"三不朽意识，将"经济义理考据辞章"融会贯通，目前还有很多值得努力的地方。

从学术角度言，一部好的史学作品，离不开对史料的抉择与作者论述的到位。资料的充实、可靠，作品的立意高格、布局得体是形成一部好作品的必要条件，尤其是资料是否充实、可靠更是研究工作的基础。很明显，本丛书的立意布局都需要充实的资料来讲话。不幸的是，中国虽然是一个历史大国，然而扫去历史的尘埃，一旦进入相关领域认真搜寻探究，就会发现，史料的不足与缺乏成为制约史学作品完善与深入的瓶颈。从现有资料看，研究周公治国主要有《周易》《今古文尚书》《周礼》《仪礼》等；商鞅有《商君书》、出土的文物、《史记》等，孔子有五经、《论语》等；秦始皇有《史记》中的《秦始皇本纪》《秦本纪》，以及一些出土的秦简、文物等；汉高祖、汉武帝有《史记》《汉书》及汉人留下的一些著作；唐太宗有《贞观政要》《新唐书》《旧唐书》等；宋太祖有《宋史》《续资治通鉴长编》《续资治通鉴》等；王安石有《王安石全集》《宋史》《续资治通鉴长编》等；张居正有《张太岳集》《明史》《明实录》等；康熙皇帝有《康熙政要》《清史稿》《康熙起居注》《清实录》等，可作为参考。但说实话，这些资料仍然很不够，一句话，资料的缺乏与不足影响了本丛书认识与探索的空间，这也是美中不足、无何奈何的事情。

此外，史学作品要求一切根据资料讲话的特点，也决定了其风格只能是如绘画中的工笔或白描，而不能采用写意的手法，随意挥洒，这也影响了作品的表达形式。

本丛书是为人民大众服务的，首先，需要风格活泼、生动、有趣味，文字通俗、流畅、易懂、可读；其次，力求作品的学术性、严肃性与准确性。也许，只有在坚持学术性、严肃性与准确性的前提下，把学究式的文风变成人民大众喜闻乐见的文风，才能收到更广泛的社会效应。但我深知，很多地方还远远没有做到。"路漫漫其修远兮，吾将上下而求索。"大众学术一直是笔者努力的方向。

目前，中国正在进行伟大的变革，如何推进国家治理体系和治理能力现代化，这既是全面深化改革的热点，更是一个难点问题。在中国这样一个具有悠久历史和文化传统的国度里，我们必须遵循中华民族自身的发展规律，循序渐进地向前迈进。

习近平总书记指出："一个国家选择什么样的国家制度和国家治理体系，是由这个国家的历史文化、社会性质、经济发展水平决定的。"这提醒我们，中国的发展道路具有中国自身特色，实现中国国家治理现代化，离不开中国历史传承和文化传统，离不开中国经济社会发展水平，离不开中国人民自己的选择。

历史与文化是"民族的血脉，是人民的精神家园"，历史不能割断，实现中国国家治理现代化，需要中国"历史传承和文化传统"，源于"古"而成就于"今"，从中国古代的政治实践中汲取有益的营养，努力探寻传统文化的现代转化，为构建当今和谐社会提供借鉴，这是本丛书问世的目的所在。

希望这套小丛书能够多少帮助到对中国古代政治史感兴趣的人们！

作者 2020 年底于京城海淀

目　录

前 言 祖龙与秦业

公元前259年，在自古多悲歌之士的燕赵故地——邯郸，一个伟大的生命来到这个已经乱了数百年的人间大地。他，就是被中国史学家鼻祖司马迁称之为"祖龙"的嬴政。

中华民族很早就盛行龙的崇拜，将自己视作龙的传人。到战国时期，人们开始把龙与圣王联系起来，希望他能应运而出，拨乱反正，挽救这个乱糟糟的世道和已经苦难深重的芸芸众生。

"祖龙者，人之先也。"①

既然祖龙已经降生人世，华夏古国必然会随之发生重大的变化。

公元前247年，13岁的少年嬴政继承秦国王位，中国历史上一位前无古人的伟大帝王即将产生。

盛唐大诗人李白在《秦王扫六合》中这样写道：

---

① 司马迁撰：《史记》卷6《秦始皇本纪》，中华书局1982年版，第259页。

秦王扫六合，虎视何雄哉！

挥剑决浮云，诸侯尽西来。

明断自天启，大略驾群才。

收兵铸金人，函谷正东开。

铭功会稽岭，骋望琅邪台。

刑徒七十万，起土骊山隈。

尚采不死药，茫然使心哀。

连弩射海鱼，长鲸正崔嵬。

额鼻象五岳，扬波喷云雷。

鬐鬣蔽青天，何由睹蓬莱？

徐市载秦女，楼船几时回？

但见三泉下，金棺葬寒灰。①

千古一帝"与天奋斗，与地奋斗，与人奋斗，其乐无穷"的辉煌一生在这位谪仙人的笔下娓娓道来。

22岁那年，即公元前238年，秦王嬴政在祖先所在故地雍城举行了隆重的加冠礼，正式从太后手中接过秦国的最高权力。

亲政伊始，他就以迅雷不及掩耳之势，杀嫪毐，逐吕不韦，将秦国军政大权全部收归到自己的手中。

那个时候，他是多么风华正茂啊！

那个时候，他挥斥方遒，指点江山。挥手扫六国，挥剑

---

① （唐）李白著：《李太白全集》中华书局1977年版，第92页。

决浮云，吹响了向六国发起最后总攻击的号角，下达了灭亡六国的总动员令。

在他的指令下，秦军所向披靡。

公元前 230 年，灭韩；

公元前 228 年，灭赵；

公元前 225 年，灭魏；

公元前 223 年，灭楚；

公元前 222 年，灭燕；

公元前 221 年，灭齐。

至此，"海内为郡县，法令由一统"①。华夏大地归于一统，大秦帝国诞生于世。

这一年，嬴政才 39 岁，就已经成为天下共主，万民敬仰。

岂止是天下共主，而且还是中华帝业的开基之人，也就是从这个时候起，中国有了始皇帝。

如果说，中华帝国是一座巍峨宏伟大厦的话，那么，嬴政就是这座大厦的奠基人，在两千多年前就为它举行了隆重的奠基仪式。

两千多年来，东方巨龙就是在这个基础上，不断地成长壮大并且实现了腾飞。

这是中国历史上实现的一次真正的统一，是秦人数百年披荆斩棘，用生命、用勤奋、用血与汗换来的伟大成果。

---

① 司马迁撰：《史记》卷 6《秦始皇本纪》，第 236 页。

大秦帝国的版图：东至大海，从南海、东海、黄海直到渤海，可以听到波涛阵阵，可以观到碧波万里。西到临洮，能够望到广袤的沙漠，能够看到一望无际的草原。南至越南，能够散步在热带雨林中，能够享受到南国甜蜜的椰汁。北达草原，能够听到"燕山胡骑鸣啾啾"的空武声音，观到"天似苍穹，笼盖四野"的莽莽景象。

从此以后，长江、黄河，南北呼应；昆仑、东海，东西回响。

从此以后，中华民族也曾有过分裂，但统一、团结、融合、开拓、进取，始终构成了中华民族的主体灵魂。

难怪，秦始皇在琅邪刻石上说："六合之内，皇帝之土。西涉流沙，南尽北户。东有东海，北过大夏。"①

这是当时世界上版图最大的国家。

这是前无古人的伟大的壮举。

秦始皇有理由为此而骄傲，因之而兴奋！

但是，秦始皇并没有陶醉于此，他仍然在朝气蓬勃地开疆拓土；仍然在追求"人迹所至，无不臣者""日月所照，莫不宾服"②的一统境界。

这就是秦始皇的性格，这就是秦始皇的作风，这就是秦始皇能够成为"千古一帝"的原因之所在。

---

① 司马迁撰：《史记》卷 6《秦始皇本纪》，第 256 页。
② 司马迁撰：《史记》卷 6《秦始皇本纪》，第 256 页。

一般而言，人的一生能够做到两件前无古人的事业，就已经是很高的境界了。但是，秦始皇则不然，前人的高度如同山丘挡不住他的视野，他始终两眼紧盯着前方的远景，脚下的步伐一刻不停地在向前方迈进。

秦政是在周制的基础上脱胎而来的。秦政源于战国时代天下统一的需要。

所谓"秦政"，就是通过用"郡县制"替代"分封制"，用"官僚制"替代"贵族制"，用"书同文、车同轨"式的中央集权终结诸侯割据而建构起来的一套更加适合中国国情与社会发展需要的政治管理模式。

大秦帝国从公元前 221 年秦始皇创建帝业，到公元前206 年秦王子婴自缚出关向刘邦投降，这个曾经辉煌一时的大帝国仅仅存在了短短 15 年的时间，就退出了本不应当退出的历史舞台。

大秦帝国虽然烟消云散了，但它创造的政治价值与文化意义我们却不能低估。"祖龙虽死秦犹在，百代都行秦政法。"客观言之，秦帝国虽殇，但其魂与灵犹存。离开了大秦帝国，中华政治与文化就无从说起。

我国史学鼻祖司马迁在《史记·六国年表》中说：

> 秦取天下多暴，然世异变，成功大。传曰："法后王"，何也？以其近已而俗变相类，议卑而易行也。学者牵于所闻，见秦在帝位日浅，不察其终始，因举而笑之，不敢道，

此与以耳食无异。悲夫！①

这说明，太史公对秦政是持肯定态度的。他批评汉代学者对秦政研究与看法的肤浅。

在明代，有两位人物也明确表示了他们对秦政的肯定态度。

一位是明朝中后期政治家张居正。

他说：

> 三代至秦，浑浊之再辟者也，其创制立法，至今守之以为利。史称其得圣人之成。②

张居正站在政治家的立场，高度赞扬了大秦帝国创立的政治体制对中国后来历史发展的久远影响。

另一位是明末清初著名思想家王夫之。

他在《读通鉴论·秦始皇》中写道：

> 郡县之制垂两千年而弗能改矣，合古今上下皆安之。势之所趋，岂非理而能然哉？③

---

① 司马迁撰：《史记》卷 15《六国年表》，第 686 页。
② (明)张居正著，张嗣修、张懋修编撰：《张太岳集》(下)，杂著十四，中国书店 2019 年版，第 306 页。
③ (清)王夫之著，彦士舒点校：《读通鉴论》卷一，中华书局 2013 年版，第 1 页。

　　王夫之站在思想家的角度，认为大秦帝国创立的郡县制，深刻地影响了两千年来的中国历史，秦帝国的政治制度，是顺应了中国历史发展的趋势，也符合中国历史与社会政治发展的必然规律。

　　诚然，大秦帝国的出现，在中国历史上确实不是一件可有可无的事情。它对中国后来的历史进程，的确产生了不可低估的影响。大秦帝国是中国历史上一个重要分水岭，此前为三代血缘与贵族之政，此后历代推行的则都是以官僚政治为特征的秦政。

　　第一，大秦帝国是中国历史上第一个建立起来的中央集权制的大一统的帝国。它所建立起来的郡县制，中央集权制，军事、司法、行政三权分立制等制度，都成为它身后历代王朝奉行不变的政治模式。

　　第二，大秦帝国从创业到灭亡，其间凝聚了秦人七百多年的心血与经验。秦帝国从无到有，从弱小到强大，从偏居一隅到一统天下，其力量之强之大令人为之瞠目。但就在它威力无边、登峰造极之时，帝国大厦却又忽然土崩瓦解、轰然倒塌，其间教训之深刻、经验之神秘，都如磁石一样紧紧地扣动与牵引着千百年来人们的心弦，令关心国家大事的人们，产生了巨大的探索解密的愿望。大秦帝国的成败得失，是后世历代治国理政的一面明鉴。

　　第三，大秦帝国创立了许多前无古人后无来者的永远彪炳青史的宏大业绩，不断地引发人们的追思与缅怀。除了它的政治制度为原创性外，作为中华民族象征的万里长城，仅仅开发一角就被世人誉为"世界第八大奇观"的以兵马俑为代表的秦始皇的骊山陵墓，曾经纵横天下无敌手的秦国军团，等等，都表明了这个王朝曾经的辉煌与巨大的成功，它的意义与价值，已经不是只言片语就能够揭示与说清楚的。

第四，大秦帝国为人类世界留下了一个"China"的称谓。现在世界各国皆称中国为China。这个名称是由古代印度的梵文Cina、Chinas，阿拉伯文eya或sin，拉丁文Thin、Thinae演变而来，都是秦的译音。据学者考证，印度古时称中国为震旦。"震"即秦，"旦"即斯坦，震旦就是秦地。元明清以来，欧洲学者都认为"China"是"秦"的译音。可以设想，大秦帝国声威远震，长期以来，西方国家把它作为华夏民族与国家的象征，也应该是一件合乎情理的事情。如果不是大秦帝国夭亡得如此之快，很有可能，今天我们中华民族的主体之一"汉人"或许就会改称呼，成为"秦人"了。

第五，秦政对后世政治的影响是巨大的。

汉高祖刘邦目睹了秦帝国大厦坍塌的全部过程，并且还是它的最成功的破坏者之一，因而，这位汉帝国的创始人及其后代继承者就更有一番痛彻肺腑的体会与见解。这样，在汉取代秦后，汉帝国的统治者们就在继承秦政的同时，又特别借鉴秦亡的教训，在治理国家时对政治制度多方面进行了调整。

汉高祖刘邦参酌周秦二制推行郡县与封国并轨制，以此建立中央与地方的权力制约体制，防止再出现李斯、赵高之类权臣左右朝政的局面。

汉武帝刘彻则在意识形态上尊崇儒家，"罢黜百家，独尊儒术"。以此为标志，阳儒阴法，儒法并用的霸道、王道之术就成了历代统治者执政的两柄。历史的经验告诉我们：秦皇以"焚书坑儒"而失败；汉武以"独尊儒术"而成功。这其中的奥妙，如果不从当时的时间、地点、条件等环境因素入手去深入考察，往往很难说得清楚。事实上，无论秦皇还是汉武，在治国理政上，其目的是相同的，那就是要在幅员辽阔、人口众多、各地人情风俗差异很大的帝国治理上"独尊一统"，禁绝异端，统一思想，维护统治者的绝对权威，铸造大一统的政治文化与价值观念。不过，时代不同，条件不同，手段不同，效果也就大相径庭。秦皇以严法高压而失败，汉武则以"学而优则仕"的利诱取得了巨大的成功。二者出发点没有差别，只不过是老子的"柔弱胜强刚"的治理之道在这里发挥了绝对的作用罢了。

总之，由于种种原因，两千多年来，关于秦制、秦皇、秦政的认识存在明显的偏颇，乃至形成了很难调整的思维定势。因为西汉统治者与思想家的一面倒的宣传，秦政完全成为负面的典型。在世人的印象中，秦制是绝对君权的典型，秦皇是暴戾专横的典型，秦政是残民害理的典型。秦制、秦皇、秦政将君主专制推向极致，因而其治国理政糟糕得一塌糊涂。然而考诸事实，在秦帝国最高统治者的治理措施中却包含着一定的民本思想因素。民众的造反运动，并不是发生在秦始皇统治时期，而是出现在沙丘政变以后。架空皇权的赵高、李斯无视帝国的利益，不顾百姓的死活，自以为大权在握，就可以无法无天，随心所欲，大搞清除异己的权力斗争，结果，事物的发展必然走向反面。赵高、李斯为所欲为造成统治者内部“家自为怒，人自为斗，各报其怨而攻其仇”①的局面，最终引发天怒人怨，造成了秦王朝的覆灭，他们也落得个身死族灭的下场。

客观地说，秦自商鞅以来，一直用法家治国，并不是一个错误，至少不能全盘否定。法家强调尊君，旨在富国强兵，注重耕战，强调集中权力于中央政府等，均是秦国之所以能够不断积聚壮大力量，最终能够实现统一大业的一个重要保障。但是，秦帝国的统治者在巨大的胜利面前，却不再是那么清醒。过分相信制度制约却没有设计出相应成熟的权力制衡机制以确保皇权的强大，同时，他们忽视对忠臣文化的养成，以至于在权臣祸国之时无法阻止。

实际上，秦帝国之所以短命而亡，从秦人的奋斗进程中就可以看到隐藏在其间的诸多隐患。一个鲜明的实例，就是秦国自商鞅变法以来，在用人方面存在着只看重其能够给秦国的眼下带来多少的实际利益，而根本不去考察其人的品格道德对国家可能带来的潜在的长远危害。以张仪、范雎为例，

---

① 司马迁撰：《史记》卷89《张耳陈余列传》，第2573页。

这两个人充其量不过是两个有舌辩之才的政客而已，在治国安邦上不可能为秦国谋划出一个长远的久安之策。他们因为品行不端在东方六国无法发展，但是，靠才智、口舌、机巧，却先后在秦国猎取到了他们梦寐以求的富贵权位。秦国这种只求实用、不求品德的用人政策，一方面让在东方六国无法谋求发展的人们在秦国有了施展其才能的空间；另一方面，因为这些急功近利之人毕竟不是有远见的政治家，他们虽然占据了秦国的政治舞台，也提供了一些符合实际的有利于秦国发展的具体措施，但因为他们的目的是猎取荣华富贵，而不是从心中去献身秦国的统一大业，因而，从长远看，他们的得势与执政，也为秦国长远的发展埋下了祸根。本来刚刚一统天下，正可借其雷霆万钧之力来建立一个以嬴秦为首的千秋万代、固若金汤的帝业，却因为缺乏权力制衡机制而导致高层统治集团的内讧与皇权被架空，致使秦帝国顷刻间樯橹灰飞烟灭。当然，秦帝国的覆亡，也是因为历史变化转折时期需要的条件太多，形势发展太快，很多事情非人力所能为。

大秦帝国其兴也漫长兮，其亡也忽快兮，悲剧是残酷的，然悲剧之美也是永恒的。不管怎样说，秦皇弘扬祖先开拓之精神，继吞并六国之余烈，把秦人积极进取的性格发挥到了极致，在华夏大地上实实在在地做出多件空前绝后的壮举，为后世的治理国家者做出了榜样。秦皇的筚路蓝缕、开创之功不可没！

第一章　影响秦皇决策之诸种因素

　　自秦汉以来，人们普遍认为秦始皇是位法家皇帝，影响他决策的是法家文化。其实，这种看法并不全面。更准确地说，在秦帝国的治国理政实践中，秦始皇具有以法家为主、融合儒道法、综合百家的特点。更准确一点说，秦始皇是一个比较偏爱法家、兼采各家的"杂家"皇帝。他本人即是一位具有颇高理论修养的政治家，治理国家气魄宏大而又十分务实，只要是对他统治有用的思想，他都会没有偏好地信手拿来，为我所用。天命思想、商韩学说、儒家文化、神仙五行等都成为他决策的理论源泉。

一、天命思想

从秦襄公立国至秦王嬴政统一六国，秦人的统治政策即与天命思想密切相关。自秦开国至秦始皇开创大秦帝国，统治者都相信自己"受命于天"，历代君主几乎都有祭祀天帝的活动。

司马迁在《史记·封禅书》中说：

> 自周克殷后十四世，世益衰，礼乐废，诸侯恣行，而幽王为犬戎所败，周东徙雒邑。秦襄公攻戎救周，始列为诸侯。秦襄公既侯，居西垂，自以为主少皞之神，作西畤，祠白帝，其牲用骝驹黄牛羝羊各一云。其后十六年，秦文公东猎汧渭之间，卜居之而吉。文公梦黄蛇自天下属地，其口止于鄜衍。文公问史敦，敦曰："此上帝之征，君其祠之。"于是作鄜畤，用三牲郊祭白帝焉。
>
> 自未作鄜畤也，而雍旁故有吴阳武畤，雍东有好畤，皆废无祠。或曰："自古以雍州积高，神明之隩，故立畤郊上帝，诸神祠皆聚云。盖黄帝时尝用事，虽晚周亦郊焉。"其语不经见，缙绅者不道。
>
> 作鄜畤后九年，文公获若石云，于陈仓北阪城祠之。其神或岁不至，或岁数来，来也常以夜，光辉若流星，从东南来集于祠城，则若雄鸡，其声殷云，野鸡夜雊。以一牢祠，命曰陈宝。
>
> 作鄜畤后七十八年，秦德公既立，卜居雍，"后子孙饮

马于河"，遂都雍。雍之诸祠自此兴。用三百牢于鄜畤。作伏祠，磔狗邑四门，以御蛊灾。

德公立二年卒。其后四年，秦宣公作密畤于渭南，祭青帝。

其后十四年，秦穆公立，病卧五日不寤；寤，乃言梦见上帝，上帝命缪公平晋乱。史书而记藏之府。而后世皆曰秦穆公上天。

……

其后百余年，秦灵公作吴阳上畤，祭黄帝；作下畤，祭炎帝。

后四十八年，周太史儋见秦献公曰："秦始与周合，合而离，五百岁当复合，合十七年而霸王出焉。"栎阳雨金，秦献公自以为得金瑞，故作畦畤栎阳而祀白帝。

其后百二十岁而秦灭周，周之九鼎入于秦。或曰宋太丘社亡，而鼎没于泗水彭城下。

其后百一十五年而秦并天下。

秦始皇既并天下而帝，或曰："黄帝得土德，黄龙地螾见。夏得木德，青龙止于郊，草木畅茂。殷得金德，银自山溢。周得火德，有赤乌之符。今秦变周，水德之时。昔秦文公出猎，获黑龙，此其水德之瑞。"于是秦更命河曰"德水"，以冬十月为年首，色上黑，度以六为名，音上大吕，事统上法。

即帝位三年，东巡郡县，祠驺峄山，颂秦功业。于是征从齐鲁之儒生博士七十人，至乎泰山下。诸儒生或议曰："古者封禅为蒲车，恶伤山之土石草木；埽地而祭，席用葅秸，言其易遵也。"始皇闻此议各乖异，难施用，由此绌儒生。而遂除车道，上自泰山阳至巅，立石颂秦始皇帝德，明其得封也。从阴道下，禅于梁父。其礼颇采太祝之祀雍上帝所用，而封藏皆秘之，世不得而记也。[①]

历史说明，秦的立国、发展与其畤祭、天命思想直接相关。《史记·秦本纪》《史记·封禅书》中都记载，秦襄公立西畤，祠白帝。畤祭的对象是天帝，或称之为上帝。此后，这种祭祀天帝的活动在秦一直延续着。文公立鄜畤，祠白帝；宣公立密畤，祠青帝；灵公立上畤，祠黄帝，立下畤，祠炎帝；献公立畦畤，祠白帝。总之，秦的畤祭是非常隆重的，具有自己的特点。秦春秋早期的青铜器秦子簋盖铭文有"畤"字，虽然铭文不全，难以准确了解相关的内容，但也说明秦人的畤祭是非常重要的。

周秦时代，祭祀天帝是最重要的祭祀活动，古人专称为"郊"，就是在郊外举行的意思。按照礼的规定，只有天子才可以举行郊祀大典。秦刚列为诸侯，就开始祭祀上帝，明显地表明了秦人的政治雄心。司马迁在《史记·六国年表》中说：

> 太史公读《秦记》，至犬戎败幽王，周东徙洛邑，秦襄公始封为诸侯，作西畤用事上帝，僭端见矣。《礼》曰："天

---

① 司马迁撰：《史记》卷28《封禅书》，第1358—1367页。

子祭天地，诸侯祭其域内名山大川。"今秦杂戎翟之俗，先暴戾，后仁义，位在藩臣而胪于郊祀，君子惧焉。[1]

司马迁的观点客观与否我们此处不论，但秦人将原来用于祭地的時祭转化为对天帝的祭祀，并赋予它新的意义，这是值得我们思考的一件事情。事实说明，秦襄公立西時，祭祀白帝少暤，是与秦获得对今甘肃东部、陕西关中西部地区的名义上的统治权紧紧地联系在一起的。秦文公立鄜時祭白帝，和占有土地的关系表达得更为明确。周王室在秦襄公时分封给秦的岐西之地只是一张空头支票，秦真正占领岐西之地是在秦文公时。秦文公四年（公元前762年）到达汧渭之会。前文已经说过，《史记·封禅书》记载，文公到汧渭之会后，卜居之而吉。后文公梦见一条黄蛇自天上垂到地面，其口止于鄜衍。文公问太史敦，太史敦告诉秦文公："此上帝之征，君其祠之。"于是秦文公作鄜時，用三牲郊祭白帝。这很具有象征意义。文公梦见的是黄蛇，太史敦的解释则强调"此上帝之征"。也就说，文公到汧渭之会得到了上帝的肯定，这成为文公在此地建都的定心丸，是他向关中进军的祥瑞之兆，文公十年（公元前756年）立鄜時，就是对"上帝之征"的回应。在先秦社会里，宗教的力量是巨大的，秦在文公十六年（公元前750年）就完全占领了岐西之地。

---

[1]　司马迁撰：《史记》卷15《六国年表》，第685页。

　　秦献公十一年（公元前 374 年），周太史儋见献公，并说："周故与秦国合而别，别五百岁复合，合十七岁而霸王出。"①"霸王"是霸主和王号的结合，意味着战国时的强国、大国。秦献公十八年（公元前 367 年）的"栎阳雨金"被认为是非常明确的祥瑞之兆，于是秦立畦畤祭祀白帝。祭祀白帝和"雨金"开始结合在一起，带有阴阳五行的色彩。"栎阳雨金"的祥瑞之兆和立畦畤祭祀白帝是与"霸王"之业联系在一起的，表达了在新的形势下秦国新的奋斗目标。历史说明，秦襄公、秦文公、秦献公立畤祭祀白帝，都是在秦国占领土地、扩张势力的时候。秦对白帝的祭祀似乎在刻意宣传一个规律，秦发展到哪里，白帝下临的祥瑞之兆就会出现在哪里。据《史记·秦本纪》的记载，秦襄公时正是秦崛起的时候；秦文公时秦占领了岐西之地，"收周余民而有之"；秦德公初居雍城大郑宫，"以牺三百牢祠鄜畤"，占卜的预兆是"后子孙饮马于河"；《左传·襄公十四年》说："昔秦人负恃其众，贪于土地，逐我诸戎"，这大概是指秦穆公对西戎的战争；秦献公雄心勃勃，"徙治栎阳，且欲东伐，复穆公之故地，修穆公之政令"。这些不是偶然的巧合，说明秦对白帝的祭祀与秦国土地扩张、政治诉求是联系在一起的。

　　秦将土地扩张和政治诉求与白帝少皞联系在一起主要有几个方面的原因。

---

　　① 司马迁撰：《史记》卷 6《秦本纪》，第 201 页。

第一，秦有强烈的天命思想。既然宣传受命于天，秦所占有的土地是上帝授予的，就必然要祭祀上帝。

第二，少暤和秦人的关系非常密切。《史记·秦本纪》说秦是颛顼高阳氏的后裔，凤翔秦公一号大墓出土的残磬铭文也说秦为高阳之后。颛顼和少暤的关系非同一般。

第三，秦祭祀白帝是一种主动的变革行为。少暤原是东夷部落的首领。秦关于白帝的祭祀中，白帝少暤一直是天帝的形象。这个转化，主要是秦实现的。祭祀天帝毕竟不是单纯的宗教行为，带有强烈的政治色彩。在西周时期，帝是至上神、主宰神。秦最早祭祀的白帝少暤是西方之神，这不同于西周时期的帝。《礼记·曲礼下》说："天子祭天地，祭四方"，"诸侯方祀"。根据周礼的规定，只有天子才能祭天地四方，以宣示据有天地四方。诸侯只能"方祀"。在周王室还存在、诸侯国热衷于"尊王攘夷"的情况下，秦祭祀西方之神，有着"方伯"自居的意思。秦最初所立的西畤、鄜畤祭祀的是西方之神少暤。这种变通，既宣扬了天命思想，又不至于太过突兀。

第四，秦人自认为是"受天命"而建国的。1978年，在陕西宝鸡县（今陈仓区）杨家沟公社太公庙大队发现秦公钟、秦公镈。钟镈均有铭文。宝鸡县出土的秦公钟、镈制作时间被定为秦武公时期。① 铭文开篇即说："秦公曰：我先祖受天命，

---

① 参见卢连成、杨满仓著：《陕西宝鸡县太公庙村发现秦公钟、秦公镈》，《考古》1978年第11期。

赏宅受或（国）。"赏宅是说接受封邑，受国是说列为诸侯，这两件事都是说先祖受命于天。在秦的宗教祭祀活动中，秦国国君的祭祀权力得到确认，祭祀具有自己的特色。[①]"国之大事，唯祀与戎"，秦立国过程中使宗教祭祀规范化，使宗教成为国家制度和权力的重要组成部分，这是秦人成功的一个法宝。秦的天命思想是秦人进取的原动力与自信心的源泉。秦始皇时期，在统一六国后，仍然封禅泰山，祈求他自己与秦帝国天命永寿，仍然是对秦人"受天命"思想的继承与发展。

二、商韩学说

商鞅的政治主张，因为有秦孝公的支持，在秦国基本上得到了贯彻与实践，并且取得了成功，成为此后秦国历代君主都坚持的基本国策，这在先秦诸子的学说中，可以说是极为难得的。秦始皇统治时期，在其雄才大略的基础上，全面继承了先辈的政治思想，把商鞅与韩非的治国理政思想，进一步转化为法律制度和一系列具体的政治措施。

（一）商鞅学说与秦朝政治

随着秦国统一大业的完成，"商鞅政治"也由主要影响秦

---

① 参见田延峰著：《中华帝制的精神源头——秦思想的发展历程》，人民出版社 2011 年版，第 51、52 页。

国的"区域性"政治思想晋升为指导全国的秦帝国的政治思想，在秦帝国的政治生活中发挥了重要作用。

自商鞅变法以来，秦国极为重视法制建设，这与商鞅变法的富国强兵精神及其政治影响是分不开的。1975 年 12 月，在湖北云梦睡虎地秦墓中发现了大量竹简，内容包括《编年记》《语书》《秦律十八种》《效律》《秦律杂抄》《法律答问》《封诊式》《为吏之道》《日书》甲种、《日书》乙种等十种。墓主人喜生于秦昭王四十五年（公元前 262 年），在秦始皇时期历任安陆御史、安陆令史、鄢令史及鄢的狱吏等与司法有关的职务。喜的去世在秦始皇三十年（公元前 217 年），说明这批秦简所反映的时代是在战国晚期到秦始皇时期。通过对这批法律文书的解读，我们可以对秦始皇时期的法治状况有一个基本的把握。

在商鞅的治国理政过程中，农战始终放在最重要的地位。在睡虎地秦简中出土的秦国法律中，有关这方面的内容占有很大的比重。《秦律十八种》中的《军爵律》，说明军爵的颁受及对立有战功者的奖赏措施。《田律》《厩苑律》《仓律》涉及农田生产、水利建设、牛马的饲养、粮食的贮存、保管、发放、山林及鸟兽的保护等方面的内容，说明秦国把对农业生产的重视与管理纳入法律轨道。在《法律问答》中涉及的一些案例中，可以看到商鞅变法所推行的小家庭形式已经在秦国占据了主导地位。商鞅主张以法为教和以吏为师，同时注重对法官及官吏的选拔和培养，这在《语书》和《秦律十八种》中的《置吏律》《司空》《内史杂》《尉杂》《隶属邦》以及《为吏之道》中，都有相应的要求和规定。《法律问答》《封诊式》《秦律杂抄》等，基本反映了秦始皇时代秦国法律的基本状况，与商鞅重视法制的主张是相一致的。《效律》中有关统一度量衡的措施和规定，也反映了商鞅治理思想的法律化规定。将商鞅的治国思想与主张纳入法律规定，有些是秦始皇以前的秦国君主所完成的，在秦始皇时代仍被延续遵循，有些当是秦始皇时代所做的工作。[1]总之这些秦简的发现，无疑是商鞅治理思想在秦皇时代仍然发挥广泛影响的有力证据。

商鞅非常重视战争在国家盛衰的作用。商鞅认为："国待农战而安，主待农战而尊。"[2]国家的安治，君主的权威，应该建立在战胜敌人、占领敌人的土地的基础之上。"国强而不战，毒输于内，礼乐虱官生，必削；国遂战，毒输于敌，国无礼乐虱官，必强。"[3]不进行战争，就会使强国变弱；主动发动战争，则会使弱国变强。战争的法宝在于通过刑赏使人民勇敢作战，"怯民使以刑必勇，勇民使以赏则死。怯民勇，勇民死，国无敌者强，强必王。"[4]商鞅政治的浓重的军国主

① 参见王绍东著:《秦朝兴亡的文化探讨》，内蒙古大学出版社2004年版，第145、146页。

② 蒋礼鸿撰:《商君书锥指·农战》，中华书局1986年版，第22页。

③ 蒋礼鸿撰:《商君书锥指·去强》，第29页。

④ 蒋礼鸿撰:《商君书锥指·去强》，第77页。

义特色，与战国后期激烈的兼并战争环境有着不可分割的关系，其目标在以武力来统一天下。

商鞅重战思想，对嬴政早期的政治产生了重要的影响。在睡虎地秦简《秦律十八法》中的《军爵律》中，就有这样的规定："欲归爵二级以免亲父母为隶臣妾者一人，及隶臣斩首为工士，谒归公士而免故妻隶妾一人者，许之，免以为庶人。工隶臣斩首及人为斩首者，皆令为工。其不完者，以为隐官工。"① 对于"隶臣妾"的身份，学术界尚有争议，有人认为是奴隶，有人认为是罪犯，也有人认为是世袭工匠。可以肯定的是，"隶臣妾"的社会地位应该是低于平民者。这条法律表明，秦始皇时期建立战功不仅可以得到高爵厚赏，而且可以改变立功者甚至亲人的社会地位，从而把战争的奖励对象扩展到平民以下的社会更低阶层，这为嬴政发动规模更大、更残酷的兼并战争进一步创造了条件。秦朝末年，陈胜、吴广发动起义后，秦二世下令章邯率领几十万刑徒和"奴产子"，击败了周文统领的十万农民军，一度稳定了秦朝的政局。一支由罪犯临时组成的队伍能有如此的战斗力，无疑与秦国长期推行商鞅奖励战功、立功者可以改变自己的社会地位的政策传统有着很大关系。

商鞅的治理思想对秦朝政治也产生有重要影响。

---

① 睡虎地秦墓竹简整理小组:《睡虎地秦墓竹简》，文物出版社1990年版，第93页。

　　秦始皇时期采取的许多统治措施，都有着商鞅治国理政政策的烙印。

　　尊君和崇法，是商鞅治理思想的重要内容。"处君位而令不行，则危。五官分而无常，则乱。法制设而私善行，则民不畏刑。君尊则令行。官修则有常事。法制明则民畏刑。法制不明，而求民之行令也，不可得也。"① 在商鞅的政治设计中，国家政治最高权力结构是由"君""官""法"组成的，其中"君"处于最高地位，五官及法律都应该服务于国君。法律是保障君主尊贵、国家富强的工具。"法令者，民之命也，为治之本也，所以备民也。为治而去法令，犹欲无饥而去食也，欲无寒而去衣也，欲东而西行也，其不几亦明矣。"② 秦始皇统一六国后，为了更有效地实施对全国的统治，把"尊君"与"尚法"作为相辅相成的统治两翼，一方面制定一整套尊君抑臣的法律规定，把君主权力抬高到前所未有的地步。另一方面则"事皆决于法"，以法律作为治理国家的根本手段，制定严密的法律制度，"秦圣临国，始定刑名，显陈旧章。"③

　　秦帝国建立后，为了统一天下人的思想，秦始皇遵照商鞅的学说，排斥诸子百家主张，专重法家一家学说。《商君书·靳令》中所列举的"国害"："六虱：曰礼、乐；曰《诗》

---

① 蒋礼鸿撰：《商君书锥指·君臣》，第130页。
② 蒋礼鸿撰：《商君书锥指·定分》，第145页。
③ 司马迁撰：《史记》卷6《秦始皇本纪》，第238、261页。

《书》；曰修善、曰孝弟；曰诚信、曰贞廉；曰仁、义；曰非兵、曰羞战。国有十二者，上无使农战，必贫至削。"即为"六虱"，自然必须除掉。根据《韩非子·和氏》的记载："商君教秦孝公……燔《诗》《书》而明法令。"在商鞅时期就曾经有过用国家权力统一思想的举动，秦始皇统一天下后并没有改变，因此当李斯建议"今陛下并有天下，别黑白而定一尊。而私学乃相与非法教之制，闻令下，即各以其私学议之，入则心非，出则巷议，非主以为名，异趣以为高，率群下以造谤。如此不禁，则主势降乎上，党与成乎下。禁之便。臣请诸有文学《诗》《书》百家语者，蠲除去之。令到满三十日弗去，黥为城旦。所不去者，医药卜筮种树之书。若有欲学者，以吏为师"时，秦始皇立即同意。"始皇可其议，收去《诗》《书》百家之语以愚百姓，使天下无以古非今。"[①]实际上，李斯焚书的建议并不是他本人的创造发明，而是商鞅治国理政中的文化专制政策的延续和实践。

（二）韩非思想与秦朝政治

韩非本是韩国贵族，曾与李斯一起跟随有政治经验的著名学者荀况求学。李斯出身贫贱，急于出人头地，他以长于游说，被秦国重用。韩非则出身韩国宗室，没有李斯那样急于功名的要求，就把主要精力用于著书立说之上。他看到韩

---

① 司马迁撰：《史记》卷87《李斯列传》，第2546页。

国在战国末期日益走向灭亡，急切探索救弱致强之道。经过对历史和时代的研究，韩非认为只有法家路线能够改变韩国的命运，"夫慕仁义而弱乱者，三晋也；不慕而治强者，秦也。"[①]能否奉行法治是国家强弱的关键，"国无常强，无常弱。奉法者强则国强，奉法者弱则国弱。""当今之时，能去私曲而就公法者，民安而国治。能去私行行公法者，则兵强而敌弱。"[②]在这样的认识下，韩非从时代的需要出发，研究法家的治国理论，吸收了老子的"道"、商鞅的"法"、申不害的"术"、慎到的"势"、荀子思想中的务实成分，在此基础上形成了他独具特色的思想体系。韩非的理论虽然没有达到挽救韩国命运的目的，但它因为适应了建立大一统集权国家的历史需要，所以当秦王嬴政看到他的著作后，不禁拍案叫绝，以至感慨道："嗟乎，寡人得见此人与之游，死不恨矣！"[③]为了达到罗致韩非的目的，秦国调兵攻打韩国，用武力把韩非胁迫到了秦国。由于李斯的嫉妒和迫害，韩非冤死在狱中，但他的思想却深得秦王的赏识，成为秦国统一后政治统治的指导思想。韩非政治思想主要集中表现如下。

1. 君主的道术

（1）虚静无为。

---

① 王先慎撰：《韩非子集解》卷11《外储说左上》，中华书局1998年版，第273页。

② 王先慎撰：《韩非子集解》卷2《有度》，第32页。

③ 司马迁撰：《史记》卷63《老子韩非列传》，第2155页。

讲政治，韩非是以君主专制为主体来谈的。

在韩非看来，一人兴国，一人亡国。君王的作用别人根本无法替代。国家治理的好坏得失，最后总决定于君主是否遵循了政治治理的基本法则。

作为君主，其治理国家的最重要的法则应该是什么？或者说，其"贤主之经"是什么？

《韩非子·主道》给出了明确的答案。这就是：

第一，君主要"虚静以待令，令名自命也，令事自定也"。

《韩非子·主道》说：

> 道者，万物之始，是非之纪也。是以明君守始以知万物之源，治纪以知善败之端。故虚静以待令，令名自命也，令事自定也。虚则知实之情，静则知动者正。有言者自为名，有事者自为形；形名参同，君乃无事焉，归之其情。故曰：君无见其所欲，君见其所欲，臣自将雕琢；君无见其意，君见其意，臣将自表异。故曰：去好去恶，臣乃见素；去旧去智，臣乃自备。故有智而不以虑，使万物知其处；有行而不以贤，观臣下之所因；有勇而不以怒，使群臣尽其武。是故去智而有明，去贤而有功，去勇而有强。群臣守职，百官有常；因能而使之，是谓习常。故曰：寂乎其无位而处，漻乎莫得其所。明君无为于上，群臣竦惧乎下。明君之道，使智者尽其虑，而君因以断事，故君不穷于智；贤者勑其材，君因而任之，故君不穷于能；有功则君有其贤，有过则臣任其罪，故君不穷于名。是故不贤而为贤者师，不智而为智者

正。臣有其劳，臣有其成功，此之谓贤主之经也。[①]

　　道，是产生天地万物的本原，是判定是非的准则。因此英明的君主遵循着这个本原来了解万事万物的根源，研究这个准则来了解善恶成败的起因。所以君主要用虚无安静的态度来对待一切，使名称根据它所反映的内容来给自己命名，使事情按照它所具有的性质自己来确定自己的内容。内心虚无而没有成见，就能了解事实的真相；安静不急躁，就能了解到行动的规律。让进说的人自己来发表言论，君主不要事先规定言路；让办事的人自己去做事，君主不要事先规定他怎么做；只要拿臣下做的事和他发表的言论互相对比验证、看是否互相契合，在这方面君主用不着做其他的事，臣下就会说真话、做实事了。所以说：君主不要表现出自己的欲望。君主显露出自己的欲望，臣下便将粉饰自己的言行来迎合君主的欲望；君主不要表现出自己的想法，君主泄露了自己的想法，臣下将利用君主的想法而独自表现出异常的才能。所以说：君主不流露出自己的爱好，不显出自己的厌恶，臣下就会表现出真情；君主不用自己的心机，不用自己的智慧，臣下就会自己防范自己，不敢出现差错。所以君主有了智慧也不用它来谋划事情，而是一切按法办事，使各种事物都明了它们各自的处所；君主有了德才也不用它来做事，而是用它

---

　　① 王先慎撰：《韩非子集解》卷1《主道》，第26—28页。

做观察臣下立身行事的依据；君主有了勇力也不用来逞强，而是让群臣使尽他们的勇力。所以君主不用自己的智慧，一切依法办事，就有了明智；不用自己的德才，使臣下各尽其能，就有了治国的功绩；不用自己的勇力，用群臣的勇力，就有了国家的强大。群臣都坚守自己的岗位，各尽职责，百官的行动都有常规；君主根据各人的才能来使用他们，这叫作遵循常规。所以说：是多么寂静啊，君主没有把自己放置在尊贵的君位上；是多么空廓啊，臣下没有一个能知道君主的处所。英明的君主在上面无所作为，群臣便在下面提心吊胆了。英明君主的统治方法，是使聪明的人绞尽他们的脑汁来出谋划策，而君主便根据他们的考虑来决断事情，所以君主在智慧方面不会枯竭；使贤能的人锻炼自己的才干，君主便根据他们的才能来任用他们，所以君主在才能方面也不会穷尽；如果有功劳，那么因为是君主决断、君主用人所取得的，所以君主就有了那贤能的名声，一旦有了失误，那么由于是臣下出的主意、是臣下干的，所以臣下就得承担那失误的罪名，所以君主在名誉方面也不会不得志。所以没有才能的君主却可以做能人的老师，不聪明的君主却可以做聪明人的君长。臣下承担那劳苦，君主享受那成功，这是贤明的君主应该永远遵守的法则。

第二，君主要"道在不可见，用在不可知"。

《韩非子·主道》说：

道在不可见，用在不可知。虚静无事，以暗见疵；见而不见，闻而不闻，知而不知。知其言以往，勿变勿更，以参合阅焉。官有一人，勿令通言，则万物皆尽。函掩其迹，匿其端，下不能原；去其智，绝其能，下不能意。保吾所以往而稽同之，谨执其柄而固握之。绝其能望，破其意，毋使人欲之。不谨其闭，不固其门，虎乃将存。不慎其事，不掩其情，贼乃将生。弑其主，代其所，人莫不与，故谓之虎。处其主之侧，为奸臣，闻其主之忒，故谓之贼。散其党，收其余，闭其门，夺其辅，国乃无虎。大不可量，深不可测，同合刑名，审验法式，擅为者诛，国乃无贼。是故人主有五壅：臣闭其主曰壅，臣制财利曰壅，臣擅行令曰壅，臣得行义曰壅，臣得树人曰壅。臣闭其主，则主失位；臣制财利，则主失德；臣擅行令，则主失制；臣得行义，则主失明；臣得树人，则主失党。此人主之所以独擅也，非人臣之所以得操也。①

君主的统治术在于隐蔽，使臣下无法测度；术的运用在于变幻莫测，使臣下不能了解。君主应该毫无成见、平心静气、无所作为，从暗地里来观察臣下的过错；看见了好像没有看见，听见了好像没有听见，知道了好像不知道。了解了臣下的意见以后，不要去改变它，不要去更动它，而是用对照验证的形名术去考察它。每个官职只配置一个人，不要让他们互相通气，那么一切事情都会暴露无遗。君主掩盖起自

---

① 王先慎撰：《韩非子集解》卷1《主道》，第28—29页。

己的行踪，隐藏起自己的念头，臣下就无法推测了；排除自己的智慧，抛弃自己的才能，臣下就不能揣测了。君主应该不泄露自己的意向来考核臣下是否和自己一致，谨慎地抓住自己的权柄而牢固地掌握它。君主应该抛弃自己的才能，来破除臣下对自己的测度，不要使别人来图谋自己。君主如果不谨慎地搞好自己的防守，不加固自己的大门，杀君篡权的老虎就将存在。不谨慎地处理自己的政事，不掩盖隐藏自己的真情，贼就将产生。他们杀掉自己的君主，取代君主的地位，而人们没有一个不顺从的，所以我把他们叫作老虎。他们待在自己君主的身边，做奸臣，偷偷地窥测他们君主的过失，所以我把他们叫作贼。解散他们的朋党，收拾他们的残渣余孽，封闭他们的家门，夺取他们的帮凶，国家就没有老虎了。君主的统治术，大得不可以度量，深得不可以探测，考核形和名是否相合，审查和检验法规的实施情况，擅自胡作非为的就给予惩罚，国家就没有贼了。所以，君主有五种被蒙蔽的情况：臣下封闭他们的君主而不让他们的君主料理国家政事叫作君主被蒙蔽；臣下控制了国家的财富和利益叫作君主被蒙蔽；臣下擅自发号施令叫作君主被蒙蔽；臣下可以施行仁义给人好处叫作君主被蒙蔽；臣下可以扶植人叫作君主被蒙蔽。臣下封闭了他的君主而不让君主处理政务，那么君主就会失去尊贵的地位；臣下控制了国家的财富和利益，那么君主就失去了奖赏的大权；臣下擅自发号施令，那么君主就失去了用来控制臣民的命令；臣下能施行仁义给人好处，那么君主就失去了民众；臣下能扶植人，那么君主就失去了党羽。这些处理国家政事、使用国家财富、发布命令、给人好处、提拔官员的权力，都是君主应该独揽的，而不是臣下可以把持的。

第三，"人主之道，静退以为宝。"

《韩非子·主道》认为：

> 人主之道，静退以为宝。不自操事而知拙与巧，不自计虑而知福与咎。是以不言而善应，不约而善增。言已应，则执其契；事已增，则操其符。符契之所合，赏罚之所生也。故群臣陈其言，君以其言授其事，事以责其功。功当其事，事当其言，则赏；功不当其事，事不当其言，则诛。明君之道，臣不得陈言而不当。是故明君之行赏也，暧乎如时雨，百姓利其泽；其行罚也，畏乎如雷霆，神圣不能解也。故明君无偷赏，无赦罚。赏偷，则功臣堕其业；赦罚，则奸臣易为非。是故诚有功，则虽疏贱必赏；诚有过，则虽近爱必诛。疏贱必赏，近爱必诛，则疏贱者不怠，而近爱者不骄也。①

君主的统治原则，以安静退让为法宝。君主不亲自操劳事务而能知道臣下的事情办糟了还是办好了，不亲自谋划而能知道臣下的计谋是得福还是得祸。因此，君主虽然不说话，但臣下却能提出很好的意见来报答君主；君主虽然对臣下做

---

① 王先慎撰：《韩非子集解》卷 1《主道》，第 29—30 页。

的事情不作硬性规定，但臣下却能用很好的技能来增加做事的功效。臣下的言论已经汇报上来了，君主就把它当作券契握在手中；臣下做的事已经增加了功效，君主就把它当作信符拿在手里。信符和券契对合验证的结果，就是赏罚产生的依据。所以群臣陈述自己的意见，君主根据他们的意见分别给他们事做，然后根据他们的职事来责求他们的成绩。如果取得的成绩和他的职事相当，完成职事的情况和他的报告相符合，就给予奖赏；如果取得的成绩和他的职事不相当，完成职事的情况和他的报告不相符合，就加以惩处。英明君主的统治原则，是臣下不可以陈述了意见而做不到。所以，英明的君主施行奖赏，充沛就像那及时雨，百姓都贪图他的恩惠；英明的君主执行刑罚，威严就像那雷霆，就是君主本人也不能解除它。所以英明的君主没有随随便便不合法度的奖赏，没有可以赦免的刑罚。奖赏如果苟且随便，那么就是有功之臣也懒得去干自己的事业；刑罚如果可以赦免，那么奸臣就会轻易地为非作歹。所以，如果确实有功劳，那么即使是疏远卑贱的人也一定给予奖赏；确实有过错，那么即使是君主亲近喜爱的人也一定加以惩处。疏远卑贱的人一定给予奖赏，亲近喜爱的人一定加以惩处，那么疏远卑贱的人做事就不会懈怠，而君主亲近喜爱的人也不会骄横放纵了。

在《韩非子》中，韩非突出地阐明了君主的统治术的理论来源和哲学基础。他扬弃了老子的哲学思想，把老子哲学思想中最为核心的"道""虚静"等概念改造成了法家的政治思想原则，用来指导君主的统治。老子所说的道，是一种先于物质而存在的精神实体，是产生天地万物的总根源。韩非从这一点加以引发，认为既然道生万物，那么道也就是判定万物是非的准则，这一准则在政治生活中的反映，就是顺自然之道而立的反映社会现实要求的常规法纪。老子宣扬道，是主张一切听凭自然，让社会自然地发展，反对人们对社会的强行干涉，所以鼓吹虚静无为的处世哲学。韩非则把老子放任而无法度的虚静无为发挥成为君主驾驭臣下的一种政治手段。

韩非认为，君主统治臣民的基本原则，首先是君主应该掌握反映社会规律的"道"，以便"知万物之源""知善败之端"。这种"道"的主要内容之一是虚静无为。即君主不暴露自己的欲望和见解，"见而不见，闻而不闻，知而不知"，使臣下无法算计自己。君主应该"有智而不以虑""有贤而不以行""有勇而不以怒"，应该充分利用臣下的智慧、才能和勇力。这样才能做到"有功则君有其贤，有过则臣任其罪"，是"臣有其劳，君有其成功"。其次是君主应该对臣下加以严格的考核，实行严格的赏罚。君主无为，并不是让君主什么事都不做，而只是要君主"虚静以待"，使"有言者自为名，有事者自为形"，然后参合形名，根据考核的结果实施赏罚，做到"无偷赏，无赦罚"，"诚有功则虽疏贱必赏，诚有过则虽近爱必诛"。再次是君主应该牢牢掌握国家大权，不能让臣下"闭其主""制财利""擅行令""行义""树人"。否则，君主就有大权旁落，甚至被弑的危险。

（2）赏罚利器。

"人主者，以刑德制臣者也。"赏罚利器不可以示人，君主要独立实行赏罚，不可以将赏罚二柄借给臣下。

> 明主之所导制其臣者，二柄而已矣。二柄者，刑、德也。何谓刑德？曰：杀戮之谓刑，庆赏之谓德。为人臣者畏诛罚而利庆赏，故人主自用其刑德，则群臣畏其威而归其利矣。故世之奸臣则不然，所恶，则能得之其主而罪之；所爱，则能得之其主而赏之。今人主非使赏罚之威利出于己也，听其臣而行其赏罚，则一国之人皆畏其臣而易其君、归其臣而去其君矣。此人主失刑德之患也。夫虎之所以能服狗者，爪牙也，使虎释其爪牙而使狗用之，则虎反服于狗矣。人主者，以刑德制臣者也。今君人者释其刑德使臣用之，则君反制于臣矣。故田常上请爵禄而行之群臣，下大斗斛而施于百姓，此简公失德而田常用之也，故简公见弑。子罕谓宋君曰："夫庆赏赐予者，民之所喜也，君自行之，杀戮刑罚者，民之所恶也，臣请当之。"于是宋君失刑而子罕用之，故宋君见劫。田常徒用德而简公弑，子罕徒用刑而宋君劫。故今世为人臣者兼刑德而用之，则是世主之危甚于简公、宋君也，故劫杀擁蔽之。主非失刑德而使臣用之，而不危亡者，则未尝有也。[1]

明君用来控制臣下的手段，主要是两种权柄。这两种权柄，就是刑和德。什么是刑德？杀戮的权力叫作刑，奖赏的权

---

[1] 王先慎撰：《韩非子集解》卷2《二柄》，第39—40页。

力叫作德。做臣下的害怕杀头惩罚而贪图奖励赏赐，所以，君主如果使用刑赏的大权，群臣就会害怕君主用刑的威势，追求君主行赏的好处。但是当世的奸臣却不是这样，他对所憎恶的人，就能从他君主那里取得刑赏大权来惩治他们；他对所喜欢的人，就能从他君主那里取得刑赏大权来奖赏他们。现在如果君主不是使赏罚的威势和好处出于自己，而听任他的臣下去行使自己的赏罚大权，那么全国的民众就都会害怕他的臣子而看轻他们的君主、归附他的臣子而背离他们的君主了。这是君主失去刑赏大权的祸害啊。常言道，老虎之所以能够制服狗，是因为它的脚爪和牙齿，假使老虎去掉了它的脚爪和牙齿而让狗来使用它们，那么老虎反而要被狗制服了。因此，君主，是依靠刑赏大权来控制臣下的。现在君主如果抛弃了自己的刑赏大权而让臣下去使用它，那么君主反而要被臣下控制了。过去田常在朝廷向君主求取爵位、俸禄而把它赐给群臣，在民间加大斗、斛来把粮食施舍给百姓，这是齐简公丧失了奖赏大权而田常使用了它，所以齐简公被杀掉了。子罕对宋桓侯说："奖赏恩赐这种事，是民众所喜欢的，请您自己去施行它吧；杀戮惩罚这种事，是民众所憎恶的，请让我来承担它吧。"于是宋桓侯失去了用刑的权力而子罕使用了它，所以宋桓侯被劫持。田常单单用了奖赏的权力，齐简公就被杀掉了；子罕单单用了刑罚的权力，宋桓侯就被劫持了。所以，当今做臣子如果兼并了刑罚和奖赏两种大权来使用它们，那么君主的危险就比齐简公、宋桓侯更厉害了，所以现在的臣子劫持、杀害、隔绝、蒙蔽君主。君主同时失去刑罚和奖赏两种大权而让臣下去使用它们，却又不危险灭亡的，那是从来没有过的呀。

（3）审合刑名。

韩非的虚静参验和赏罚是紧紧联系在一起的，坚守虚静参验，进而实行赏罚，这是《韩非子》理想中的明君之道。虚静参验是过程和手段，而赏罚则是虚静参验的举措和结果。虚静、参验、赏罚一起构成明君之道的内涵。

> 人主将欲禁奸，则审合刑名者，言异事也。为人臣者陈而言，君以其言授之事，专以其事责其功。功当其事，事当其言，则赏；功不当其事，事不当其言，则罚。故群臣其言大而功小者则罚，非罚小功也，罚功不当名也；群臣其言小而功大者亦罚，非不说于大功也，以为不当名也害甚于有大功，故罚。昔者韩昭侯醉而寝，典冠者见君之寒也，故加衣于君之上。觉寝而说，问左右曰："谁加衣者？"左右对曰："典冠。"君因兼罪典衣与典冠。其罪典衣，以为失其事也；其罪典冠，以为越其职也。非不恶寒也，以为侵官之害甚于寒。故明主之畜臣，臣不得越官而有功，不得陈言而不当。越官则死，不当则罪。守业其官，所言者贞也，则群臣不得朋党相为矣。①

———————
① 王先慎撰：《韩非子集解》卷2《二柄》，第40—41页。

君主将要禁止奸邪，就得审察考核实际情况是否与名称相合，这也就是看臣下的言论是否不同于他们所做的事。让做臣下的陈述他们的意见，君主便根据他们的意见交给他们职事，然后专门根据他们的职事来责求他的成绩。如果取得的成绩和他的职事相当，完成职事的情况和他们的话相符合，就给予奖赏；如果取得的功绩和他们的职事不相当，完成职事的情况和他们的话不相符合，就加以惩罚。所以，群臣之中那些话说大了而功绩小的就要惩罚，这不是惩罚他们取得的功绩小，而是惩罚他取得的功绩与他的言论不相当；群臣之中那些话说小了而功绩大的也要惩罚，这并不是不喜欢大功，而是认为功绩与言论不相当的危害超过了他们所取得的大功，所以要惩罚。从前韩昭侯喝醉了酒睡着了，掌管君主帽子的侍从看见君主受寒了，所以把衣服盖在君主的身上。韩昭侯睡醒后很高兴，问身边的侍从说："盖衣服的是谁？"身边的侍从回答说："是掌管帽子的侍从。"于是韩昭侯同时惩处了掌管衣服的侍从和掌管帽子的侍从。韩昭侯惩处掌管衣服的侍从，是认为他没有尽到他的职责；韩昭侯惩处掌管帽子的侍从，是认为他超越了他的职责范围。韩昭侯并不是不怕着凉，而是认为侵犯他人职权的危害比自己着凉更加危险。所以英明的君主畜养驾驭臣下时，臣下不得超越了职权去立功，也不可以说话与做事不相当。超越了职权就处死，言行不一致就治罪。诸臣都在他们自己的职权范围内恪守职务而不越职取功，所说的话与所做的事相当，那么群臣就不能拉党结派、互相帮助、狼狈为奸、危害君主了。

（4）使法择人，使法量功。

韩非主张以法治国，要求君主按照法律规定严格执法，以维护君主的权威。"法也者，官之所以师也。"[1]"法不阿贵，绳不挠曲……刑过不避大臣，赏善不遗匹夫。"[2]

> 当今之时，能去私曲就公法者，民安而国治。能去私行行公法者，则兵强而敌弱。故审得失有法度之制者加以群臣之上，则主不可欺以诈伪；审得失有权衡之称者以听远事，则主不可欺以天下之轻重。今若以誉进能，则臣离上而下比周；若以党举官，则民务交而不求用于法。故官之失能者其国乱。以誉为赏、以毁为罚也，则好赏恶罚之人，释公行，行私术，比周以相为也。忘主外交，以进其与，则其下所以为上者薄矣。交众、与多，外内朋党，虽有大过，其蔽多矣。故忠臣危死于非罪，奸邪之臣安利于无功。忠臣之所以危死而不以其罪，则良臣伏矣；奸邪之臣安利不以功，则奸臣进矣。此亡之本也。若是，则群臣废法而行私重、轻公法矣。数至能人之门，不壹至主之廷；百虑私家之便，不壹图主之国。属数虽多，非所尊君也；百官虽具，非所以任国也。然则主有人主之名，而实托于群臣之家也。故臣曰：亡国之廷无人焉。廷无人者，非朝廷之衰也；家务相益，不务

---

① 王先慎撰：《韩非子集解》卷17《说疑》，第400页。

② 王先慎撰：《韩非子集解》卷2《有度》，第37页。

厚国；大臣务相尊，而不务尊君；小臣奉禄养交，不以官为事。此其所以然者，由主之不上断于法，而信下为之也。故明主使法择人，不自举也；使法量功，不自度也。能者不可弊，败者不可饰，誉者不能进，非者弗能退，则君臣之间明辩而易治，故主雠法则可也。[1]

当今之世，能够除去臣下谋取私利的歪门邪道而追求实施国法的国家，民众就安定，国家就太平；能够除去臣下谋取私利的行为而实行国法的国家，就兵力强大，而敌人相对变得弱小。所以，审察是非得失时掌握了法度规定的君主凌驾在群臣之上，那么君主就不可能被臣下用狡诈虚伪的手段来欺骗；审察是非得失时拥有了有秤锤秤杆的秤这种法度的君主来听取远方的事情，那么君主就不可能被臣下用天下的轻重来欺骗了。现在如果根据声誉来提拔人才，那么臣下就会背离君主而在下面紧密勾结；如果根据朋党关系来推举官吏，那么臣民就会致力于勾结拉拢而不再在法律的规定内凭功劳求得任用。所以任命官吏不拿才能作为标准而只根据声誉和朋党关系的，那国家就会混乱。如果拿赞颂的好话作为奖赏的依据，拿诋毁的坏话作为惩罚的依据，那么喜欢奖赏、厌恶惩罚的人，就会抛弃了国家的法度，玩弄阴谋手段，抱成一团来互相帮助吹捧。他们不顾君主的利益而在朝

① 王先慎撰：《韩非子集解》卷2《有度》，第32—34页。

廷外面私下结交，进用他们的党羽，那么这些下层官吏替君主着想和尽力的地方也就少了。这些人结交广泛、党羽众多，在朝廷内外结成私党，即使犯了大罪，为他们掩盖罪责的人也多得很。所以忠臣在无罪情况下也遭受到危难与死亡，而奸臣在无功的情况下却得到平安与利益。忠臣遭受到危难死亡并不是因为有罪，那么贤良的臣下就会潜伏退隐；行奸作恶的臣下平安得利并不是因为有功，那么奸臣就会钻营进来。这是国家衰亡的根本原因。如此下去，群臣就会废弃法治而玩弄自己的权势、轻视国法了。他们屡次奔走于权贵的门下，百般考虑私家的利益，一点也不为君主的国家着想。这样的下属数量即使再多，也不是使君主尊贵的人；各种官员即使都具备了，也不是用来担当国家大事的人。这样，君主虽然有了君主的名义，而实际上却依附于群臣私门。所以造成这样的状况，是由于君主不按法裁决事情，而将法令职权交给了臣下。因此，英明的君主用法制来选择人才，不凭借自己的感觉来提拔；用法制来衡量功劳，不凭自己的主观意识来估量。这样，有才能的人就不会被埋没，败坏事情的人就不能文过饰非，徒有虚名的人就不能够当官晋升，有功劳而被毁谤的人就不会被降职或罢官。可见，一切依法办事，那么君臣双方都能够明确地辨别功过是非，而国家也就容易治理了，所以说，君主的统治术，重要在于用法就可以了。

（5）防范"八奸"。

韩非认为，人臣所能够危害君主的地方，主要表现为八个方面：

> 凡人臣之所道成奸者有八术：一曰在"同床"。何谓"同床"？曰：贵夫人，爱孺子，便僻好色，此人主之所惑也。托于燕处之虞，乘醉饱之时，而求其所欲，此必听之术也。为人臣者内事之以金玉，使惑其主，此之谓"同床"。二曰"在旁"。何谓"在旁"？曰：优笑侏儒，左右近习，此人主未命而唯唯、未使而诺诺、先意承旨、观貌察色以先主心者也。此皆俱进俱退、皆应皆对、一辞同轨以移主心者也。为人臣者内事之以金玉玩好，外为之行不法，使之化其主，此之谓"在旁"。三曰"父兄"。何谓"父兄"？曰：侧室公子，人主之所亲爱也；大臣廷吏，人主之所与度计也。此皆尽力毕议、人主之所必听也。为人臣者事公子侧室以音声子女，收大臣廷吏以辞言，处约言事，事成则进爵益禄，以劝其心，使犯其主，此之谓"父兄"。四曰"养殃"。何谓"养殃"？曰：人主乐美宫室台池，好饰子女狗马以娱其心，此人主之殃也。为人臣者尽民力以美宫室台池，重赋敛以饰子女狗马，以娱其主而乱其心，从其所欲，而树私利其间，此谓"养殃"。五曰"民萌"。何谓"民萌"？曰：为人臣者散公财以说民人，行小惠以取百姓，使朝廷市井皆劝誉己，以塞其主而成其所欲，此之谓"民萌"。六曰"流行"。何谓"流行"？曰：人主者，固壅其言谈，希于听论议，易移以辩说。为人臣者求诸侯之辩士，养国中之能说者，使之以语其私——为巧文之言、

流行之辞，示之以利势，惧之以患害，施属虚辞以坏其主，此之谓"流行"。七曰"威强"。何谓"威强"？曰：君人者，以群臣百姓为威强者也。群臣百姓之所善，则君善之；非群臣百姓之所善，则君不善之。为人臣者，聚带剑之客，养必死之士，以彰其威，明为己者必利，不为己者必死，以恐其群臣百姓而行其私，此之谓"威强"。八曰："四方。"何谓"四方"？曰：君人者，国小则事大国，兵弱则畏强兵。大国之所索，小国必听；强兵之所加，弱兵必服。为人臣者，重赋敛，尽府库，虚其国以事大国，而用其威求诱其君；甚者举兵以聚边境而制敛于内，薄者数内大使以震其君，使之恐惧，此之谓"四方"。凡此八者，人臣之所以道成奸，世主所以壅劫、失其所有也，不可不察焉。①

大凡臣下之所以能够挟制君主，阴谋得逞，主要使用有八种手段：第一叫作"同床"。什么叫作"同床"？高贵的皇后夫人，得宠的姬妾妃子，善于逢迎谄媚的美女，这是君主所醉心的。让她们依靠君主退朝后和她们同居时的欢乐，趁君主酒醉饭饱的时候，来求取她们想要的东西，这是一种使君主一定能听从的手段。做臣子的在内中用金玉珍宝来奉承贿赂她们，让她们去蛊惑君主，这就叫"同床"。第二叫作"在旁"。什么叫作"在旁"？就是供君主取乐能使人发笑的滑稽演员和矮人，君主身边的侍从和亲信，这些都是君主还没

---

① 王先慎撰：《韩非子集解》卷2《八奸》，第53—55页。

有下命令就说"是是是"，还没有使唤他们就说"好好好"，在君主的意思还没有表达出来之前就能奉承君主的意图、能靠察颜观色来事先摸到君主心意的人。他们联合起来，进一起进、退一起退、共同应诺、共同回答、靠统一口径和一致行动来改变君主主意的人。做臣子的在内中用金银玉器、珍贵的玩物奉承贿赂他们，在外面替他们干非法的事，然后让这些能够接近君主之人腐蚀改造他们的君主，这就叫作"在旁"。第三叫作"父兄"。什么叫作"父兄"？就是君主的兄弟儿子，是君主亲近宠爱的人；权贵大臣、朝廷上的官吏，是和君主一起谋划国家大事的人。这些都是竭尽全力一起议论而君主一定能听从他们意见的人。做臣子的用动听的音乐和美丽的少女来侍奉讨好君主的儿子和兄弟，用花言巧语来笼络收买权贵大臣和朝廷上的官吏，和他们订立盟约，叫他们按他的意图去给君主谋划事情，事情如果成功，就答应给他们晋级加薪，用这种方法来鼓他们的劲，使他们去干扰他们的君主，这就叫作"父兄"。第四叫作"养殃"。什么叫作"养殃"？就是君主喜欢修筑美化宫殿房屋、亭台楼阁、池塘园林，爱好装饰打扮少女狗马来寻欢作乐，这是君主的祸殃啊。做臣子的用尽民力来修筑美化宫殿房屋、亭台楼阁、池塘园林，重征赋税来装饰打扮少女狗马，以便使他们的君主寻欢作乐而神魂颠倒，他们顺从了君主的欲望而在修饰亭台楼阁和美女狗马的过程中大捞油水，这就叫作"养殃"。第五叫作"民萌"。什么叫作"民萌"？就是做臣子的挥霍公家的财物来讨好民众，施行小恩小惠来收买百姓，使朝廷和城市乡村的人都称赞他们自己，用这种办法来蒙蔽他们的君主而使他们的欲望得逞，这就叫作"民萌"。第六叫作"流行"。什么叫作"流行"？就是君主本来就不畅通他的言路，很少去听取别人的议论，所以很容易被动听的游说打动而改变主意。做臣子的就搜罗各国能言善辩的说客，收养国内能说会道的人，派他们为自己的私利去向君主进说，让他们设计巧妙文饰的话语和流利圆通的言辞，用有利的形势来启发君主，用灾难祸害来恐吓君主，杜撰虚假的言辞来损害君主，这就叫作"流行"。第七叫作"威强"。什么叫作"威强"？就是统治民众的君主，是靠群臣百姓来形成强大的威势的。群臣百姓认为好的，君主就认为它好；群臣百姓不认为好的，君主也就不认为它好。做臣子的，聚集携带刀剑的侠客，豢养亡命之徒，借此来显示自己的威势，说明为自己的一定有好处，不为自己的一定要被杀死，用这个来恐吓他的群臣百姓而谋求他的私利，这就叫作"威强"。第八叫作"四方"。什么叫作"四方"？就是当君主的，自己国家小就得侍奉大国，兵力弱小就害怕强大的军队。大国的勒索，小国一定听从；劲旅压境，弱小的军队一定屈服。做臣子的，重征赋税，耗尽国库，挖空自己的国家去侍奉大国，而利用大国的威势来勾引诱惑自己的君主；厉害的，还发动大国的军队聚集在边境上来挟持国内，轻一点的，便屡次招引大国的使者来恐吓自己的君主，使君主害怕，这就叫作"四方"。大凡这八种方法，是臣子用来使他们的阴谋得逞的手段，也是君主受蒙蔽胁迫、以致丧失了自己所拥有的权威的原因。对于危害君主利益的"八奸"，英明君主不可不仔细审察呀。

（6）人主应该杜绝十项过错。

韩非认为，人君应该杜绝危害国家与自身利益的十项过错。这"十过"具体就是：

> 一曰行小忠，则大忠之贼也。二曰顾小利，则大利之残也。三曰行僻自用，无礼诸侯，则亡身之至也。四曰不务听治而好五音，则穷身之事也。五曰贪愎喜利，则灭国杀身之本也。六曰耽于女乐，不顾国政，则亡国之祸也。七曰离内远游而忽于谏士，则危身之道也。八曰过而不听于忠臣，而独行其意，则灭高名为人笑之始也。九曰内不量力，外恃诸侯，则削国之患也。十曰国小无礼，不用谏臣，则绝世之势也。[①]

十种过错：

一是奉行对私人的小忠，那是对大忠的一种戕害。

二是只顾小利，那是对大利的一种残害。

三是放肆作恶，刚愎自用，对待诸侯没有礼貌，那是使自己身亡的成因。

---

① 王先慎撰：《韩非子集解》卷3《十过》，第59页。

四是不致力于治理国政而爱好音乐，那是使自己陷于困境的事情。

五是贪婪固执、利迷心窍，那是亡国杀身的祸根。

六是沉迷于女色享乐，不顾国家的政事，那就有国家灭亡的祸害。

七是离开朝廷到远处游玩而对劝谏的大臣不加理睬，那是危害自身的做法。

八是犯了错误而不听忠臣的劝告，一意孤行，那是丧失崇高的名声而被人讥笑的开始。

九是对内不衡量一下自己的力量，而去依靠外国诸侯，那就有国土被割削的祸患。

十是国家弱小而没有礼貌，又不听大臣的劝谏，那就有断绝后嗣的危险。

常言道，治理国家者，首先应该从修身做起，做到有理想，有道德，有文化，有能力，高瞻远瞩，具备战略眼光，防微杜渐，懂得"生于忧患死于安乐"的道理，懂得大小之辩，谨慎小心，这样才能治理好国家。

2. 君臣关系的真相与解决办法

（1）从"竖刁现象"看君臣间关系的真相。

《韩非子》治吏理念的理论基础来自他对历史上君臣关系真相的探讨与研究。

在《韩非子》中，韩非为我们讲了这样一个故事：

　　管仲有病，桓公往问之，曰："仲父病，不幸卒于大命，将奚以告寡人?"管仲曰："微君言，臣故将谒之。愿君去竖刁，除易牙，远卫公子开方。易牙为君主味，君惟人肉未尝，易牙蒸其子首而进之。夫人情莫不爱其子，今弗爱其子，安能爱君? 君妒而好内，竖刁自宫以治内。人情莫不爱其身，身且不爱，安能爱君? 开方事君十五年，齐、卫之间不容数日行，弃其母，久宦不归。其母不爱，安能爱君? 臣闻之：'矜伪不长，盖虚不久。'愿君去此三子者也。"管仲卒死，桓公弗行。及桓公死，虫出尸不葬。[①]

　　管仲有病，齐桓公前往问政。桓公咨询："仲父病了，假如由于自然寿数的关系而不幸逝世，您将用什么来劝告我呢?"管仲回答说："即使没有您的问话，我本来也要告诉您。希望您去掉竖刁，除掉易牙，疏远卫国公子开方。易牙为您主管伙食，您只有人肉还没有吃过，易牙就把自己儿子的头蒸了进献给您。人的感情没有不爱自己儿子的，现在他不爱自己的儿子，哪会爱君主呢? 您嫉妒卿大夫而爱好后宫的女色，竖刁就自己割去了睾丸来管理后宫。人的本性没有不爱自己身体的，自己的身体尚且不爱，哪能爱君主呢? 开方侍奉您十五年，齐国、卫国之间要不了几天的行程。他却抛弃了他的母亲，长期在外做官而不回家探望。连自己的母

_____

[①]　王先慎撰：《韩非子集解》卷15《难一》，第351—352页。

亲都不爱，哪能爱君主呢？我听说过这样的话：'从事诡诈，不会久长；掩盖虚假，不能经久。'请君主除去这三个人。"管仲死后，齐桓公没按管仲的话去做。齐桓公晚年到外地游猎时，易牙、开方、竖刁三人果然趁机作乱，将齐桓公囚禁起来，发动变乱，齐桓公被饿死，好几个月都无人问及，尸体上的蛆虫爬出了门也没有收葬。

其实，管仲的君臣关系论是符合常人的基本思路的，如果一个人为了达到某种目的连自己的身体、自己的亲生儿子、自己的亲生母亲都不爱，那么他怎么可能会发自内心地爱戴并效忠于自己的君主呢？

然而，韩非子对管仲的这种观点并不认同。

韩非认为："臣尽死力以与君市，君垂爵禄以与臣市。君臣之际，非父子之亲也，计数之所出也。君有道，则臣尽力而奸不生；无道，则臣上塞主明而下成私。"君臣之间不能靠亲情感情来维系，而要依靠利益这一纽带作用来维系。管仲之论是不懂得用法度来管理臣下。

韩非说：

　　或曰：管仲所以见告桓公者，非有度者之言也。所以去竖刁、易牙者，以不爱其身、适君之欲也。曰："不爱其身，安能爱君？"然则臣有尽力以为其主者，管仲将弗用也。曰："不爱其死力，安能爱君？"是欲君去忠臣也。且以不爱其身度其不爱其君，是将以管仲之不能死公子纠度其不死桓公也，是管仲亦在所去之域矣。明主之道不然，设民所欲以求其功，故为爵禄以劝之；设民所恶以禁其奸，故为刑罚以威之。庆赏信而刑罚必，故君举功于臣，而奸不用于上，虽有竖刁，其奈君何？且臣尽死力以与君市，君垂爵禄以与臣市。君臣之际，非父子之亲也，计数之所出也。君有道，则臣尽力而奸不生；无道，则臣上塞主明而下成私。管仲非明此度数于桓公也，使去竖刁，一竖刁又至，非绝奸之道也。且桓公所以身死虫流出尸不葬者，是臣重也。臣重之实，擅主也。有擅主之臣，则君令不下究，臣情不上通。一人之力能隔君臣之间，使善败不闻，祸福不通，故有不葬之患也。明主之道：一人不兼官，一官不兼事；卑贱不待尊贵而进，大臣不因左右而见；百官脩通，群臣辐凑；有赏者君见其功，有罚者君知其罪。见知不悖于前，赏罚不弊于后，安有不葬之患？管仲非明此言于桓公也，使去三子，故曰：管仲无度矣。[1]

　　韩非认为，管仲用来面告齐桓公的，不是懂法度的人应该说的话。管仲要除去竖刁、易牙的原因，是他们不爱自身而去迎合君主的欲望。管仲说："一个人不爱他自身，哪会爱君主呢？"按照这样的逻辑，那么臣下有为他们君主拼命出力的人，管仲就不会任用了。因为管仲会说："不爱自己的生命和气力，哪会爱君主呢？"这是要君主去掉忠臣啊。况且

---

　　[1]　王先慎撰：《韩非子集解》卷15《难一》，第352—353页。

用不爱他自身来推断他不爱他的君主，这样的话，就会用管仲不能为公子纠而死来推断出他不能为齐桓公而死，那么管仲也在被革除的范围之内了。根据这样的矛盾法则，韩非指出，英明君主的治国原则不应该是管仲之论，而是设置臣民想要得到的东西来争取他们为自己立功，所以制定了爵位俸禄来鼓励他们；设置臣民厌恶的东西来禁止他们为非作歹，所以建立了刑罚来威吓他们。奖赏遵守信用而刑罚一定要严格执行，所以君主能在臣子中选拔有功的人，而奸邪的人不会被君主任用，即使有竖刁那样的人，他们又能把君主怎么样呢？况且臣子拼死出力来和君主换取爵位俸禄，君主用国家的爵位俸禄来和臣下换取智慧气力。君臣之间，并不是父子那样的骨肉血缘之亲，而是以互相计算利害得失为出发点的。君主如果掌握了这样治国的原理和方法，那么臣下就会为君主竭尽全力而奸邪不会产生；君主如果没有掌握这样治国的原理和方法，那么臣下就会对上堵塞君主的明察之路而在下面用公权谋取自己的私利。管仲不是向齐桓公讲清这种法术，而是让他除掉竖刁，但除掉了一个竖刁，另一个竖刁又会出现，所以这绝不是消灭奸邪的办法。而且，齐桓公之所以自己死后尸体腐烂还得不到安葬，这是因为臣下的权力太大。臣下权大的结果，就会控制君主。有了控制君主的臣子，那么君主的命令就不能向下贯彻到底，群臣的情况也不会向上通报到君主那里。一旦权臣有力量能够隔开君主与臣下之间的联系，架空君主，君主就会有齐桓公那种不得安葬的祸患。因此，君主的治国理政原则应该是限制权臣的产生，用法律制度规定一个人不兼任其他的官职，担任一个官职不兼管其他的事情；地位低下的人不必等待地位高贵的人来推荐，大臣不必依靠君主身边的亲信来引见；百官整饬而君主通晓他们的情况，群臣就像车轮上的辐条聚集在车毂上那样会依附君主；受到奖赏的人，君主一定要看到他的功劳；受到惩罚的人，君主一定了解他的罪过。在赏罚之前君主对功过的观察了解必须正确无误，那么在后来实行赏罚时就不会受蒙蔽了。如果做到这些，怎么还会有齐桓公那种不得善终的祸患呢？管仲不是向齐桓公讲清这个道理，而是要他除掉三个人，从这个意义上讲，管仲并不懂得国家法度建设对君主治国理政的重要性。

在韩非看来，政治领域的人际关系法则实质上表现为权力与利益的一种"互市"关系。决定君臣处理权力与利益关系的原则，不在领导与被领导之间的内在的情感与动机，而在执政者是否"有道"，即是否建立有合适的法度。换言之，决定人臣最终政治行为的关键因素，不在他们的动机如何，而在君主是否能够有切实的措施来加以应对，即所谓"君有道，则臣尽力而奸不生；无道，则臣上塞主明而下成私"。韩非认为，人们追求利益之动机并不可怕。人各自利，这是一个必须面对的事实。人的动机与行为都是为了追求自身利益的最大化，这是权力场的法则。权力与利益之间的博弈，可以通过外在的制度规则加以引导与约束。一方面，可以通过利益驱动机制，引导人们最大限度地发挥个人潜能及创造力,将个人利益与国家利益融为一体;另一方面,对于邪恶动机所具有的破坏倾向,可以通过外在的一系列制度规范加以最大限度的规避。所谓明主之道,"设民所欲以求其功,故为爵禄以劝之;设民所恶以禁其奸,故为刑罚以威之。庆赏信而刑罚必,故君举功于臣,而奸不用于上,虽有竖刁,其奈君何?"[1]

韩非认识到,君臣异利,蕴含着正负两面的两种可能性。关键在于执政者的治吏理念,是否意识到君臣之间实质为利益与权力的博弈关系,并且加以有效引导与防范。如果君主认识到君臣不同道、君主不同利这两个关键点,引入客观规则加以引导与防范,那么,君臣之间就可能由"异利"转变为"互利";如果君主没有意识到君臣异利所蕴含的权力与利益之博弈,盲目信任,忽视监管,其负面后果也是不堪设想。

韩非认为,既然君臣关系的实质是一种权力与利益的互市关系,君臣之间的博弈就不可避免。在这种现实情况下,君臣关系就不能用感情关系来维系,不能将私人情感夹杂其中,而应该建立"互市规则"即国家政治的法度秩序,在买卖博弈关系中达到一个稳定的"双赢"或者"多赢"的满意结局与比较理想的状态。

(2)君臣不同利所决定的各方责任与义务。

在韩非的政治思想中,君主与群臣地位不同,利益也不

---

[1] 王先慎撰:《韩非子集解》卷15《难一》,第352页。

相同。韩非说：

> 臣主之利与相异者也。何以明之哉？曰：主利在有能而
> 任官，臣利在无能而得事；主利在有劳而爵禄，臣利在无功
> 而富贵；主利在豪杰使能，臣利在朋党用私。是以国地削而
> 私家富，主上卑而大臣重。故主失势而臣得国，主更称蕃臣
> 而相室剖符。此人臣之所以谲主便私也。①

君臣的利害关系是不同的。如何知道这点呢？君主的利
益在于谁有才能就任命他当官，臣子的利益在于没有才能而
能得到官职；君主的利益在于谁有了功劳就给他爵位和俸
禄，臣子的利益在于没有功劳却能富裕高贵；君主的利益在
于发现豪杰而使用他们的才能，臣子的利益在于拉帮结派
而任用自己的党羽。因此，君主的国土被侵占割削而大臣私
人家邑反而富裕，君主权势衰微而大臣却权势更重。因此君
臣易位，权臣窃国。这就是大臣欺诈君主满足私利的原因。
因为君臣利益不同，利君则害臣，利臣则害君，"君臣之利
异，故人臣莫忠。故臣利立而主利灭。"②因此，君主与臣下
时时处在尖锐的冲突之中。正因为如此，韩非才会总结"凡
人臣之所道成奸者有八术"，提出臣下会利用"同床""在
旁""父兄""养殃""民萌""流行""威强""四方"等八

---

① 王先慎撰：《韩非子集解》卷4《孤愤》，第84页。
② 王先慎撰：《韩非子集解》卷10《内储说下·六微》，第241页。

种方法来实现其阴谋。同样，君主的法、术、势三宝所要对付的，主要也是人臣。因为君臣的利益是对立的、此消彼长的关系，为了维护君主的地位和利益，君主要注意削弱臣下的利益，也就是臣下的权势和富贵。君主不能让臣下太贵、太富、太近，以防止发生君臣易位的后果。正如韩非所讲：

> 爱臣太亲，必危其身；人臣太贵，必易主位；主妾无等，必危嫡子；兄弟不服，必危社稷。臣闻千乘之君无备，必有百乘之臣在其侧，以徙其民而倾其国；万乘之君无备，必有千乘之家在其侧，以徙其威而倾其国。是以奸臣蕃息，主道衰亡。是故诸侯之博大，天子之害也；群臣之太富，君主之败也。将相之管主而隆家，此君人者所外也。万物莫如身之至贵也，位之至尊也，主威之重、主势之隆也，此四美者，不求诸外，不请于人，议之而得之矣。故曰人主不能用其富，则终于外也。此君人者之所识也。[①]

君主宠爱臣下过分亲近，一定会危害到君主本人；大臣过分尊贵，一定会改变君主的地位；王后和妃子如果不分等级，一定会危害到王后所生的儿子；国君的兄弟如果不服从国君，一定会危害到国家。拥有千辆兵车的国君，如果没有防备，就一定有拥有百辆兵车的大臣在他的身旁，来夺走他的民众而颠覆他的国家；拥有万辆兵车的国君，如果没有防

---

① 王先慎撰：《韩非子集解》卷1《爱臣》，第24页。

备，就一定有拥有千辆兵车的大夫在他的身旁，来夺走他的威势而颠覆他的国家。因此奸臣繁殖滋长起来，君主就会衰亡。所以诸侯的领地广阔。兵力强大，是天子的祸害；大臣们过分富裕，是君主的失败。大将宰相控制了君主而使大臣私门兴盛起来，这是君主应该摒除的事情。世间各种事物之中，没有什么能及得上君主身体的极端宝贵、君主地位的极端尊严、君主威势的极端重要、君主权力的至高无上。这四种美好的东西，不必从本身之外来寻觅，不必向别人来求取，君主只要合理地使用它们就能得到它们了。所以说：君主如果不会使用他的这些财富，那么结果就会被奸臣排斥在外。这是当君主的所要牢记的。

总之按照《韩非子》的政治设计，君臣的正常关系应该是君臣之间，君上臣下，君主地位尊贵，臣下地位低下。但因为君臣一不同道，二不同利，客观上存在着博弈的关系，如果臣下地位尊贵，又拥有财富和权势，就会威胁君主的地位，因此君主必须利用好刑赏法度，以保证君主至高无上的地位、服从君主的意志，竭尽全力为君主服好务。

既然在传统政治结构中君臣之间是一种"君臣异利""君臣互市""君臣互利"的实质性关系，那么保证这个结构正常运转就必须是君主与臣下都要做到各尽其职，努力做好自己的本分职位。君主的统治要求前面已经专门谈到，现在专门谈谈韩非眼中臣下应该做到的标准与义务。

在传统政治运作结构中，韩非特别强调人臣在君臣利益交换过程中的基本要求，这就是人臣必须忠于职守，尽力做好自己的本职工作，保持一个"忠臣"形象。

按照韩非的设计，在正直透明规则体系之中，人臣可以不必对人主有个人情感，比如报恩、爱戴、效死之类，但必须做到忠于职守，因为这是他们分内应尽之义务。即所谓食君之禄，忠君之事也。人臣在获得爵禄得偿所愿、达到目的之后，需要诚信地履行自己的责任和义务，做到尽职尽责。在《韩非子》中，韩非用大量的故事来多次提到了这一点。这里仅选几个典型案例加以说明。

第一个故事：严格执法的廷理。

> 楚王急召太子。楚国之法，车不得至于茆门。天雨，廷中有潦，太子遂驱车至于茆门。廷理曰："车不得至茆门。至茆门，非法也。"太子曰："王召急，不得须无潦。"遂驱之。廷理举殳而击其马，败其驾。太子入，为王泣，曰："廷中多潦，驱车至茆门，廷理曰'非法也'，举殳击臣马，败臣驾。王必诛之。"王曰："前有老主而不逾，后有储主而不属。矜矣！是真吾守法之臣也。"乃益爵二级，而开后门出太子："勿复过。"①

楚庄王紧急召见太子。楚国的法律，（大臣和贵族的）车子不能行驶到茆门。那天下了雨，朝堂前的院子里有积水，太

---

① 王先慎撰：《韩非子集解》卷13《外储说右上》，第325页。

子便径直驾车穿过院子往茆门驶去，廷理（拦下车子）说："法令规定，车驾不能驶到茆门。"太子说："君王紧急召见我，我等不到将积水处理干净。"就赶着马车直奔茆门。廷理举兵器击向太子的马，结果马被打倒，车子也翻倒了。太子跑进去流着泪对父王说："院子里有好多积水，我就驾车到茆门，廷理说这样不合乎法令，举起兵杖打倒了我的马，把我的车子弄翻了。父王一定要重重处罚他。"楚庄王知道后，不但没有顺从太子的话降罪于廷理，反而还给廷理提高了两级爵位，并打开王宫的后门让太子出去，并且叮嘱太子别再犯这样的过错。

王子犯法，与庶民同罪。正是因为楚庄王法度严明，他才能够不鸣则已一鸣惊人，成为春秋战国历史上楚国唯一的跻身春秋霸主行列的君王。

第二个故事，管仲不荐鲍叔牙。

昔者齐桓公九合诸侯，一匡天下，为五伯长，管仲佐之。管仲老，不能用事，休居于家。桓公从而问之，曰："仲父家居有病，即不幸而不起此病，政安迁之？"管仲曰："臣老矣，不可问也。虽然，臣闻之：'知臣莫若君，知子莫若父。'君其试以心决之。"君曰："鲍叔牙何如？"管仲曰："不可。鲍叔牙为人，刚愎而上悍。刚则犯民以暴，愎则不得民心，悍则下不为用。其心不惧，非霸者之佐也。"[1]

---

① 王先慎撰：《韩非子集解》卷3《十过》，第73页。

　　管仲与鲍叔牙的友情为后世赞颂不已。管鲍之交，被视为真正的君子之交。鲍叔牙信守约定，在帮助公子小白做了国君之后，政治前途不可限量；当齐桓公请他出任相国时，他毫不迟疑地拒绝并向齐桓公举荐了管仲；他举荐管仲并非出自兄弟情义，而是认为管仲确实有能力使齐国强盛。管仲平时与齐桓公谈论到鲍叔牙时，从不因两人的私交而无原则地褒扬，而是从国家利益出发指出鲍叔牙的不足；他告诉齐桓公，鲍叔牙"好直"，这是优点；但是不能为国家大事而屈己，这就是缺点。当管仲年老有病无力执政时，齐桓公首先想到让鲍叔接掌国政，可管仲认为他并非合适的人选。管仲的评论，同样是出自公心，是为国家的未来考虑，而非顾全老友情谊，报答鲍叔当年的知遇、救命和举荐之恩，在人事举荐及职位安排方面，真正做到公正无私。

　　第三个故事：公仪休的清醒。

　　　公仪休相鲁而嗜鱼，一国尽争买鱼而献之，公仪子不受。其弟谏曰："夫子嗜鱼而不受者，何也？"对曰："夫唯嗜鱼，故不受也。夫即受鱼，必有下人之色；有下人之色，将枉于法；枉于法，则免于相。虽嗜鱼，此不必能致我鱼，我又不能自给鱼。即无受鱼而不免于相，虽嗜鱼，我能长自给鱼。"此明夫恃人不如自恃也，明于人之为己者不如己之自为也。①

---

　　① 王先慎撰：《韩非子集解》卷14《外储说右上》，第338页。

公仪休担任鲁国的相国，极爱吃鱼。全国的人都抢着买鱼奉献给他，公仪休一概不接受。他弟弟劝道："您酷爱吃鱼，别人送你鱼你又不接受，这是为啥呀？"公仪休回答说："正因为我酷爱吃鱼，所以才不能接受别人送鱼。假如我接受了别人奉献的鱼，那就必然会有迁就别人的心理和表现；有了迁就别人的想法和表现，就难免会做些损害法度的事情来；损害了法度，就会被罢免相位。失去了相位，我虽然爱吃鱼，可别人就不会再给我送鱼了；我（没有相国的俸禄）也就没有能力自己买鱼。我现在不接受别人送的鱼，就不至于被罢免相位，虽然爱吃鱼，我还是有能力长久地给自己买条鱼吃的。"这是明白靠别人不如靠自己，明白别人帮助自己不如自己帮助自己的道理。这则故事中，公仪休的一番话，合乎情，达乎理，令人信服。只是读过故事的官员能真正认同其中的道理并将其作为自己行为指南者，实在太少了。毕竟，欲望是人与生俱来的本能；放纵欲望易，节制欲望难；畏难喜易，同样是人的本性。可见清醒如公仪休者，不仅洞察人性，而且有强大的意志力约束自己，方能达到如此境界。其实，民间俗语就有"吃人嘴软，拿人手短""拿人钱财，替人消灾"之类的警言警句。"无欲则刚"，"无欲"或许不那么符合人性，像公仪休那样能够有意识地把无限膨胀的欲望控制在合理的范围之内，主要不是因其修养高，而是不敢，因为有伸手必被捉的法度在，权衡利弊之下，正常的选择自然是不肯铤而走险。因此，治理国家而依赖官员的道德品性超过一般人，希望他们自觉地节制欲望、廉洁自律，在韩非看来是愚蠢可笑的；真正有效力的是法律，有了完备的制度，官员都会高风亮节如公仪休。所以君主只要做到"正赏罚"的法度，就可以让官员做到清正廉洁，君主自己也就高枕无忧了。

第四个故事：操其利害之柄以制之。

> 中山之相乐池以车百乘使赵，选其客之有智能者以为将行，中道而乱。乐池曰："吾以公为有智，而使公为将行，今中道而乱，何也？"客因辞而去，曰："公不知治。有威足以服人，而利足以劝之，故能治之。今臣，君之少客也。夫从少正长，从贱治贵，而不得操其利害之柄以制之，此所以乱也。尝试使臣：彼之善者我能以为卿相，彼不善者我得以斩其首，何故而不治？"[①]

中山国相乐池带着一百辆车子出使赵国，他选拔手下门客里一位最聪明能干的担任统率随行人马的总管。走到半路，出使的团队变得混乱无序。乐池把那位总管叫来责问："我以为你聪明能干，所以让你做总管；如今半路上乱成这个样子，你是怎么搞的？"那位门客当即提出要告辞离开，说："您不懂管理人的道理。有威权足以使人服从，有利益足以使人卖力，这样才能够管理好。如今，我只是您属下一个既年轻地

---

①　王先慎撰：《韩非子集解》卷 9《外储说上七术》，第 224—225 页。

位又低下的门客。由年轻的来管理年长的，由卑贱的来管理尊贵的，却又没有操控给人以利益或惩罚的权柄，这才是队伍混乱无序的原因。试试让我有这样的权力，随从人员中表现好的人我能够用他担任卿相，而表现不好的人我可以杀他的头，哪有管理不好的道理！"

确实，在实际生活中，有效管理一个团队，关键在于"操其利害之柄以制之"，这也是《韩非子》管理思想的核心理念。对于一个数百人的使团来说，一名被临时指定的负责人虽然年轻且身份卑微，但只要掌握了这个使团的赏罚大权，向团队成员申明赏罚的规定，然后严格按照规定执行，就可以将这个团队管理得井井有条。同样，对于一个国家来说，通过完备的法律严格规定赏善罚恶的具体条文，以赏利为诱饵，以罚害为威慑，则臣工百姓就都会不敢犯上作乱以避害。在这样的前提下，即使是平庸的君主也可以治理好国家。

总之，在韩非子的政治学中，君臣之间是一种基于利益与权力而建立起来的博弈关系。理想的君臣状态应为正当规则主导之下的利益交换关系。君臣各自利，自利同时又利他，故而能够促成君臣合作，实现共赢。君臣能否实现共赢的关键，在于合作规则是否公平、公正、公开、透明，并且切实得到贯彻实施。如果指导君臣雇佣关系之规则没有瑕疵，那么，人臣就会像庸客为主人那样尽心尽责干活一样，恪尽职守、廉洁奉公，为人主尽心竭力，全心全意地做好职责范围内的事情。

3. 官吏滥权成因及主要表现

君臣之利益博弈与权力较量,若缺乏正当规则的引导,势必酿成公权之滥用,腐败由此产生。腐败概念,外延很广,长期以来,众说纷纭,很难有一个绝对准确的说法。然而,腐败概念的内核却非常清晰,那就是滥用公权力以及以权谋私。作为人类社会的一种普遍现象,腐败在国家机器尚存之时代,根本无法彻底消除。腐败涉及政治、经济、军事、文化教育等多个领域,现代社会之腐败除了政治领域诸如以权谋私、任人唯亲之外,还更多地表现为"权力寻租",当权者彼此之间形成权权交易、政治领域与经济领域之间形成权钱交易、当权者与异性之间形成权色交易等。在特定时代背景下,韩非子对腐败现象的分析,主要集中在政治领域,应该说,这是各种官吏滥权现象中之最核心部分。或者说,所有腐败,其实都与公权力之滥用密切相关,而公权力之滥用,实为政治领域腐败之最基本特征。①

（1）官吏滥权之主要成因。

从历史上看,对于公权力滥用之成因,先秦儒家将之归结为人性的贪欲。既然"衣食男女人之大欲"是人的自然天性,那么因为"衣食男女"所引发的人之贪欲也就不可避免。孔子、孟子都对于人欲泛滥所蕴含的潜在破坏性抱有深

① 参见宋洪兵著《循法成德：韩非子真精神的当代诠释》,生活·读书·新知三联书店 2015 年版,第 176 页。

刻的戒心。因此，儒家往往避免正面谈论利欲，强调诉诸内在之心性涵养，见贤思齐，修身、慎独、自律以节制个人私欲之泛滥。

与孔、孟等人对人之欲望认识的思路不同，韩非子分析政治现象，并不讳言人们追求利益之动机，他不主张运用好坏道德这个标准去判断人之动机；相反，他要求执政者要根据实际情况充分利用与疏导人的这种欲望，以调动人的积极性，充分让官吏和民众为自己谋利益的动机去驱动他们为国家服务、为社会服务。在韩非子看来，人的动机如何并不重要，与其挖空心思去追究难以捉摸之内在动机，还不如立足于简单明白之实际行为，即执政者承认人之欲望，然后建立法度利用和控制好这些欲望。

第一，韩非子认为，政治腐败之产生，君主负有不可推卸之责任。

马基雅维利在《论李维》一书中认为："君主不应抱怨他所统治的人民犯下的罪行，因为这些罪行不是来自他的疏忽大意，就是因为他的诸如此类的过失。"① 与马基雅维利的观点一样，韩非子认为，政治腐败之直接原因，首先应该归责于奸臣当道，而奸臣当道又应归责于君主之昏聩无能。因此，在韩非子看来，政治腐败之产生，君主负有不可推卸之责任。"君臣异利"，这是一个无法回避的事实，此时，决定大

---

① 马基雅维利著,冯克利译:《论李维》,上海人民出版社2005年版,第397页。

臣忠奸、廉污取向的关键因素，就在于君主是否意识到"君臣异利"之事实，并且采取有效的规则来加以约束与防范。如果意识到君臣异利并加以正确引导，就会有效防止人臣权力之滥用；相反，如果一厢情愿地认定君臣同利，忽视引导与防范，其结果就会导致权臣当道及朋党政治等腐败现象。君主的政治见识及其采取的政治行为，乃是决定人臣是否腐败之关键。

第二，权力与利益之内在关联是导致腐败产生之根本原因。

如果说权力滥用是腐败之表象的话，那么，在韩非子看来，人类需要权力，离开权力，人类社会之正常秩序就很难得以维持，所谓"尧为匹夫，不能治三人"①。作为维持人类社会秩序的基本要素之一，权力具有强制性特征："柄者，杀生之制也；势者，胜众之资也。"②权力之强制性特征，又与人的利益密切相关。可以说，如果没有利益内涵之权力，其对于人类来说，是缺乏吸引力的。一般说来，与权力相关的利益主要包含尊重、安全与收入三个方面。韩非子对此有深刻的认识，他认为权力如果没有蕴含尊重、安全与收入等方面的利益，即使是天子这样的位置，也不会具有吸引力，所以在三代时期才会出现轻辞天子之位的"禅让"现象；相

---

① 王先慎撰：《韩非子集解》卷17《难势》，第388页。
② 王先慎撰：《韩非子集解》卷18《八经》，第431页。

反，一旦权力与利益挂钩，即使县令这样的小官，人们也会争相夺取，原因无他："薄厚之实异也。"① 正是因为权力与利益密切相关，才会导致手握权力之人为了攫取更多利益不择手段甚至铤而走险，从而导致权力被滥用，腐败由此滋生。

第三，腐败形成与产生的深层面原因源自官僚体制之层级分权。

韩非子的政治思想具有明显的官僚制色彩。在官职层级制层面，韩非子敏锐地发现了一个治理该困境的思路，这就是任何统治机构的运转都无法凭借一个或几个人就能实现，势必需要一个统治集团，由此就意味着统治权力的等级分配。只要政治权力不是完全集中于一人并由其单独行使，那么就无可避免地存在统治集团中的个人或群体利用手中权力谋取私利之可能性。如何借人成势实现统治的同时又不致使公权力被滥用而最终损害最高统治者之利益，在韩非子看来，是一件非常困难的事情。这个困境直接使得根除腐败成为一个不可能实现的目标。

第四，政治腐败之产生，还与权力之可传递性密切相关。

由于政治统治之实现离不开层级分权，分权导致官员自身滥用权力之可能性难以避免。同时，权力可传递性特质，更使得权力滥用成为一种普遍的政治现象。所谓"权力可传

① 王先慎撰：《韩非子集解》卷 19《五蠹》，第 444 页。

递性"特质，是指与权力所有者关系亲密之人利用亲近关系形成的优势影响力，进而以此谋取私利。权力的可传递性特征，在政治领域无处不在，无时无刻不在影响着正常的政治运作，如此，权力滥用之可能亦随之无限增大，政治腐败亦因此成为人类难以根除之痼疾。或许，腐败是人类社会根深蒂固的宿命。只要有权力的地方存在，就会存在权力滥用之可能性。就此而言，彻底消除腐败，追求绝对的河清海晏，终究是一种虚无缥缈的政治幻想。①由此可见，反对腐败是一个伴随人类社会发展的永久性的政治工程。

（2）官吏滥权之主要表现。

在韩非子看来，政治领域的腐败现象主要表现在以下几个方面。

第一，官员收受贿赂，徇私枉法。

韩非子发现，在政治领域普遍存在着利用私人情感关系在人事安排及赏罚方面违背正当规则的腐败行为。韩非子将这种腐败现象描述为"货赂"（财物贿赂）、"请谒"（托关系）、"私门之请"（托关系）。《韩非子·说疑》篇说"为人臣者，有侈用财货赂以取誉者"，将这种向上级行贿以博取好名声的做法视为"五奸"之一；《韩非子·五蠹》篇也称："其患御者，积于私门，尽货赂而用重人之谒，退汗马之劳。"所

---

① 参见宋洪兵著：《循法成德：韩非子真精神的当代诠释》，第186—190页。

谓患御者，即指那种只享受利益而不承担任何义务之极端自利之人，他们为了达到自身利益之最大化，通过贿赂及托关系的方式来逃避兵役及劳役等政治义务。

在《韩非子》中有这样一个故事，意在阐明政治领域金钱贿赂之危害。

> 鲁丹三说中山之君而不受也，因散五十金事其左右。复见，未语，而君与之食。鲁丹出，而不反舍，遂去中山。其御曰："反见，乃始善我，何故去之？"鲁丹曰："夫以人言善我，必以人言罪我。"未出境，而公子恶之曰："为赵来间中山。"君因索而罪之。[①]

鲁丹三次游说中山国的君主都没有被接受，因而用五十两黄金贿赂奉承中山君的侍从。然后再去拜见中山君，还没有开口说话，中山君便赐给他食物了。鲁丹出来后，不回旅馆，马上就离开中山国。他的车夫说："这次进见，中山君不是已经开始待我们好了吗，为什么还要离开中山国呢？"鲁丹说："中山君因为别人的话而待我好，也一定会因为别人的话而加罪于我。"果然，他们还没有走出中山国的国境，而公子就毁谤他说："鲁丹是为赵国来探测中山国的。"中山国君主于是便捕捉并惩处了鲁丹。

---

① 王先慎撰：《韩非子集解》卷7《说林》，第182页。

在上述故事中，鲁丹向中山之君表达自己的政治见解以期获得重用。刚开始，鲁丹试图通过正当渠道向中山国君表达自己的政治见解，但并未获得认同。于是，鲁丹用五十金贿赂国君身边之人，再次拜见中山国君时待遇已是迥异于前，没说一句话就获得君主赏赐。这对于鲁丹个人来说，本是一件好事，因为已经得到国君的赏识。但是，鲁丹深知，他之所以获得赏识，并不是因为国君看重其才能，而是因为国君左右之人为他说了好话。在这一过程之中，不是正当规则在起作用，而是国君左右之人的看法影响着君主的判断。贿赂之所以能够盛行并在实际生活中切实发挥作用，关键就在于正当规则之缺失。鲁丹之所以离开中山国，原因亦在于此。

第二，请托之风盛行。

在《韩非子》中，有一个故事，说明了请托说情在政治领域尤其人事安排层面具有极大的危害性，因为它破坏了政治规则之公平性。

> 韩昭侯谓申子曰："法度甚不易行也。"申子曰："法者，见功而与赏，因能而受官。今君设法度而听左右之请，此所以难行也。"昭侯曰："吾自今以来知行法矣，寡人奚听矣。"一日，申子请仕其从兄官。昭侯曰："非所学于子也。听子之谒，败子之道乎，亡其用子之术而废子之谒？"申子辟舍请罪。①

---

① 王先慎撰：《韩非子集解》卷 11《外储说左上》，第 285 页。

韩昭侯对申不害说："法度很不容易实行。"申不害说："所谓法，就是看到谁有功劳就给予赏赐，依据才能而授予官职。如今君主设立了法度，而又听从左右近臣的请托，这就是法度实行起来很困难的原因。"昭侯说："我从今以后知道怎样实行法度了。我还听什么请托呢？"有一天，申不害请求任用他的堂兄为官，昭侯说："这不是我从您那儿学来的道理呀。我是听从您的请托，从而破坏您的治国思想呢，还是忘掉办理您的请托这件事呢？"申不害听后后悔不已，赶紧退出宫殿并请求治罪。

事实上，所谓请托就是跑关系、走门路、通关节。这是中国传统人情社会最常见的现象。在这样的社会里，人际关系具有至高无上的神通，几乎所有的事情都需要找熟人、跑关系。有关系一路畅通，无所不能；没有关系则寸步难行，至少会遭遇冷脸和刁难。关系型社会实际意味着无序和规则的缺失。即便建立了法度，也只能是一种装饰和摆设，无法真正对社会起到约束和制衡作用。因为法律规定在人情关系面前可能会不堪一击。韩非等先秦法家努力倡导的，便是要使国家走出关系型社会，让完善的法律成为规范整个社会生活的唯一标准，从而实现社会的有序化。申不害是战国时期法家的代表人物之一，他在理论上对于法治的认识和论述非常系统和深刻。他告诫韩昭侯做事严格依照规矩，不在法度之外答应身边亲近的臣子的请托，全社会树立法律的权威和尊严。可是，当申不害遇到人情与请托二难时，他还是首先选择了破坏他政治法度主张的人情社会规则，向君主请求给自己的堂兄一个官职，而没有想到堂兄是无功受禄，也没有考虑堂兄的能力如何。这个事例说明了在中国建立法治社会的必要性与艰难性。

第三，滥用职权，谋取私利。

韩非子身处战国末期，目睹韩国当时政治生态中广泛存在的卖官鬻爵、滥用职权的腐败现象，感到十分忧虑。在韩非子看来，官职爵禄之功能，在于君主进贤才劝有功，从而治理好国家。然而，如果金钱与权力形成合谋关系，权钱交易介入政治领域，势必导致官职爵禄原有的奖赏激励功能根本丧失，其结果便是"劣币驱逐良币"，真正有才能的人被排斥，从而引发"亡国之风"[1]。

韩非子认为：

> 释法禁而听请谒，群臣卖官于上，取赏于下，是以利在私家而威在群臣。[2]

韩非子还说：

> 亡国之廷无人焉。廷无人者，非朝廷之衰也。家务相益、不务厚国；大臣务相尊，而不务尊君；小臣奉禄养交，

---

① 王先慎撰：《韩非子集解》卷 2《八奸》，第 285 页。
② 王先慎撰：《韩非子集解》卷 5《饰邪》，第 127 页。

不以官为事。此其所以然者，由主之不上断于法，而信下为
之也。故明主使法择人，不自举也；使法量功，不自度也。
能者不可弊，败者不可饰，誉者不能进，非者弗能退，则君
臣之间明辩而易治。故主雠法则可也①。

　　将要灭亡的国家，朝廷上是没有人的。说朝廷上没有人，
并不是说朝廷里的官员数量减少了，而是指卿大夫们都专心
一意地互相帮忙谋私利，却没人致力于使国家富强；位高权
重的朝廷大臣拼命互相吹捧提携，而不致力于尊奉国君；普
通官吏则是拿着国君给的俸禄供养私交，以图结成朋党谋取
个人的权力和利益，没有人真正把自己的工作当回事。造成这
种状况的原因，就是君主不能在上面依据法律裁断事务，而
是完全听信下面的官吏为所欲为。所以英明的君主用法度来
选拔人才，而不凭自己的意愿来举用；使用法度来衡量功绩，
而不凭自己内心的揣度加以衡量。有才能的人不允许被埋没，
做坏事的人不能被掩饰，徒有虚名的人不能进用，而受到诋
毁的人也不会被免职。这样，君主和臣子之间的关系就可以
明白地区分而且容易治理。所以君主使法令应验就可以了。
　　韩非子强调君臣之间本质上虽然是一种在利益基础上的
买卖互换关系，但这种关系是基于能力与爵禄之政治权利规
则上的公平交换，而非通常意义上金钱与权力之间形成的滥

---

　　① 王先慎撰：《韩非子集解》卷2《有度》，第34页。

用职权，谋取私利。朝堂上官员济济，然而各怀鬼胎，阳奉阴违，欺上瞒下，人浮于事；各打自己的算盘，一门心思巩固已有的地位和既得利益，并寻求一切可能的机会投机钻营往上爬，或者拼命为自己捞取更多的实惠。没有人真心实意地为国家的现实问题和长远利益考虑。韩非认为，在这样的政治氛围下，满朝文武竟然找不到为国为君之臣，岂不等于无臣？如此说来，一眼望去，人满为患的朝堂，实质上竟是空空荡荡！因此国政徒有其表，实际上已经陷入深重的危机。一旦有风吹草动，无论是内忧还是外患，都足以导致君主身亡政息。

第四，中饱私囊，贪污公家财物。

贪污公家财物亦是古今政治腐败的一种突出现象。韩非子对此也有相当深刻的阐述。

《韩非子》中记载了这样一个故事：

> 韩宣子曰："吾马菽粟多矣，甚臞，何也？寡人患之。"周市对曰："使驺尽粟以食，虽无肥，不可得也。名为多与之，其实少，虽无臞，亦不可得也。主不审其情实，坐而患之，马犹不肥也。"[1]

韩宣子说："我的马，豆类谷物等饲料已经给得很多了，却很瘦，为什么呢？我对此十分担忧。"周市回答说："假如马夫把所有的饲料都拿来给马吃，就是不要它肥，也不可能不

---

[1] 王先慎撰：《韩非子集解》卷12《外储说左下》，第302—303页。

肥。名义上是给了马很多饲料，实际上马吃到的饲料很少，即使不要它瘦，也是不可能不瘦的啊。主上不去仔细考察它的实际情况，只是坐着为此发愁，马还是不会肥的啊。"

通过韩宣子与周市的对话可知，马料不可谓不丰富，然而马却因为喂马之人中饱私囊，克扣马料，贪污公家财物，致使马瘦弱不堪。喂马如此，治理国家的道理何尝不是如此呢？韩非子是在借这个故事揭露官吏"中饱"从而导致了国家贫弱。

第五，利用裙带关系谋取私利。

利用裙带关系谋取私利也是政治腐败的一个重要表现。政治领域的裙带关系，直接侵蚀了公平与公正的政治原则。所谓裙带关系，就是亲属及关系亲近者之间形成的利益同盟关系。具体呈现于政治领域，大多表现为任人唯亲、为亲谋利。作为手握权势一方，在人事任免及利益分配方面，倾向于为那些与自己关系亲近的人谋利，此为第一层级的裙带关系腐败；作为有权势之人的亲属或亲近之人，亦可因裙带关系而获得优势影响力，进而为自己及自己身边的人谋取私利，这是第二层级的裙带关系腐败。[①]

韩非子在《韩非子·八说》中描述了当时盛行的第一层级的裙带关系腐败状况：

① 参见宋洪兵著：《循法成德：韩非子真精神的当代诠释》，第179页。

为故人行私谓之"不弃"，以公财分施谓之"仁人"，轻禄重身谓之"君子"，枉法曲亲谓之"有行"，弃官宠交谓之"有侠"，离世遁上谓之"高傲"，交争逆令谓之"刚材"，行惠取众谓之"得民"。"不弃"者，吏有奸也；"仁人"者，公财损也；"君子"者，民难使也；"有行"者，法制毁也；"有侠"者，官职旷也；"高傲"者，民不事也；"刚材"者，令不行也；"得民"者，君上孤也。此八者，匹夫之私誉，人主之大败也。反此八者，匹夫之私毁，人主之公利也。人主不察社稷之利害，而用匹夫之私誉，索国之无危乱，不可得矣。

为老朋友奔忙私事叫作"不抛弃朋友"，拿公家财物散发施舍叫作"仁爱之人"，轻视俸禄而看重自身叫作"君子"，歪曲法制来偏袒亲人叫作"有德行"，放弃官职看重私交叫作有"义气"，逃离现实回避君主叫作"清高傲世"，互相争斗违抗禁令叫作"刚强之才"，施行恩惠收买民众叫作"得民心"。"不抛弃朋友"，官吏就会有邪恶的行为了；有了"仁爱之人"，国家的财产就会受到损害了；有了"君子"，民众就难以驱使了；有了"有德行"的行为，法制就会遭到破坏了；有了"有义气"的行为，官职就会出现空缺了；有了"清高傲世"的道德观，民众就不侍奉君主了；有了"刚强的人才"，禁令就不能实行了；有了"得民心"的行为，君主就孤立了。这八种道德说教，使普通百姓得到了有利于个人的赞誉，但却使君主受到了极大的损害。和这八种相反的道德观念，会使普通百姓得到有害于自己的毁谤，但却符合君主的国家利益。君主不去考察它们对国家是有利还是有害，却听从这些使普通百姓获得个人声誉的道德说教，这样，想求得国家不危险混乱，就不可能了。

虽然韩非子说的这八种现象并不都是指裙带关系腐败，但这八种腐败都与人情社会裙带关系息息相关。

归根结底，第二层级的裙带关系腐败，源自君主第一层级的裙带关系腐败。

在《韩非子·八奸》中，则深刻揭示了第一层级与第二层级裙带关系腐败的内在关联，这种腐败现象被韩非子命名为"父兄"现象：侧室公子、大臣廷吏作为君主的亲近之人，深获君主信任，言听计从，这些人之所以能够获得重用进而手握重权，本身就是君主任人唯亲的一个结果，这是第一层次意义上的裙带关系腐败；同时，这些与君主关系亲近的人又充分利用裙带关系形成的政治影响力，在次级政治生态领域任用与自己关系亲近的其他臣子，狼狈为奸，结成利益攻守同盟，最终侵犯君主利益。在韩非子看来，君主利益代表着公利或社稷之利，因此他劝解君主应对"父兄"保持警惕。这是第二层级的裙带关系腐败。

第六，权臣当国与朋党政治。

韩非子认为，当权重臣之所以能够结党营私、以权谋私，害君害国，根本原因就在于他们手中拥有权势，而当权重臣的权势又源自君主的信任与授权。在韩非子看来，权臣之所以能够得逞其私欲，正在于他们善于揣摩君主心思，充分利用君主的人性弱点，投其所好，阿谀奉承，从而骗取君主信任并授权。而当权重臣一旦大权在握，势必充分利用自身已经获得的政治影响力，在人事任免及政治考核过程中，举荐自己的亲信，排斥异己，拉帮结派构建自己的小利益集团，从而谋取私利，胡作非为，甚至擅权以害君乱政。有鉴于权臣当国与朋党政治在政治领域之腐败情状及其巨大危害，韩非子主张将其绳之以法，判处死刑："故当世之重臣，主变势而得固宠者，十无二三。是其故何也？人臣之罪大也。臣有大罪者，其行欺主也，其罪当死亡也。"①

4. 韩非子的治吏术

（1）治国就是治吏。

治理方略是治理国家中具有战略性的指导原则和策略。韩非子的治理方略，有着一个逻辑体系的完整结构。《韩非子》的核心内容就是努力在大乱之世为君主寻找到一套能够拨乱方正、长治久安的治国之策。

韩非子为君主提供的治理方略主要有：②

第一，循天守道。即遵循和顺应自然规律——"道"。老

① 王先慎撰：《韩非子集解》卷4《孤愤》，第84—85页。

② 参见王立仁著：《韩非的治国方略研究》，中国社会科学出版社2012年版，第118页。

子说："道常无为，而无不为，侯王若能守之，万物将自化。"①

第二，因情而治。即遵循和顺应社会规律，根据人情的实际需要治理国家，不违背人情世故。韩非子说："凡治天下，必因人情。"②

第三，中央集权。即"事在四方，要在中央。圣人执要，四方来效"③。

第四，依法赏罚。即以法治国。赏罚是君主治理国家的两个最重要的权柄，赏罚要依法度行事。韩非子说："以刑治，以赏战，厚禄以周术。"④

第五，治吏引纲。即治吏是治国抓纲的表现，君主治国重在治吏。韩非子说："明主治吏不治民。"⑤

第六，务力尚力。即国家要靠实力发展，发展农战，务力尚力才能使国家强大。韩非子说："故国多力，而天下莫能侵也。"⑥"力多，则人朝；力寡，则朝于人。"⑦

以上六项内容中，治吏引纲可谓韩非提供给君主治国理政的最为关键性的一项方略。

在韩非子的吏治思想中，"治吏"不仅是为了维护专制主

① 沙少海、徐子宏译注：《老子全译》，贵州人民出版社1989年版，第71页。
② 王先慎撰：《韩非子集解》卷18《八经》，第430页。
③ 王先慎撰：《韩非子集解》卷2《扬权》，第44页。
④ 王先慎撰：《韩非子集解》卷20《饬令》，第472页。
⑤ 王先慎撰：《韩非子集解》卷14《外储说右下》，第332页。
⑥ 王先慎撰：《韩非子集解》卷20《饬令》，第473页。
⑦ 王先慎撰：《韩非子集解》卷19《显学》，第461页。

义中央集权，更好地发挥官僚机构的统治效能的需要，而且也是为了更好更有效的"治民"需要。

韩非说：

> 人主者，守法责成以立功者也。[1]

作为君主，就是要依靠法律制度和官吏履行职责来建立自己的功绩。就是说君主治理国家主要凭借两种武器：一是法律，二是官吏。由于法律也是通过官吏来执行的，君主治理国家不能离开官吏，因而，对官吏的治理就成为君主治理国家的关键之关键。

韩非又说：

> 人主者，以刑德制臣者也。[2]

在韩非看来，君主的工作就是以刑德来控制臣下监督臣下完成既定目标。刑是刑罚，德是奖赏。一方面，君主治理官吏不能离开刑德二柄，离开刑德二柄就无法做到有效治理官吏；另一方面，君主就是治理官吏的人，他的使命和责任就是做好治理官吏的工作。

由于臣下或官吏是君主治理国家的关键所在，因此，韩非告诫君主：

---

[1] 王先慎撰：《韩非子集解》卷14《外储说右下》，第331页。
[2] 王先慎撰：《韩非子集解》卷2《二柄》，第40页。

明主治吏不治民。①

为什么说君主治理国家只治吏不治民呢？韩非子给出了两点理由：

第一，官吏是国家乱与不乱的关键所在，官吏如果不乱，国家就不会乱。

韩非说：

闻有吏虽乱而有独善之民，不闻有乱民而有独治之吏。②

吏治是国家治乱兴衰的关键。把官吏治理好了，国家就会安宁，官吏治理不好，国家就会混乱。

第二，官吏是君主治理国家的工具。

韩非说：

吏者，民之本、纲者也。

圣人不亲细民，明主不躬小事。③

官吏是什么？官吏是君主治理国家、治理百姓的纲。俗话说，纲举目张。君主治吏不治民，并不是说君主治理国家不需要治理百姓，而是说君主不需要直接治理百姓。君管官，

---

① 王先慎撰：《韩非子集解》卷 14《外储说右下》，第 332 页。
② 王先慎撰：《韩非子集解》卷 14《外储说右下》，第 331 页。
③ 王先慎撰：《韩非子集解》卷 14《外储说右下》，第 342 页。

官管百姓，各司其职。选官就是为了治理百姓。君主选用官吏，就是通过他们来治理百姓，以实现国家的治理。"对于君主来说，对民众的统治必须通过官吏来进行，官吏的好坏直接关系到君主的利益，因而'治吏'比'治民'显得更为迫切、更重要。"①"韩非的思路是君主'治吏不治民'，能掌握臣下也就自然能统治民众，治理民众应当是间接的，君主不宜亲自去做。"②"君主最终的统治对象虽然是民，然而君主却不能直接面对民众，而必须通过官吏这一环节，才能理顺上下统治关系，取得事半功倍的效果，所以为政的重点是'治官'。""官吏如网中之纲，民如网中之目。"③

（2）治吏的关键是选用能人为官。

在韩非看来，选择什么样的人作为官吏来替君主管理民众，完成政事，这是决定国家与君主存亡的大事。君主若没有选用官吏的正当方法、手段和标准，就会导致治理国家的失败。既然官吏是君主治理国家的重"纲"，是国家治乱的关键所在，那么，君主治理国家就应该把选吏与治吏作为治国理政之首要大事。

治吏首要之事就是要选拔有才能的合适官吏。

---

① 杨鹤皋主编：《中国法律思想史》，北京大学出版社 1988 年版，第 188 页。

② 施觉怀著：《韩非子评传》，南京大学出版社 2002 年版，第 188 页。

③ 纪宝成主编：《中国古代治国要论》，中国人民大学出版社 2004 年版，第 110 页。

韩非子说：

> 任人以事，存亡治乱之机也。无术以任人，无所任
> 而不败。①

把政事交给什么人，是国家存亡治乱的关键。如果君主
没有手段来任用人，那么无论任用什么人都会把事情搞坏。
因而，必须有一个正确的标准来选择官吏，这个标准就是能
者居其劳，以治理才能大小而授其官。

除了才能外，韩非子也同意把个人品行作为君主选择官
吏的重要标准。

韩非子揭示了当时政治上存在的一种普遍现象，这就是：

> 人君之所任，非辩智则修洁也。②

即君主选拔官吏不是根据其智慧才能，就是根据其道德
品行。

就是说，君主选择官吏有两个标准：一个是人的才能，
另一个是人的品行。或者是根据人的能力，或者是根据人的
品行选择官吏。尽管只有这两个用人标准，但是选择有能力
之人为官还是选择有德行之人为官，却是很让人为难的事。

---

① 王先慎撰：《韩非子集解》卷18《八说》，第423页。
② 王先慎撰：《韩非子集解》卷18《八说》，第423页。

因为"任人者，使有势也"。君主任用大臣和官吏，就是使他们掌握权势。而"智士者未必信也，为多其智，因惑其信也。以智士之计，处乘势之资而为其私急，则君必欺焉。为智者之不可信也，故任修士者，使断事也。修士者未必智，为洁其身，因惑其智。以愚人之所惛，处治事之官而为其所然，则事必乱矣"①。韩非告诫人们，有智能的人未必受到信任，原因在于他们富有才智，因而君主怀疑他们的诚实。在人们的眼里，凭智士的聪明，加上君主给他们的权势，如果他们极力为个人打算，君主一定会受到欺骗。由于智者不可信任，于是君主便任用有德行的人，让他们去决断政事。可由于有德行的人未必有智能，因为他们品行端正，所以人们又怀疑他们的能力。如果使用庸人担任行政官员，让他们根据自己的认识行事，事情就一定会办糟糕。在这两种标准或两种人面前，"人主有二患：任贤，则臣将乘于贤以劫其君；妄举，则事沮不胜。"②君主的两种忧患是：任用能干的人，那臣子将会凭借能干来夺取君位；随便提拔人，那事情又可能会半途而废做不好。在这样的情况下，君主"无术以用人，任智则君欺，任修则君事乱，此无术之患也"③。君主如果缺乏正确的方法，就会出现任用聪明人欺骗君主，任用有德行

---

① 王先慎撰：《韩非子集解》卷18《八说》，第423页。
② 王先慎撰：《韩非子集解》卷2《二柄》，第41页。
③ 王先慎撰：《韩非子集解》卷18《八说》，第424页。

的人为君主做坏事的恶果。这是君主治国理政中无法规避的一个矛盾而又两难的问题。治理国家不能离开官吏，而任用官吏又存在着用智士（有能力的人）被欺，任用修士（有德行的人）坏事的实际，"今舜以贤取君之国，而汤、武以义放弑其君，此皆以贤而危主者也。"① 舜以贤能夺取了君主尧的政权，汤、武以道义流放和弑杀了自己的君主，这都是凭借能力危害君主。那么在这两难中到底应该怎么办呢？在智能之人和修士之间，在被欺和坏事的可能之间，韩非主张选择前者即选用有能力的人作为官吏来为君主治理国家，而不是选择有德行而坏事的人。有德行的人品行端正，不一定有才智，不一定有能力，而有能力的人品行又未必优秀。面对这个两难的问题，韩非给出的答案是选用能人来治理国家，选拔官吏的根本标准应该是有没有能力。

韩非子说：

> 官之失能者，其国乱。②

在官职上任用没有治理能力的官员，国家就会混乱。

总之，韩非处在乱世尚力的时代，面对这样一个时代，治理国家要比和平稳定时期困难得多，这个时代，更需要有

---

① 王先慎撰：《韩非子集解》卷20《忠孝》，第467页。
② 王先慎撰：《韩非子集解》卷2《有度》，第33页。

能力的官员，这也是韩非子特别重视以才能选拔官员的一个重要原因。

韩非子说：

上古竞于道德，中世逐于智谋，当今争于气力。[1]

在一个靠实力说话的时代，选用官吏就更需要他的实际能力。有富国强兵能力就可以做官，没有富国强兵能力就不能做官，这就是韩非在治吏或选拔官吏时坚持的一个基本标准，或者说是韩非子选拔官吏一个根本思想或者是指导原则[2]。

（3）君主的课能之术。

韩非子的课能之术是君主使用和考验人才的方法。其要点是：

第一，"术者，因任而授官，循名而责实，操杀生之柄，课群臣之能者也，此人主之所执也。"[3]

所谓术治，就是根据各人的能力来授予相应的官职、按照官职名分来责求其实际的功效、掌握生杀大权、考核各级官吏的才能这么一整套的方法。这是君主所必须掌握的驾驭官吏的手段。

第二，"术者，藏之于胸中，以偶众端而潜御群臣者也。

---

① 王先慎撰：《韩非子集解》卷 19《五蠹》，第 445 页。

② 参见王立仁著：《韩非的治国方略研究》，第 121、122 页。

③ 王先慎撰：《韩非子集解》卷 17《定法》，第 397 页。

故法莫如显，而术不欲见。"①

所谓"术"，就是藏在君主心里用来验证各方面的事情从而暗地里用它来驾驭群臣的方法。

第三，"为人臣者陈而言，君以其言授之事，专以其事责其功。功当其事，事当其言，则赏；功不当其事，事不当其言，则罚。"②

就是说，君主根据臣下所作的保证和诺言，授予某种职事，然后按其职事检查其功效。对功效与职事和诺言相符合的官吏进行奖赏，对功效与职事和诺言不相符合的官吏则实施惩罚。

由此可见，韩非子的"术"，是特指君主驾驭群臣的统治术，也可称之为"刑名之术"。这种统治术要求君主暗中综合研究各方面的情况，对照群臣的职分和诺言，检查群臣活动的效能和事实真相，然后予以赏罚进退，借以达到任能、禁奸、维持统治稳定的目的。

据孙实明在《韩非思想新探》一书中总结，韩非子政治思想中课能之术的具体步骤和方法大致有十项：

第一，君主遇事首先要集中群臣的智慧，以便确立工作方案。

第二，君臣订立工作合同。方案进言者和实行者要对方

① 王先慎撰：《韩非子集解》卷16《难三》，第380页。
② 王先慎撰：《韩非子集解》卷2《二柄》，第41页。

案实施的后果承担相应的责任。

第三，订立工作合同一定要讲究功效。

第四，在订立合同、考验功效时，必须将责任具体落实到臣下个人。

第五，检验功效时必须运用"参验"即"众端参观"的方法，比较研究多方面的情况，以了解事实真相，从而防止冒功和"诬能"。

第六，审合刑名时，必须要求刑（形）与名、功效与诺言完全相符。

第七，审合刑名之后，要实行"必罚明威"和"信赏尽能"。

第八，君主所亲自考验和任用的贤能，必须通过自下而上地逐级考验和提拔，不宜单凭虚名，重用那些未经实际考验的人。

第九，君主所亲自任用和考验的贤能系由群臣推荐，明君不自举臣。举贤者举得其人则与之俱得赏，否则同受罚。

第十，要防止大臣为避免负责而不说话——包括不议论、不请事、不荐贤。①

现在，结合以上十项"课能之术"，进一步加以比较详细的说明。

第一项　君主遇事要集中群臣的集体智慧，逐一听取群

---

① 参见孙实明著：《韩非思想新探》，湖北人民出版社1990年版，第77—81页。

臣个人意见，然后公开集会进行讨论辩难，最终果断将工作方案确定下来。

韩非子说：

> 力不敌众，智不尽物；与其用一人，不如用一国。故智力敌而群物胜，揣中则私劳，不中则有过。下君尽己之能，中君尽人之力，上君尽人之智。是以事至而结智，一听而公会。听不一，则后悖于前；后悖于前，则愚智不分。不公会，则犹豫而不断；不断，则事留。自取一，则毋堕壑之累。故使之讽，讽定而怒。是以言陈之日，必有英籍。结智者事发而验，结能者功见而谋成败。成败有征，赏罚随之。事成，则君收其功；规败，则臣任其罪。君人者合符犹不亲，而况于力乎？事智犹不亲，而况于悬乎？故非。用人也不取同，同则君怒。使人相用，则君神；君神，则下尽；下尽，则臣上不因君；而主道毕矣。[1]

君主一个人的力量敌不过众人，一个人的智慧不能全部了解所有的事物；所以，与其使用自己一个人的智慧和力量，还不如利用全国臣民的智慧和力量。君主如果拿自己的智慧与力量去和众人万物较量，那么众人万物就会胜过君主；君主即使凭借智力把事情猜测到了，那自己也会劳累；如果猜不中，那就还会犯过错。下等的君主只是竭尽自己的才能，中等的君

---

[1]　王先慎撰：《韩非子集解》卷18《八经》，第431—432页。

主能充分发挥别人的力量，上等的君主能充分利用别人的智慧。因此，遇到事情就应该集中众人的智慧，一一听取意见以后再把大家公开集合起来讨论。听取意见时如果不是先一个一个地分别进行而马上集中起来讨论，那么臣下在后来讲的话就会参照别人的观点而和他先前想讲的话相反；后来讲的话和原先想讲的相反，那么臣下的愚蠢和聪明也就无法辨别清楚。如果逐一听取意见后不把大家公开集合起来讨论，那就会犹豫而不能决断；不能决断，那么事情也就拖下去了。君主对臣下的意见能独立自主地择取其中的一种，那就不会有掉入臣下所设的陷阱而导致祸害。所以，君主先让臣下提意见，等他们把意见确定之后再严厉地斥责他们。臣下发表言论的时候，一定要有簿册加以记录。集中众人智慧的，等事情发生以后，再检验一下谁的计谋正确；集中众人才能的，等功绩表现出来以后，再考察一下各人的成败得失。成功和失败有了证验，奖赏和惩罚就按照它来进行。事情办成了，那么君主就收取它的功劳；谋划失败了，那么臣下就承担它的罪责。君主对于验合符信这种重要而又不费力的事尚且不亲自去做，更何况是那些要用力的事呢？君主对于稍动脑筋的事尚且不亲自去做，更何况是那些要费尽心机凭空推测的事情呢？所以君主在具体的事情上要费心尽力。君主任用官吏时，不应该录用彼此意见相同的人；如果臣下相互附和，那么君主就应该严厉地加以斥责。使臣下相互对立而为君主所利用，那么君主就神妙莫测了；君主神妙莫测，那么臣下就会尽心竭力地为君主效劳；臣下尽心竭力地为君主效劳，那么臣子就不会向上来利用君主；这样，君主统治臣下的方法也就完备了。

第二项　君臣订立工作合同。方案实施的后果，要由进言者和实行者承担责任。

在第一项中，韩非子已经说过：

> 结智者事发而验，结能者功见而谋成败。成败有征，赏罚随之。事成，则君收其功；规败，则臣任其罪。[①]

为了追究责任，对群臣的建议和诺言一定要作书面记录以待后验："陈言之日，必有荚籍。"这种载之于册籍之言，相当于军令状式的工作合同，是君主对臣工进行奖赏的重要参考依据。

第三项　订立工作合同一定要讲究功效。君主应该注意办事的功利性，必须是收入超出支出而又是有利可图的事情才可以做，决不能让"人臣出大费而成小功"来损害君主的利益。

韩非子说：

> 人主欲为事，不通其端末，而以明其欲，有为之者，其为不得利，必以害反。知此者，任理去欲。举事有道，计其入多，其出少者，可为也。惑主不然，计其入，不计其出，

---

① 王先慎撰：《韩非子集解》卷18《八经》，第432页。

出虽倍其入，不知其害，则是名得而实亡。如是者，功小而害大矣。凡功者，其入多，其出少，乃可谓功。今大费无罪而少得为功，则人臣出大费而成小功，小功成而主亦有害。①

　　君主想做某事，如果还没有搞清楚那事情的头绪以及后果，就已经把自己的想法透露了出来，有这种行为的君主，他做的事不但不能得利，而且一定会以受害作为对他的报应。懂得了这种道理的君主，就会顺应客观的事理办事而去掉自己的主观欲望，做事情有一定的原则，计算下来那收入多而支出少的事情，是可以做的。糊涂的君主却不是这样，他们只盘算那收入，而不考虑那支出的成本，支出即使是那收入的一倍，他们也不知道那害处，这样表面上看，名义上虽然是得到了，但实际上却是失去了。像这样的话，那么功效微小而损失就十分重大了。大凡功效这东西，那收入多而支出少的，才可以称为功效。现在耗费大了并没有罪过而稍有所得就被认为有功，那么臣下就会支出大量的费用去成就小的功效，这微小的功效即使成就了，而君主也还是有损失的。因此，韩非子认为，功效的概念应包含成本观念，"凡功者，其入多，其出少乃可谓功。"因此，在订立获取功效的合同时，一定要有成本规定。成本规定也是名的一部分。为追求功效而不计成本的做法是愚蠢而有害的。

---

　　① 王先慎撰：《韩非子集解》卷5《南面》，第120页。

第四项　在订立合同、考验功效时，必须将责任落实到臣下个人的头上。这包括两个方面：

第一，人主应"一听则愚智不分，责下则人臣不参"①。君主要逐一听取臣下的意见和诺言，并一一考验其功效，只有这样才能有效地分辨贤愚，避免混淆视听。韩非子用齐王听竽的故事形象地说明了这个道理。

> 齐宣王使人吹竽，必三百人，南郭处士请为王吹竽，宣王说之，廪食以数百人。宣王死，缗王立，好一一听之，处士逃。②

齐宣王让人吹竽，一定要三百个人一起吹。南郭先生请求为宣王吹竽，宣王很喜欢他，由官仓供给他的粮食与几百个人一样多。宣王死了以后，缗王登上了王位，他喜欢一个一个地听人吹竽，南郭先生就逃跑了。

第二，君主要贯彻"一听责下"，严格划分臣下个人的职权范围，"不得越官而有功，不得陈言而不当"。韩非子用韩昭侯重视法度的故事形象地说明了这个道理：

> 昔者韩昭侯醉而寝，典冠者见君之寒也，故加衣于君之上，觉寝而说（悦），问左右曰："谁加衣者？"左右对曰：

---

① 王先慎撰：《韩非子集解》卷 9《内储说上七术》，第 214 页。
② 王先慎撰：《韩非子集解》卷 9《内储说上七术》，第 232 页。

"典冠。"君因兼罪典衣与典冠。其罪典衣，以为失其事也；其罪典冠，以为越其职也。非不恶寒也，以为侵官之害甚于寒。故明主之畜臣，臣不得越官而有功，不得陈言而不当。越官则死，不当则罪。守业其官，所言者贞也，则群臣不得朋党相为矣。[①]

第五项　检验功效时必须运用"参验"即"众端参观"的方法，比较研究多方面的情况，以了解事实真相，从而防止冒功和"诬能"。

> 人主将欲禁奸，则审合刑名者，言异事也。为人臣者陈而言，君以其言授之事，专以其事责其功。功当其事，事当其言，则赏；功不当其事，事不当其言，则罚。故群臣其言大而功小者则罚，非罚小功也，罚功不当名也；群臣其言小而功大者亦罚，非不说于大功也，以为不当名也害甚于有大功，故罚。[②]

君主如要禁止奸邪，就得审察考核官吏实际情况是否与名称相合，这也就是看臣下的言论是否不同于他们所做的事情。让做臣子的陈述他的意见，君主便根据他的意见交给他职事，然后专门根据他的职事来责求他的成绩。如果取得的

---

① 王先慎撰：《韩非子集解》卷 2《二柄》，第 41 页。
② 王先慎撰：《韩非子集解》卷 2《二柄》，第 40—41 页。

成绩和他的职事相当，完成职事的情况和他的话相符合，就给予奖赏；如果取得的功绩和他的职事不相当，完成职事的情况和他的话不相符合，就加以惩罚。所以，群臣之中那些话说大了而功绩小的就要惩罚，这不是因为惩罚他取得的功绩小，而是惩罚他取得的功绩与他的言论不相当；群臣之中那些话说小了而功绩大的也要惩罚，这并不是因为君主不喜欢大功，而是认为功绩与言论不相当的危害超过了臣下所取得的大功，所以要惩罚。

第六项　君主审合刑名时，必须严格执行合同，要求刑（形）与名、功效与诺言完全相符。

韩非子说：

人主有诱于事者，有壅于言者，二者不可不察也。

人臣易言事者，少索资，以事诬主。主诱而不察，因而多之，则是臣反以事制主也。如是者谓之"诱"，诱于事者困于患。其进言少，其退费多，虽有功，其进言不信。不信者有罪，事有功者必赏，则群臣莫敢饰言以惛主。主道者，使人臣前言不复于后，后言不复于前，事虽有功，必伏其罪，谓之任下。

人臣为主设事而恐其非也，则先出说，设言曰："议是事者，妒事者也。"人主藏是言，不更听群臣；群臣畏是言，不敢议事。二势者用，则忠臣不听而誉臣独任。如是者谓之"壅于言"，壅于言者制于臣矣。主道者，使人臣必有言之责，又有不言之责。言无端末、辩无所验者，此言之责也；

以不言避责、持重位者，此不言之责也。人主使人臣，言者
必知其端以责其实，不言者必问其取舍以为之责，则人臣莫
敢妄言矣，又不敢默然矣，言、默则皆有责也。①

韩非子说：君主有被事情诱惑的，有被言论蒙蔽的，这
两种情况不可不加审察。

臣子中把做事说得很容易的人，他们索取的费用很少，用
自己能办事来欺骗君主。君主受到他们的诱惑后不加审察，
便夸奖他们，那么臣下就会反过来用办事来控制君主了。像
这样的情况就叫作"被事情诱惑"，被事情诱惑的君主就会被
祸患搞得焦头烂额。他们进见君主时所说的费用很少，但他
们回去办事时花费却很多，他们即使办事有了成效，他们进
见君主时讲的话也是不诚实的。不诚实的人有罪，他们即使
办事有了成效也不给奖赏，那么群臣就没有谁再敢吹牛夸口
来迷惑君主了。君主的统治手段应该是，假如臣下先前说的
话和后来办的事不合，或者后来说的话和先前办的事不合，
事情即使办成了，也一定要使他们受到应得的惩罚，这叫作
使用臣下的方法。

臣下为君主筹划了事情而又怕被别人非议，就预先出外
游说，使人扬言说："议论这件事情的人，就是嫉妒这件事情
的人。"君主心里记住了这种话，就不再听信群臣了；群臣害

---

① 王先慎撰：《韩非子集解》卷 5《南面》，第 118—119 页。

怕这种话，就不敢议论这件事了。君主不听群臣、群臣不敢议论这两种情形起了作用，那么君主就不听信忠臣的话而专门任用那些徒有虚名的臣子了。像这样的情况就叫作"被言论蒙蔽"，被言论蒙蔽的君主就会被臣下控制了。君主的统治手段应该是，使臣下一定负有说话不当的罪责，又负有该说不说的罪责。说话无头无尾，辩词无从验证的，这就是说话不当的罪责；用不说话来逃避责任以保持重要官位的，这是该说不说的罪责。君主使用臣下，对说话的臣子，一定要了解他说话的头绪，并用它来责求他的办事实效；对不说话的臣子，一定要问清他对某事是赞成还是反对，并把它作为问责他的责任。像这样的话，那么臣下就没有谁再敢乱说了，又不敢沉默了，因为说话和沉默就都有责任了。

第七项　审合刑名之后，要实行"必罚明威"和"信赏尽能"，因为"刑罚不必则禁令不行"，"赏誉薄而谩者下不用"①。只有奖罚分明，君主才能治理好官吏。

一方面，韩非子主张君主一定要做到"必罚明威"，对违反法度的官员严惩不贷。"爱多者，则法不立；威寡者，则下侵上。是以刑罚不必，则禁令不行。"②君主仁慈过分的，那么法制就不能建立；君主威严不足的，那么臣下就会侵害主上。因此刑罚如果不坚决地加以实施，那么禁令就不能实

---

① 王先慎撰：《韩非子集解》卷9《内储说上七术》，第213页。
② 王先慎撰：《韩非子集解》卷9《内储说上七术》，第212页。

行。因此，对罪犯一定要加以严惩。

另一方面，韩非子也主张君主一定要做到"信赏尽能"，对有功者一定要做到奖赏表扬。"赏誉薄而谩者，下不用也；赏誉厚而信者，下轻死。"①奖赏表扬轻微而又欺诈不能兑现的，臣民就不肯被君主使用；奖赏表扬优厚而又确实守信用的，臣民就会不惜牺牲为君主效劳。

第八项　君主所亲自考验和任用的贤能，必须通过自下而上地逐级考验和提拔，不宜单凭虚名就重用那些未经实际考验的人。"故明主之吏，宰相必起于州部，猛将必发于卒伍。夫有功者必赏，则爵禄厚而愈劝；迁官袭级，则官职大而愈治。夫爵禄大而官职治，王之道也。"②

第九项　君主所亲自任用和考验的贤能系由群臣推荐，明君不自举臣，推荐者应自负其责。君主既要考察任事者的功效，又要考察举贤者的功效。举贤者举得其人则与之俱得赏，举贤者举荐不得其人则与之俱罚。韩非子认为，明君治国的办法是：录用有才能的人，推崇忠于职守的人，奖赏有功劳的人。臣下推荐人才时所说的话合于法度，君主就高兴，推荐者与被推荐者一定都得到奖赏；如果不合乎法度，君主就发怒，推荐者与被推荐者一定都要受到惩罚。正如韩非子所说："明主之道：取于任，贤于官，赏于功。言程，主

---

① 王先慎撰：《韩非子集解》卷9《内储说上七术》，第213页。
② 王先慎撰：《韩非子集解》卷19《显学》，第460页。

喜，俱必利，不当，主怒，俱必害；则人不私父兄而进其仇雠。"①"论之于任，试之于事，课之于功。故群臣公政而无私，不隐贤，不进不肖。②"只有这样才能保证荐举者的公正无私。

第十项　要防止大臣为避免负责而不说话——包括不议论、不请事、不荐贤。为此，君主应做到"使人臣言者必知其端以责其实，不言者必问其取舍以为之责，则人臣莫敢妄言矣，又不敢默然矣，言默皆有责也。"官吏作为者"必知其端以责其实"；官吏不作为者"必问其取舍以为之责"③。言者不当者问责，不言者更要问责。唯有如此，才能保证臣下言行一致。

（4）君主的禁奸之术。

韩非子所谓禁奸之术，即是君主同"奸邪"作斗争以巩固其统治的方法和策略。禁奸之术与课能之术有着紧密的联系，不能绝然分开。课能之术可以发现冒功诬能的奸邪；而禁奸之术亦有助于达到课能的目的。有的术，如"众端参观"等，本身就既是课能之术又是禁奸之术，因为无论课能还是禁奸都必须弄清事实真相。当然，这两类统治术还是有区别的：课能之术的侧重点在于"课能"，直接服务于选贤任能的组织原则；禁奸之术的侧重点则在于直接服务于巩固君主

---

① 王先慎撰：《韩非子集解》卷18《八经》，第440页。
② 王先慎撰：《韩非子集解》卷16《难三》，第375页。
③ 王先慎撰：《韩非子集解》卷5《南面》，第119页。

的权势和法制的政治斗争。禁奸术按其内容可分为奸情、察奸、防奸、自神等几类。①

第一，奸情种种。

韩非子将奸邪可能发生危害君主的事情集中总结为"八奸""六微"。

"八奸"是：

"一曰同床"，"二曰在旁"，"三曰父兄"，"四曰养殃"，"五曰民萌"，"六曰流行"，"七曰威强"，"八曰四方"。

韩非在列举八奸的同时，也指出了人主防御这没有硝烟却是来自四面八方进攻的一些具体措施："不怀爱而听，不留说而计"，不听"私请"以防同床；不准左右越职"益辞"以防在旁；"言必有报，说必责用"，追究言事之责，不验必罚，以防父兄大臣；观乐玩好的费用依法供给，不准臣下善自进奉，以防养殃；"利于民者，必出于君"，以防民萌；言谈者对人有所毁誉，必予核实，以防流行；严禁私斗，以防威强；不听诸侯"不法"之求，以防四方。这八项防范奸臣的办法在前面"君主的道术"中已经论述，此不赘述。

六微是指奸邪危害君主活动的六种微妙情形，其条目是："一曰权借在下，二曰利异外借，三曰托于似类，四曰利害有反，五曰参疑内争，六曰敌国废置。"韩非子说："此六

---

① 参见孙实明著：《韩非思想新探》，第85—99页。

者，主之所察也。"① 六种隐微的情况：一是君主的权势转借给臣下；二是由于君臣的利益不同两臣下借助外国的势力来牟取私利；三是臣下依靠类似的事来欺骗君主牟取私利；四是人们的利害关系存在着相反的情况而臣下会危害君主和他人来牟取私利；五是臣下的势力互相匹敌而导致了统治集团内部的争权夺利的斗争；六是敌对的国家插手对大臣的废黜与任用。这六种情况，是君主应当明察并时刻要预防的。

第二，察奸。

察奸之术可简要地概括为"参言以知其诚，易视以改其泽"②。

一方面，所谓"参言以知其诚"，即"众端参观"③ 与"听无门户"④。也就是说，君主对臣下所言之事，要通过比较研究多方面的情况予以考察、验证，而不要偏听一人。韩非指出："观听不参则诚不闻，听有门户则臣壅塞。"⑤ 韩非认为，即使对众人异口同声之言也必须加以参验而不能轻信，因为众人之言并不都是真实可靠的。有时，众人可能因考虑利害关系而一味咐和于权臣。在这种情况下，君主如果相信众言，无异于偏听一人。

① 王先慎撰：《韩非子集解》卷 10《内储说下六微》，第 240 页。
② 王先慎撰：《韩非子集解》卷 18《八经》，第 436 页。
③ 王先慎撰：《韩非子集解》卷 9《内储说上七术》，第 211 页。
④ 王先慎撰：《韩非子集解》卷 18《八经》，第 424 页。
⑤ 王先慎撰：《韩非子集解》卷 9《内储说上七术》，第 211 页。

另一方面，韩非主张在"众端参观"的过程中，不仅要研究来自同一个观察角度的各种情况，而且还要研究来自不同观察角度的各种情况，以便更好地排除假象，获得真情。所以他进一步提出"易视以改其泽"，即变换视线以观其是否改变光泽，也就是从不同的角度、通过不同的渠道以获取对方的情况。其办法有：

其一，"举往以悉其前。"①即参考其往事以认识其现状。

其二，"设谍"。即设置间谍进行密察，以管理专任之人。

其三，"举错以观奸动。"②即采取某些措施，引诱奸邪之人以观其动静。

其四，"卑适以观直谄。"③即使对方迎合己意，以观其人为直、为谄。

其五，"握明以问所暗。"④即心怀智故巧诈而发问，以探知对方诚实与否等隐情。

其六，"倒言反事以尝所疑。"⑤即对所疑之事用说倒话、做反事的方法加以试探。

第三，防奸。

察奸、除奸不如防奸于未然。所以韩非子说："禁奸之法，

---

① 王先慎撰：《韩非子集解》卷18《八经》，第437页。
② 王先慎撰：《韩非子集解》卷18《八经》，第437页。
③ 王先慎撰：《韩非子集解》卷18《八经》，第437页。
④ 王先慎撰：《韩非子集解》卷18《八经》，第437页。
⑤ 王先慎撰：《韩非子集解》卷9《内储说上七术》，第216页。

太上禁其心，其次禁其言，其次禁其事。"①防奸的办法有：

其一，"宣闻以通未见""明说以诱避过"②。通过宣传申明法制，进行正面的告诫。

其二，"以三节持之"，用三种至关利害的制约手段把持大臣。韩非子说："其位至而任大者，以三节持之，曰质、曰镇、曰固。亲戚妻子，质也。爵禄厚而必，镇也。参伍贵帑，固也。"③

其三，"勿使民比周"④，防止臣民结党营私。其具体做法有："比周而赏异也，诛毋谒而罪同。"⑤奖励迥异于朋党比周的正派言行，惩罚包庇犯罪而不告奸者；"渐更以离通比"，逐渐调换人员以离散比周相通者；"作斗以散朋党"⑥，挑起一些人之间的斗争以解散他们的朋党勾结。

其四，"疑诏诡使"⑦，"深一以警众心"⑧。"疑诏"，是指君主故意下达某种诏令，使群臣相猜疑而不敢为非。"深一以警众心"，是指君主拿某件事情做文章，严厉惩罚不守法度者。

---

① 王先慎撰：《韩非子集解》卷17《说疑》，第400页。
② 王先慎撰：《韩非子集解》卷18《八经》，第437页。
③ 王先慎撰：《韩非子集解》卷18《八经》，第434页。
④ 王先慎撰：《韩非子集解》卷2《扬权》，第51页。
⑤ 王先慎撰：《韩非子集解》卷18《八经》，第436页。
⑥ 王先慎撰：《韩非子集解》卷18《八经》，第437页。
⑦ 王先慎撰：《韩非子集解》卷9《内储说上七术》，第211页。
⑧ 王先慎撰：《韩非子集解》卷18《八经》，第437页。

其五，"心藏""不漏"，要求君主将臣下的密奏藏之于心、不予泄露。韩非认为，君主若不善保密，则人臣必然有所顾忌而不敢直言实情。韩非子说："人臣有议当途之失、用事之过、举臣之情，人主不心藏而漏之近习能人，使人臣之欲有言者，不敢不下适近习能人之心而乃上以闻人人主，然则端言直道之人不得见，而忠直日疏。"①韩非子认为："浅薄而易见，漏泄而无藏，不能周密，而通群臣之语者，可亡也。"②韩非子要求君主像韩昭侯那样周密："堂谿公每见而出，昭侯必独卧，惟恐梦言泄于妻妾。"③对于执政者言，韩非子的这一思想，颇有可以借鉴的合理因素。

第四，自神。

韩非认为，与君主进行防奸、察奸的同时，奸邪也在不断窥伺君主以利其活动。"篡臣"要了解君主的为人以作出其决策；"佞臣"要摸清君主的私意以投其所好；"奸臣"要窥探君主的内情以"谲主便私"，拉拢或构陷其同僚。因此，韩非子认为，君主禁奸，一方面要防奸察奸、了解奸邪的活动规律，另一方面还要避免奸邪对君主的窥伺。要达到这两方面的目的，君主必须讲究自神之术。所谓自神，就是把自己装扮得神秘无端、高深莫测。自神的要领是虚静无为。君主既

---

①　王先慎撰：《韩非子集解》卷5《三守》，第114页。

②　王先慎撰：《韩非子集解》卷5《亡徵》，第110页。

③　王先慎撰：《韩非子集解》卷13《外储说右上》，第321页。

不表现个人的欲望和意图，又不好强争胜、矜夸其贤智，"掩其迹，匿其端，下不能原；去其智，绝其能，下不能意"①，以避免奸邪的窥伺。君主如果表现自己的欲望和意向，则臣下必将为迎合其好恶而进行自我表现、自我掩饰；如果君主去好去恶，深自韬晦，则臣下为了自保就只好各行其素，现出本来面目。

韩非子的治吏思想给了我们如下启示：

第一，治理国家的关键在于治理官吏。一个国家无论是君主专制还是民主共和政体，总是要有人履行管理职能，官吏能力水平的高低直接影响着国家的管理水平的高低。

第二，治理国家需要有能力的官吏，用人之能用人之长。如果没有能吏来治理国家，国家既不能发展也不会稳定，更不会在国家之间的竞争中取得优势的地位，这是由国家事务的复杂性和国家之间的竞争的残酷性决定的，在混乱纷争的时代和社会变革时期就更是如此。

第三，对官吏必须用法律制度加以制约和监督。官吏也是人，也好利，并不是因为爱君主而为君主做事，而是为了自己的利益而做事，官吏也是好利恶害。韩非子的态度是一方面肯定人好利的行为，另一方面主张对官吏要进行监督和约束，以使他们不得为非做歹。官吏不因为成了官吏，就改变自己为恶的可能，因而要在使用中加强监督约束。

① 王先慎撰：《韩非子集解》卷1《主道》，第28页。

　　韩非思想对秦始皇政治的影响是全方位的，秦始皇读到他的书，竟然崇拜得五体投地。由于李斯等人的谗言，秦始皇没能与韩非直接见面，韩非就被害死了，但是韩非的思想却成为秦王朝政治建设的基本纲领。这主要表现在：

　　第一，中央集权的高效政治体制。

　　与韩非"事在四方，要在中央。圣人执要，四方来效"①的中央集权体制的思想相适应，秦灭六国后，用郡县制代替了分封制，建立了从中央到地方的一整套官僚政权机构。在中央实行三公九卿制。在地方，先后在全国设置四十余郡，彻底废除封国建藩制度，所谓"陛下有海内，而子弟为匹夫"②。郡设郡守、郡尉、郡监，分别掌管一郡的行政、军事、监察。郡下设县，县下有乡、里、亭等基层政权组织，从而形成了从上到下、从中央到地方严密的行政控制网络。按照秦朝制度，中央和地方所有重要官吏都要由皇帝任免调动，从而铲除了地方割据的可能性。为了防止官吏违法弄权，秦朝制定了一套比较完善的官吏选拔和考核制度，从而保障了皇帝政令的畅通。

　　第二，君主与国家政权合二为一的独尊文化与观念。

　　在韩非的法家理论中，把"有国""保身"和"体道"三者结合起来，"夫能有其国、保其身者，必且体道"③，君主

---

　　①　王先慎撰：《韩非子集解》卷2《扬权》，第44页。

　　②　司马迁撰：《史记》卷6《秦始皇本纪》，第254页。

　　③　王先慎撰：《韩非子集解》卷6《解老》，第140页。

独擅权势，群臣绝对服从。秦始皇接过这一理论，宣称自己既是君主，也具有圣人的一切品格，就是"体道"者，所以他所做的一切都是神圣的、合理的。在秦始皇巡游各地的刻辞中，秦始皇宣扬，他所立的法是圣法："大圣作治，建定立法，显著纲纪。"他所做的事是圣事："皇帝躬圣，既平天下，不懈于治。"他所进行的教化是圣教："宇县之内，承顺圣意"，"训经宣达，远近毕理，咸承圣制。"他带给臣民百姓的是圣德圣恩："圣德广密，六合之内，被泽无疆。"由于秦始皇认为自己不但拥有了最高权力，而且掌握着绝对真理，能够"体道行德"，所以对于他的所作所为，子孙后代只能继承、歌颂、遵循，发扬光大，而不能有任何改变，"常职既定，后嗣循业，长承圣治。""化及无穷，遵奉遗诏，永承重戒。"①特别是"皇帝"称号的确立，更使秦始皇完成了一项开创时代的大事，即把最尊崇的名号与最高权力有机结合为一体。

第三，与帝王独尊思想相适应，则是臣民绝对服从的观念。

在国家治理方式上，韩非主张君主掌握对大臣的生杀予夺之权，以术御臣，自操权柄；对民众则采用严刑峻法，重本抑末，什伍连坐，焚《诗》《书》而愚黔首等措施加以控制。这些思想在秦始皇的政治统治中完全被付诸实践。群臣也是自私自利的，他们也想攫取更多的权势，因此，君主要

---

① 司马迁撰：《史记》卷6《秦始皇本纪》，第243页。

集权于一人，首要的任务就是抑制左右大臣和亲近之人，对任何人都不能相信，韩非主张"人主之患在于信人，信人则制于人"①。大臣不能专擅权力，大臣军权太重，就有可能导致亡国，"出军命将太重，边地任守太尊，专制擅命，径为而无所请者，可亡也。"②大臣不能有财权，"臣制财利则主失德。"大臣也不能掌握人事任免权，"臣得树人则主失党。"③大臣如果掌握了赏罚权，"则一国之人皆畏其臣而易其君，归其臣而去其君矣，此人主失刑德之患也。"④所有权力都应掌握在君主手中，帝王的权力是至上至尊的，"万物莫如身之至贵也，位之至尊也，主威之重，主势之隆也。"⑤

总之，在秦始皇的思想观念和政治实践中，把韩非帝王独尊的理论奉为至典，极力宣扬并付诸实施。以商鞅、韩非思想为指导，秦王朝通过建立一整套完善的君尊臣卑的政治制度，建立了皇帝个人的绝对权威，实现了国家最高权力与君权的不可分割性和不可转移性的文化转变。

---

① 王先慎撰：《韩非子集解》卷 5《备内》，第 115 页。
② 王先慎撰：《韩非子集解》卷 5《亡征》，第 112 页。
③ 王先慎撰：《韩非子集解》卷 1《主道》，第 29 页。
④ 王先慎撰：《韩非子集解》卷 2《二柄》，第 40 页。
⑤ 王先慎撰：《韩非子集解》卷 1《爱臣》，第 24 页。

三、吕不韦的整合与设计

《吕氏春秋》是秦国统一六国前夕，相邦吕不韦集合门客花费巨资所作的一部重要著作，其目的在为秦国统一天下后如何进行治理做好理论上的准备。

吕不韦可谓中国历史上一位传奇式的人物。他原本是阳翟巨商，往来贸易，家累千金。商业利润虽然丰厚，但这并不能满足他的胃口。秦昭王晚年，吕不韦结交了以质子身份居住在邯郸的秦国公子子楚。子楚是秦太子安国君之子，但是安国君有子二十余人，子楚的母亲早已失宠，因而地位低微，又因为秦赵两国长期频繁交战，不能得到赵国的礼遇。吕不韦细心观察形势，发现子楚是位可"居"而以待增值的"奇货"，于是利用安国君所爱幸华阳夫人无子的机会，进行政治投机。他给予子楚五百金作为交游之用，又以五百金买奇物玩好献给华阳夫人，说服她同意确立子楚为继承人。

秦昭襄王去世后，安国君即位，子楚顺理成章成为太子。安国君即秦孝文王。他在位只一年就短命而死。子楚顺理成为秦王，即秦庄襄王。秦庄襄王元年，吕不韦被任命为相邦，多年的政治投资终于得到回报。三年后，秦庄襄王去世，出生在赵国的嬴政立为王。少年秦王尊称吕不韦为"仲父"。

应当说，秦实现统一，在吕不韦专权时大势已定。后来大一统的中央集权的秦王朝的建立，吕不韦是当之无愧的奠基者之一。秦国用人可以专信，如商鞅、张仪、魏冉、蔡泽、吕不韦、李斯等人，皆委国而听之不疑，而论其功业，吕不韦完全可以与商鞅并居前列。

吕不韦是中国历史上以个人财富影响国家历史进程的第一人。从这一角度认识当时的社会与经济，或可有所新知。吕不韦以富商身份参政，并取得非凡成功，就仕进程序来说，也独辟蹊径。秦政治文化实用主义的特征，与山东各国文化"迂远而阔于事情"①风格大异。而商人务实精神，正与此相契合。司马迁笔下巨商白圭自称"权变""决断"②类同"商鞅行法"，是发人深思的。吕不韦的出身，是他身后招致毁谤的原因之一。而这种由商从政的道路，虽然履行者罕迹，但对于国家政治文化风貌的影响，也许有其特殊的价值。

吕不韦执掌秦国朝政时，魏国有信陵君，楚国有春申君，赵国有平原君，齐国有孟尝君，都以礼贤下士、大聚宾客闻名。吕不韦羞于秦虽强国，却不能形成同样的文化气氛，于是也招致天下之士，给予特殊的优遇。一时宾客云集门下，据说多达三千人，形成了一个实力雄厚的学术与智囊合一团体。

当时，各地学者游学成风，多有倡论学说、著书传布天下者。吕不韦让他的宾客人人写出自己的所见、所思及所倡，又综合整理为《八览》《六论》《十二纪》，共二十余万言，

---

① 司马迁撰：《史记》卷74《孟子荀卿列传》，第2343页。
② 司马迁撰：《史记》卷129《货殖列传》，第3259页。

以为天地万物古今之事，都充备其中，号为《吕氏春秋》。据说，书成之后，吕不韦曾经将之公布于咸阳市门，悬千金于其上，请列国诸侯游士宾客修正，号称有能增减一字者，给予千金奖励。可见这部书在当时的秦国已经占据了一种不容否定的文化权威的地位。

《吕氏春秋》试图"备天地万物古今之事"，全书结构经过精心设计，编排体例非常严整，内容十分系统，可以说是充分吸收前人及当时诸子各家思想成果集大成的创新之作。刘泽华说："《吕氏春秋》的编写不只是一部书的问题，而是一种文化政策的产物，这一层意义，应该说，更值得注意。"[①]

在《吕氏春秋》中，吕不韦不囿一家一派之成见，而是居高临下，看到各家各派之中都有利于君主统治的内容。他像百花中的蜜蜂，无花不采。他站在百家之上，用有益于统治这一标准去通百家。吕不韦没有取消任何一家的企图，也没有想用一家一派把其他家吃掉的打算。他对诸家之说采取了兼并收蓄的方针。但是，在对各家各派的选择上，吕不韦是有自己原则的，他对各家各派中走向极端的流派，一般是不选的。比如，对儒家的君臣父子伦理道德之论选取了，对儒家许多迂腐之论和繁缛之却弃而不选；对法家的通变、赏罚分明、依法行事的思想选来了，但遗弃了轻罪重罚那一套；对道家的法自然的思想选取了不少，但对以自然排斥社

---

① 刘泽华著:《中国政治思想史集》第1卷，人民出版社2008年版，第446页。

会的思想弃而不取；对墨家的节葬、尚俭思想选取了，但对明鬼、非乐的思想置之不顾。总之，他很有眼光。①

吕不韦的杰出之处，不仅在他能广蓄人才，而且他很善于折中，能够汲取百家的长处，去粗取精，为我所用。班固将《吕氏春秋》一书列入"杂家"之中，又说，"杂家"的特点，是兼采合化儒家、墨家、名家、法家诸说，"知国体之有此，见王治之无不贯，此其所长也。"②《吕氏春秋》的确是"兼""合"以前各派学说编集而成的一部文化名著。司马迁记述《吕氏春秋》成书过程的特点时使用"集论"一语，可谓切中肯綮。

汉代学者高诱为《吕氏春秋》作注，曾经评价说，这部书的基本宗旨，是以"道德"作为目标，以"无为"作为纲纪，儒学的说教只是被借用为形式。侯外庐先生在其《中国思想通史》第一卷中根据这样的说法分析说，吕书作者虽然包括儒家学者，但是此书却是以道家学说为主体内容，以儒家学说为宣传形式，在吕不韦的主观上，是比较有意倚重于道家的。

《吕氏春秋·序意》中写道，有人问这部书中《十二纪》的思想要点，吕不韦回答道，黄帝教诲颛顼帝说，天好比宏大的圆规，地好比宏大的矩尺，效仿天地规矩之道，才可以施

---

① 参见刘泽华著：《中国政治思想史集》第1卷，第447页。

② 班固著：《汉书》卷30《艺文志》，中华书局1962年版，第1742页。

行成功的统治。所以说古来之清世，都是法天地而实现的。凡《十二纪》者，所以纪治乱存亡也。要调整天、地、人的关系使之和谐，要点在于无为而行。吕不韦的这段话，很可能是当时说明《吕氏春秋》中《十二纪》写作宗旨的序言，全书的著述意图，自然也可以因此得到体现。其中关于"治乱存亡""无为而行"的话，说明《吕氏春秋》中表现的文化方向，首先指在政治上要因道、法时、顺自然，是要营造一个接近道家理想的"清世"。

由于吕不韦政治生涯的终结，以致《吕氏春秋》中提出的一整套治国思想，实际上并没有来得及在大秦帝国国家治理中加以实践。

《吕氏春秋》全书一百六十篇，从形式上看，《十二纪》《八览》《六论》中的论文，都有定数，比较整齐。可以说，《吕氏春秋》对诸子学说的整合，在系统上是相当严密的。形式齐整，内容系统，是被称为"杂家"的《吕氏春秋》的一个重要特点。这部文化名作的另一个重要特点，是在这样的形式下，对于百家之学，并没有采取对分歧之说简单地加以齐合裁断的做法，而比较多地保存了各自明显的歧见。有些篇章的内容，不免相互矛盾。

《吕氏春秋》博采诸子之说的特点，应当与吕不韦往来各地、千里行商的个人经历有一定的关系。这样的人生阅历，或许可以使得他见闻较为广博，眼光较为阔远，胸怀比较宽容，策略比较灵活。不过，《吕氏春秋》能够成为杂家集大成之作的更主要的原因，还在于为即将来临的"大一统"时代，在政治上提供理论依据，在文化形态提出涵容诸子百家的要求。曾经领略过东方多种文化因素不同风采的吕不韦及其宾客们，敏锐地发现了这一文化进步的方向，明智地顺应了这一文化发展的趋势。《吕氏春秋》这部书的重要文化价值，突出表现在其实质是在大一统的政治体制即将形成的时代，为推进这一历史进步所进行的一种文化准备。

那么，在政治文化的总体构想方面，吕氏又是怎样为秦的最高统治者进行设计的呢？

1.《吕氏春秋》采纳了当时流行的重民思想。

这两点是《吕氏春秋》倡导的治民政策的基础。"智"识应当"由公"，这是《吕氏春秋》提出的一个基本原则。《吕氏春秋·序意》说，如果出于私，则会使公智、公识、公意受到阻塞，导致灾祸。"私视"则导致"目盲"，"私听"则导致"耳聋"，"私虑"则导致"心狂"。三者都是出于私意而"智无由公"。智识不能以"公"为基点，则福庆日趋衰减，灾祸日趋隆大。《吕氏春秋·贵公》还提出了政治公平的主张："昔先圣王之治天下也，必先公。公则天下平矣。平得于公。""天下非一人之天下也，天下人之天下也。"[1]

得民心而得天下，失民心而失天下，这是《吕氏春秋》许

---

[1]　许维遹撰：《吕氏春秋集释》卷1《贵公》，中华书局2009年版，第24页。

多篇中反复论述的一个基本思想。《顺民》说："先王先顺民心，故功名成。夫以德得民心以立大功名者，上世多有之矣。失民心，而立功名者，未之曾有也。"①民众是力量的源泉，得民心，力量无穷；逆民心，势孤力单。汤武等圣王之所以成功，主要是由于得到民众的支持。《用民》说："汤武非徒能用其民也，又能用非己之民。能用非己之民，国虽小，卒虽少，功名犹可立。古昔多由布衣定一世者矣，皆能用非其有也。"②历史上败亡之主之所以败，其根本原因在于失民。失去民心，即使拥有物质力量，这种力量也会变为死的东西，不能发挥应有的作用。《似顺》以陈败为例说道："夫陈，小国也，而蓄积多，赋敛重也，则民怨上矣。城郭高，沟洫深，则民力罢矣。兴兵伐之，陈可取也。"③物质力量由于没有主动的积极的主体，变成了一堆无用之物，反而为自己的灭亡准备了条件。

如何才能顺民心，得民心？这涉及如何看待民情、民欲问题。《吕氏春秋》认为，人的生理需求和追逐物质利益是人们的共同情欲。《情欲》说："耳之欲五声，目之欲五色，口之欲五味，情也。此三者，贵贱愚智贤不肖，欲之若一。虽神农、黄帝，其与桀、纣同。"④《精谕》说："同恶同好，志皆

① 许维遹撰：《吕氏春秋集释》卷 9《顺民》，第 199 页。
② 许维遹撰：《吕氏春秋集释》卷 19《用民》，第 525 页。
③ 许维遹撰：《吕氏春秋集释》卷 25《似民》，第 658 页。
④ 许维遹撰：《吕氏春秋集释》卷 2《情欲》，第 42—43 页。

有欲，虽为天子，弗能离矣。"[1]《审为》篇把人们之所以勇于"危身、伤生、刈颈、断头"等行为，都归因于"徇利"。《离谓》把问题说得更明快："凡事人，以为利也；死不利，故不死。"[2] 人的这些情欲是天生的、不可更改的。《诚廉》说："性也者，所受于天也，非择取而为之也。"[3] 因此，治民之道的纲是顺民性、从民欲。《用民》说："用民有纪有纲，壹引其纪，万目皆起；壹引其纲，万目皆张。为民纪纲者何也？欲也、恶也，何欲何恶？欲荣利，恶辱害。辱害所以为罚，充也；荣利所以为赏，实也。赏罚皆有充实，则民无不用矣。"[4]《贵当》篇对问题的论述尤为别致："治物者不于物，于人；治人者不于事，于君……治天子者不于天子，于欲；治欲者不于欲，于性。性者，万物之本也，不可长，不可短，因其固然而然之，此天地之数也。"[5]《为欲》篇所说的："圣王执一，四夷皆至者，其此之谓也。执一者，至贵也，至贵者无敌。"[6] 其中所谓"执一"，即顺从情欲。《功名》说："民无常处，见利之聚，无之去。欲为天子，民之所走，不可不察。"[7]《达郁》篇还指出，民欲不能通达，百害并起，文中曰："民欲不

① 许维遹撰：《吕氏春秋集释》卷 18《精谕》，第 482 页。
② 许维遹撰：《吕氏春秋集释》卷 18《离谓》，第 489 页。
③ 许维遹撰：《吕氏春秋集释》卷 12《诚廉》，第 267 页。
④ 许维遹撰：《吕氏春秋集释》卷 19《用民》，第 524 页。
⑤ 许维遹撰：《吕氏春秋集释》卷 24《贵当》，第 655 页。
⑥ 许维遹撰：《吕氏春秋集释》卷 19《为欲》，第 534 页。
⑦ 许维遹撰：《吕氏春秋集释》卷 2《功名》，第 56 页。

达，此国之郁也。国郁处久，则百恶并起，而万灾丛至矣。"①
人的欲望是多方面的，因此要从多方面利用。善于利用，众为
我用；用之不当，人物两失。《为欲》说："人之欲虽多，而上
无以令之，人虽得其欲，人犹不可用也。令人得欲之道，不可
不审矣。善为上者，能令人得欲无穷，故人之可得用亦无穷
也。"在作者看来，最难对付的是无欲望者。"使民无欲，上
虽贤，犹不能用……故人之欲多者，其可得用亦多；人之欲少
者，其得用亦少；无欲者，不可得用也。"②

　　为了顺从民欲、民情，《吕氏春秋》的作者提出君主要
有爱民之心，实行德政。《精通》说："圣人南面而立，以爱
利民为心。"③《适威》说："古之君民者，仁义以治之，爱
利以安之，忠信以导之，务除其灾，思致其福。故民之于上
也，若玺之于涂也，抑之以方则方，抑之以圜则圜。"④《爱
士》说："行德爱人则民亲其上，民亲其上，则皆乐为其君死
矣。"⑤《上德》说："为天下及国，莫如以德，莫如行义。以
德以义，不赏而民劝，不罚而邪止，此神农黄帝之政也。"⑥

　　先秦诸子和政治家广泛讨论过如何对待民的问题，法家

①　许维遹撰：《吕氏春秋集释》卷20《达郁》，第563页。
②　许维遹撰：《吕氏春秋集释》卷19《为欲》，第533、532页。
③　许维遹撰：《吕氏春秋集释》卷9《精通》，第212页。
④　许维遹撰：《吕氏春秋集释》卷19《适威》，第528页。
⑤　许维遹撰：《吕氏春秋集释》卷8《爱士》，第191页。
⑥　许维遹撰：《吕氏春秋集释》卷19《上德》，第517页。

的主流派主张弱民、胜民；儒家主张爱民、利民。《吕氏春秋》在这个问题上显然倾向于儒家。秦国自商鞅之后奉行法家的主张，在政治上实行弱民、胜民政策。《吕氏春秋》上述理论是对秦传统治国政策的纠偏。[①]

2.《吕氏春秋》强调治国应当以农业为重

《吕氏春秋》强调，施政要依照十二月令行事。而十二月令，实际上是长期农耕生活经验的总结。《吕氏春秋·上农》强调治国应当以农业为重，指出，古代的圣王所以能够领导民众，首先在于对农耕经济的特殊重视。民众务农不仅在于可以收获地利，而更值得重视的，还在于有益于端正民心民志。《吕氏春秋》提出了后世长期遵循的重农原则，特别强调其意义不仅限于经济方面，还可以"贵其志"，即发生精神文化方面的作用。

《吕氏春秋》从三个方面说到推行重农政策的目的：

第一，"民农则朴，朴则易用，易用则边境安，主位尊。"

第二，"民农则重，重则少私义，少私义则公法立，力专一。"

第三，"民农则其产复，其产复则重徙，重徙则死处而无二虑。"[②]

这就是说，民众致力于农耕，则朴实而易于驱使，谨慎

---

① 参见刘泽华著：《中国政治思想史集》第1卷，第455—456页。

② 许维遹撰：《吕氏春秋集释》卷26《上农》，第682—683页。

而遵从国法，积累私产而不愿意流徙。很显然，特别是其中前两条，"民农则朴，朴则易用"以及"民农则重，重则少私义"的内涵，其实都可以从政治文化的角度来加以理解。这样的思想，对于后来历代统治者有长久的影响。

此外，《吕氏春秋》又有《任地》《辨土》《审时》三篇，都是专门总结具体的农业技术的。《汉书·艺文志》称"农家者流"计有九家，班固以为其中"《神农》二十篇"和"《野老》十七篇"成书在"六国时"。然而这两种农书至今已经无存。因而《吕氏春秋》中有关农业的这些重要篇章，成为秦以前极其可贵的农史文献资料。《吕氏春秋》有关农业的内容，不仅体现了一种重视农耕的政策传统，还体现了一种重视发展经济以及讲究实用的文化传统。

3.《吕氏春秋》探讨了为君为臣之道

君主问题是进行政治统治中的一个根本问题，也是当时国家问题的核心。君、臣应该具备什么样的品质和条件，以及如何处理两者之间的关系，这会影响政权能否稳固，又涉及国家的兴亡。《吕氏春秋》许多篇从不同角度讨论了这个问题。在论述中，历史的回顾和现实的希望与要求是交融在一起的。

研讨历史是为了说明现实，讨论君主的产生和本质，是为了给现实的君主进行理论规定。《吕氏春秋》认为，周天子已被历史淘汰，眼前的状态是群龙无首，争战不已。历史要求一位新天子君临天下。《谨听》说："今周室既灭，而天子已绝，乱莫大于无天子。"①《观世》也说："乱莫大于无天子，无天子则强者胜弱，众者暴寡，以兵相刬，不得休息，而佞进。今之世当之矣。"② 历史迫切需要一位新天子，那么新一代的天子应该具有怎样的品质呢？他们根据历史的经验和当时的情况提出了如下理论规定：

第一，天子必须是法自然和与自然取得和谐的模范，并统领天下民众沿着这一条道路走，只有这样的人才可谓之天子。

第二，在与民的关系上，天子必须顺从民意。《顺民》说："凡举事必先审民心，然后可举。"③《爱类》说："仁人之于民也，可以便之，无不行也。"④ 如果民意与君主私欲发生矛盾，必须放弃君主私欲而从民意，《行论》说："执民之命，重任也。不得以快志为故。"⑤

第三，在公私关系上，天子必须贵公而抑私。《贵公》说："昔先圣王之治天下也，必先公，公则天下平矣。平得于公。"⑥ 春秋以来，国家观念有了飞快的发展，君主与国家并不完全是一回事，国家之事为公，除此之外都为私，包括君主个人的事在内。为此要求君主崇公抑私。

---

① 许维遹撰：《吕氏春秋集释》卷13《谨听》，第296页。
② 许维遹撰：《吕氏春秋集释》卷13《观世》，第296页。
③ 许维遹撰：《吕氏春秋集释》卷9《顺民》，第204页。
④ 许维遹撰：《吕氏春秋集释》卷21《爱类》，第593页。
⑤ 许维遹撰：《吕氏春秋集释》卷20《行论》，第568页。
⑥ 许维遹撰：《吕氏春秋集释》卷1《贵公》，第24页。

第四，由以上规定必然引出如下结论："天下，非一人之天下也，天下人之天下也。"① "置君非以阿君也，置天子非以阿天子也，置官长非以阿官长也。"② 类似这种提法慎到早就说过，道家也有过论述。但把问题说得这样清楚，在先秦诸子中，《吕氏春秋》显然堪称第一家。视天下为天子私物是当时流行的观念，吕不韦支持作者向这种观念发起挑战，不能说不具有特别重要的意义。他显然是在教戒秦王政如何成为天下一统后一位合格的新天子！③

4.《吕氏春秋》坚持义兵与统一说

战国是一个争战、兼并的时代，历史发展的大趋势是要用战争的方式来结束战争、统一天下，重建和平稳定的政治社会秩序。

针对当时流行的偃兵说，《吕氏春秋》坚持义兵说，认为"古圣王有义兵，而无有偃兵"④。反对一切战争不但不能带来治，反而会招致乱。"三王以上，固皆用兵也，乱则用，治则止。治而攻之，不祥莫大焉。乱而弗讨，害民莫长焉。此治乱之化也，文武之所由起也。"⑤ 所谓义兵，即是顺天和为民除害。"今兵之来也，将以诛不当为君者也，以除

---

① 许维遹撰：《吕氏春秋集释》卷1《贵公》，第25页。
② 许维遹撰：《吕氏春秋集释》卷20《长利》，第546页。
③ 参见刘泽华著：《中国政治思想史集》第1卷，第451—453页。
④ 许维遹撰：《吕氏春秋集释》卷7《荡兵》，第157页。
⑤ 许维遹撰：《吕氏春秋集释》卷20《召类》，第559页。

民之仇而顺天之道也。"①"敌慑民生，此义兵之所以隆也。"②兵义不义，不取决于是攻是守，或谁是发动者。《吕氏春秋》指出："兵苟义，攻伐亦可，救守亦可。兵不义，攻伐不可，救守不可。"③总之义兵是达到统一天下的必由之路，只有义兵才能结束纷争局面。新天子将随着义兵的步伐出现在历史舞台上！

应该指出，《吕氏春秋》是春秋战国百家争鸣时代最后的文化成就，同时又是即将进入新统一的时代的重要文化标志，可以看作中国早期历史一座文化进程的里程碑。《吕氏春秋》中的文化倾向，对秦汉帝国的政治治理有着重要的影响。从《吕氏春秋》一书来看，吕不韦不愧是一位具有战略眼光的政治家。他不为诸子门户之见所囿，而是高居其上，从现实政治需要出发，择可用者而用之，不可用者而弃之。对于当时流行的各家学说，作为一个关心国计民生的政治家，必须根据现实的需要而有所选择。先秦诸子相互之间虽然争论炽热，水火不容，但他们中的绝大多数学说都是为了救世，都是为了给君主献策献计而应时而生的。吕不韦清醒地看到了这一点，所以能够超出派别门户之见，敢于博采众议。秦汉以后的封建统治者尽管名义上尊崇儒家，但在实际上走的却

---

① 许维遹撰：《吕氏春秋集释》卷7《怀宠》，第173页。
② 许维遹撰：《吕氏春秋集释》卷8《论威》，第181页。
③ 许维遹撰：《吕氏春秋集释》卷7《禁塞》，第168页。

是吕不韦的道路。就当时秦国的实际情况看，吕不韦企图通过编辑和公布《吕氏春秋》，改变秦国一味尊法的治国路线。这个意图应该说是很有见地的，有利于秦的统一，对秦统一后的建国方略十分重要。

作为秦王朝的最高统治者，秦始皇虽然消灭了政敌吕不韦集团，但并不缺乏吕不韦兼蓄并收的肚量与拿来主义的魄力，在政治眼光上他应该比丞相吕不韦更高一等。事实上，秦始皇并未如很多人所言的那样摒弃了《吕氏春秋》。在秦始皇统治时期，从他允许博士、方士、阴阳家、杂家等阶层在秦帝国的中央政府机构中同时存在，说明他在治国理政中是采纳了《吕氏春秋》中一些政治见解的。从秦始皇治理国家的政策方面看，秦王朝的统治思想要比以《韩非子》为代表的法家学说的内容更丰富、更全面。从《史记》、睡虎地秦墓竹简等保存的历史材料看，法家的"以法治国"论，儒家的礼仪、教化和忠孝之道，道家的玄学、方术，阴阳家的"五德终始"说、"四时之政"、方士的神仙不老说等等，对秦帝国的政治制度、法律与各项政策都有着重大的影响。秦帝国统治集团内部虽然时常有以一定的学术流派为背景的政策与制度之争，但作为最高统治者，秦始皇在定制、立法、行政中却是居高临下，他广泛吸收了一切有利于维护秦帝国统治的政治学说、思想观念和传统习俗，对各种学派亦有一定的包容性。在秦帝国的治国方略、定制政令、纪功碑文、法律条文中包容着传统文化的成分和诸子百家的政见。秦始皇统治思想的某些内容也有与法家的治理思路相悖的地方。这表明，秦帝国的统治思想绝非"法家"二字可以概括净尽。国家之大、政事之繁、臣民之众、风俗之异、变化之快都决定了秦帝国最高统治者不可能单凭一家一派之说来治国理政。秦始皇也从来没有像汉武帝那样公然宣称独尊某家某派。这就注定了秦帝国统治思想的"杂家"品格。秦始皇的统治思想及其政治实践很值得深入研究与探讨。

四、阴阳五行说

阴阳五行思想对秦王朝统治者影响很大，是秦始皇制定统治政策的理论依据之一。

"五行"一词的出现大约是在夏代。

《尚书·甘誓》说："有扈氏威侮五行，怠弃三正。"[1]这里的"五行"，就是指金、木、水、火、土五种物质；"三正"，则是指正德、利用、厚生三大政事。大禹之子启指责有扈氏不遵守洪范之道，以此来作为讨伐有扈氏的出兵理由。

不过，对"五行"引入社会政治并作出详细而正面阐述的则最早见于《尚书·洪范》。洪，训为大。范，训为法，"洪范"之意就是指治理国家的根本大法，相传周灭殷后，周武

---

[1]　孙星衍撰：《尚书今古文注疏》卷4《甘誓》，中华书局1986年版，第210页。

王向商朝遗老箕子询问治国方略，箕子依据《洛书》，详细阐述了九种大法，史官记录了他的话，写成《洪范》。《洪范》是《尚书》的重要篇章，是研究上古政治、哲学和文化的重要文献。根据《书序》，洪范应当作于周武王灭商之后。《洪范》共有九条，第一条就是五行。《洪范》记载："初一曰五行，次二曰敬用五事，次三曰农用八政，次四曰协用五纪，次五曰建用皇极，次六曰义用三德，次七曰明用稽疑，次八曰念用庶征，次九曰向用五福，威用六极。""五行：一曰水，二曰火，三曰木，四曰金，五曰土。水曰润下，火曰炎上，木曰曲直，金曰从革，土爰稼穑。润下作咸，炎上作苦，曲直作酸，从革作辛，稼穑作甘。"[①] 金、木、水、火、土五行各有特性，金可以改变形状；木不能伸展就弯曲，能伸展就顺直；水是湿润的，向下流动；火是炎热的，向上飞扬；土可以种植庄稼。五行主五味。到战国时代，五行又被阴阳家广泛地和自然界、时间、空间、社会、政治、人事联系起来，形成了一个包罗万象的天人合一的宇宙构成理论框架。

然而，把阴阳与五行结合起来，形成比较完整的五德终始学说，并用以说明朝代之更替、权力之构成以及王权之基础的，则是由战国时期的齐人邹衍完成的。

邹衍，齐国人，战国时期阴阳家著名的代表人物，大约

---

① 孙星衍撰：《尚书今古文注疏》卷12《洪范》，第296—297页。

活跃在齐威王、宣王时期，"以阴阳主运显于诸侯"。"自齐威、宣之时，邹子之徒论著终始五德之运，及秦帝而齐人奏之，故始皇采用之。"[①]

邹衍"称引天地剖判以来，五德转移，治各有宜，而符应若兹"[②]，认为金、木、水、火、土五德各有特性，相互克制，支配着社会政治历史的变化。木克土、金克木、火克金、水克火、土克水，做天子的一定要得到五德中的一德，才能够拥有天下。"五德"是变化的，循环的，一德到一定时期就会衰落，于是五德中能够克制它的另外一德就会应运而生，新的王朝就要代替原来的那个旧王朝。具体言之，就是根据邹衍的设计，"五德"之中，每一种"德"代表着一种特定的政治模式。每一王朝都由特定的德支配，这种德的属性决定着最适宜一个王朝的政治模式，而它的盛衰又决定着这个王朝的兴亡。五德代兴决定了王朝的更替，即五德从所不胜，虞土，夏木，殷金，周火。虞舜"以土德王"，夏禹"以木德王"、商汤"以金德王"，周文王"以火德王"，代周而兴者将"以水德王"。此后依据土胜水、木胜土、金胜木、火胜金、水胜火，无限循环往复。王朝更替之际，一德已衰，一德方兴，自然界必然出现相应的征兆。这类现象称之为"符应""符瑞"。新兴王朝必须改变政治模式，补救旧的政治模

---

① 司马迁撰：《史记》卷28《封禅书》，第1368页。
② 司马迁撰：《史记》卷74《孟子荀卿列传》，第2344页。

式的缺陷，并与自己所属的德相适应。"五德终始"说为统治阶级的改朝换代寻找到了理论依据，只要取得政权的统治者宣布自己属于应代替前一代统治者的那一"德"，又有自己统治之"德"，统治便就合理合法了。"五德终始"说不仅论证了王朝更替的必然性，而且论证了政治模式改变的必然性。它告诉当时的人们：王朝的更替符合"天命""主运"；火德的周朝行将被一个水德的王朝取代；新兴的王朝应当改变政治模式，用符合水德的"法治"代替符合火德的"礼治"。这种理论无疑是非常符合秦国当时的政治需要的。

战国五德终始学说流行之时，也正是秦国逐步走向统一之时。秦国统治阶级急需一种理论来证实其吞并六国、一统天下的政治合理性，因此，与政治密切结合的五德终始学说自然也得到秦国上层社会的接纳和欢迎，深得秦国统治者的青睐和重视。吕不韦曾将这种学说编入《吕氏春秋》，并广为宣扬。秦始皇统治时期，也笃信这种学说，并将其纳入秦朝的统治思想。从此以后，"五德终始"说正式成为秦汉皇帝制度法定意识形态中的重要组成部分。

《吕氏春秋》对"帝王之将兴"的征兆进行了详细的论证："凡帝国者之将兴也，天必先见祥乎下民。黄帝之时，天先见大螾大蝼。黄帝曰：'土气胜。'土气胜，故其色尚黄，其事则土。及禹之时，天先见草木秋冬不杀。禹曰：'木气胜。'木气胜，故其色尚青，其事则木。及汤之时，天先见金刃生于水。汤曰：'金气胜。'金气胜，故其色尚白，其事则金。

及文王之时，天先见火，赤乌衔丹书集于周社。文王曰：'火气胜。'火气胜，故其色尚赤，其事则火。"①在这里，《吕氏春秋》明确将五行与朝代更替结合起来。历史上所出现的朝代更替，都遵循了"五德终始"的规律，黄帝为土德，后来被能够战胜土德的夏朝的木德所代替，夏朝的木德又被能够战胜它的商朝的金德所代替，商朝则被能够战胜它的周朝的火德所代替。按照五德终始相克相代的规律，能够代替周的王朝也自然可以推知是"代火者必将水，天且先见水气胜。水气胜，故其色尚黑，其事则水。水气至而不知，数备，将徙于土"②。新的王朝将对应水德应运而生，秦国应该抓住时机，顺应五德终始规律的要求，代周而兴，否则"数将备徙于土"。《吕氏春秋》作于秦王政八年，吕不韦在这里鼓吹五德终始说，自然是为秦朝一统天下在做舆论准备了。

秦国刚刚统一六国，秦始皇刚刚称帝，就有人向他推讲"五德终始"之运说："黄帝得土德，黄龙地螾见。夏得木德，青龙止于郊，草木畅茂。殷得金德，银自山溢。周得火德，有赤乌之符。今秦变周，水德之时。昔秦文公出猎，获黑龙，此其水德之瑞。"这就是说，周朝为火德，应当被水德的王朝所取代，而秦朝的先公早就获得了"水德之瑞"，理当由秦取代周而兴。现在秦朝实现了国家统一，以水德灭了

---

① 许维遹撰：《吕氏春秋集释》卷 13《应同》，第 284 页。
② 许维遹撰：《吕氏春秋集释》卷 13《应同》，第 284—285 页。

火德，应当开始以水德模式治理天下。秦始皇欣然采纳，"于是秦更命河曰'德水'，以冬十月为年首，色上黑，度以六为名，音上大吕，事统上法。"①

具体来说，秦始皇自命"方今水德之始"，依据水德更改正朔及各项制度，来为秦王朝统治的合法性寻求理论根据。依据阴阳五行之说，水属阴，方位为北方，时节为冬季，色彩为黑色，数字为六，音律为羽。于是秦始皇下令：更改黄河的名称为"德水"；改年始，定颛顼历，统一各地混乱的历法为颛顼历，以处于冬季的十月为一年之始，以建亥之月为正月，"朝贺皆自十月朔"；以黑色为秦王朝的色彩象征，"衣服旄旌节旗皆上黑"；"数以六为纪，符、法冠皆六寸，而舆六尺，六尺为步，乘六马"②；音乐则以大吕为上。

秦朝以水德称帝、立国、施治是毋庸置疑的。

上面说过，秦始皇规定服色尚黑，更民名为黔首。黔，即黧黑色。考古发掘也为秦朝色彩尚黑提供了实物证据。秦都咸阳遗址建筑和人物画一般为黑色。秦朝数字尚六的证据更多。秦朝的兵符、法冠皆六寸，车轨、步长皆以六尺为度，车乘则以六马为驾。秦朝的各种政治措施都偏爱使用六的各种倍数。如"分天下以为三十六郡"；铸"金人十二"；"徙天下豪富于咸阳十二万户"；修筑封禅的祭坛"皆广长十二

---

① 司马迁撰：《史记》卷28《封禅书》，第1366页。
② 司马迁撰：《史记》卷6《秦始皇本纪》，第237—238页。

丈"；秦代刻石三句一韵，一句四字，三句十二字。碣石刻石一百零八字。泰山、芝罘、东观、峄山刻石皆一百四十四字等。秦始皇统一天下后的"阳陵虎符"铭文是："甲兵之符，右在皇帝，左在阳陵。"共三句十二字。而秦统一之前的"新邦虎符""秦国杜虎符"的铭文则不然。这都是与秦始皇依据水德改制有着一定的关系。①

　　值得指出的是，秦始皇崇尚法制，重用狱吏，嗜好刑罚，刻薄寡恩，与他相信秦朝为水德、施治之术应当符合"五德之数"有着直接的关系。秦始皇认为，水属阴，阴主刑杀，水德政治模式采取法治，并以刑罚为主。因此，"刚毅戾深，事皆决于法，刻削毋仁恩和义，然后合五德之数。于是急法，久者不赦"②。秦始皇治理国家的有关的观念与行为不能完全归咎于法家。秦的政治模式本来就与水德模式类似。秦始皇迷信阴阳家的"五德终始"说，以水德自命，使这种政治模式固定化，甚至凝固化。其结果必然是要大大强化这种政治模式。在历来的秦史研究中，多认为秦始皇对五德终始学说全面接受，并把它运用到了秦帝国的政治实践之中。但如果仔细考察和分析，真实情况并非完全如此。对于"五德终始学说"，秦始皇并不是全盘接受，而是在对战国时期五德终始学说加以改造的基础上，根据秦帝国的实际情况有条件地合

---

① 参见林剑鸣著：《秦为水德无可置疑》，《考古与文物》1985年第2期。
② 司马迁撰：《史记》卷6《秦始皇本纪》，第238页。

理地加以运用。

秦始皇对五德终始学说的改造主要表现在以下两个方面。

第一，先秦时期五德终始学说的重要内涵是意在对最高统治者的行为加以道德约束，秦始皇的五德终始学说则意在说明秦朝统一的合理性。

司马迁说：

> 邹衍睹有国者益淫侈，不能尚德，若《大雅》整之于身，施及黎庶矣，乃深观阴阳消息而作怪迂之变，《始终》、《大圣》之篇十余万言。其语闳大不经，必先验小物，推而大之，至于无垠。先序今以上至黄帝，学者所共术，大并世盛衰，因载其祥祥度制，推而远之，至天地未生，窈冥不可考而原也。先列中国名山大川，通谷禽兽，水土所殖，物类所珍，因而推之，及海外人之所不能睹。称引天地剖判以来，五德转移，治各有宜，而符应若兹。以为儒者所谓中国者，于天下乃八十一分居其一分耳。中国名曰赤县神州。赤县神州内自有九州，禹之序九州是也，不得为州数。中国外如赤县神州者九，乃所谓九州也。于是有裨海环之，人民禽兽莫能相通者，如一区中者，乃为一州。如此者九，乃有大瀛海环其外，天地之际焉。其术皆此类也，然要其归，必止乎仁义节俭，君臣上下六亲之施。始也，滥耳。王公大人初见其术，惧然顾化，其后不能行之。[1]

---

[1]　司马迁撰：《史记》卷74《孟子荀卿列传》，第2344页。

邹衍看到春秋战国时期王公大人们骄奢淫逸，奢侈浪费，没人崇尚德行，自然也无法把仁德移风易俗到百姓身上，所以撰写了十余万字的学术著作，创造了五德终始学说。这种学说怪迂不经，目的是使统治者听了惧而修德，不应其德则不能妄求天位。以此推动国君讲求仁义道德，提倡节俭之风。在邹衍的观念里，朝代可以沿着五德终始的规律变换更替，但条件是承位者必须体现其德，而体现其德的核心是"止乎仁义节俭，君臣上下六亲之施"。

秦始皇在治国理政中接受了流行的五德终始学说，但他运用五德终始学说的目的主要是论证秦朝代周而起的合理性。"始皇推终始五德之传，以为周得火德，秦代周德，从所不胜。"[1] 在秦始皇看来，秦朝、以水德代替周朝的火德，是符合五德运行规律的，因而是合理的，由此推断，秦朝对六国的统一也是符合天意的，是秦顺天命应万民的自然结果。

秦始皇用五德终始说论证了秦王朝政权存在的合法性与必然性，给秦帝国统治的建立蒙上了一层让人信服的面纱。因为在战国时期，五德终始学说的影响遍及各诸侯国及社会各个阶层，人们在社会生活的方方面面都广泛运用这一学说。这从邹衍在当时受到的推崇就可以看出，他不仅在齐国有很高的学术地位，而且受到了各国国君的礼遇。据《史记·孟

---

① 司马迁撰：《史记》卷6《秦始皇本纪》，第237页。

子荀卿列传》中的记载，邹衍所到之国，国君无不对他尊崇有加，"适梁，惠王郊迎，执宾主之礼。适赵，平原君侧行撇席。如燕，昭王拥彗先驱，请列弟子之座而受业，筑碣石宫，身亲往师之。"现在，秦始皇将五德终始说用在说明秦灭六国以代周而统治天下的政治鼓吹上，这无疑有利于人们对秦帝国政权合法性的认同，有利于秦始皇皇帝地位的巩固和君主权力的加强。至于五德运行对君主道德上的要求，特别是在"仁义节俭"上的要求，秦始皇则避而不谈，因为他追求的是高度集中的权力拥有，希望独断独裁，并不希望给自己的行为加上任何道德约束的枷锁。

第二，先秦时期五德终始学说是在用五德相克相代的理论告诫君主一定要守住其德，否则国运就会转移，秦始皇则用五德终始学说制造秦王朝一家万世、江山永固的神话。

秦始皇需要用五德终始学说来证明自己政权与皇位存在的合法性、合理性和神圣性，但是"德"的循环往复、相克相代的涵阔内容，与秦始皇希望一家永远拥有天下甚至一人永远拥有天下的欲望是背道而驰的。因此，在秦始皇的五德终始思想里，抽去了历史循环的内容，只承认秦朝的水德可以克制周朝的火德，但是绝对不提秦朝如果失德，又会被后来的土德所代替的历史循环论。他的设计是："朕为始皇帝。后世以计数，二世三世至于万世，传之无穷。"①到了晚年，随

① 司马迁撰：《史记》卷6《秦始皇本纪》，第236页。

着秦始皇私欲的膨胀，他又竭力寻求仙药，希望长生不死，把政权永远掌握在自己手中，连二世、三世也不想传了。①

实际上，以冬季为岁首，崇尚黑色，把六作为标准数，这些从形式上适应五德的做法，并不是毫无意义的。由于五行观念长时间在社会流行，秦始皇通过政府的力量，使社会生活的许多方面都与水德挂钩，意在强化民众对秦王朝合法性与神圣性的认识，加强秦政权的凝聚力，为建立绝对的君主集权服务。秦始皇的做法也取得了相应的效果，有资料表明，至少到秦朝末年，人们已经普遍承认秦得水德的说法了。

总之，秦始皇需要用五德终始学说来解决秦王朝代周而起的"革命性"问题、"继承性"问题以及他所制定的各项统治政策的"正确性"问题。从形式上看，秦始皇完全接受了当时流行的五德终始学说，但是在实际上，他更多的是利用了这一学说的外壳，却暗中改换了其内核。他只讲五德却不言天命，从而把五行由限制君主的道德权威一变而为极权政治的合法依据；宣扬五德运行下秦代周德的合理性和必然性，却不讲秦朝如不修德，将来也有被替代的可能性，从而在意识形态战线上牢固确立了秦王朝与他统治的合法性与永恒性。

---

① 参见王绍东著：《秦朝兴亡的文化探讨》，第170、172页。

五、神仙学说

战国时期，人们的鬼神信仰比较严重，社会上祭祀名目繁多。从统治者到民间百姓，大家都信奉天神、地祇、人鬼等各种神仙鬼怪。这类信仰大多与传统文化有关，有的直接为现实政治服务，有的或多或少包含着政治内容。统治者或出于自身的信仰，或出于"神道设教"的需要，积极提倡、鼓励、支持、参与这类祭祀。这种情况对秦王朝统治者制定统治政策有着一定的影响。

据历史记载，秦王朝建立以后，秦始皇亲自祭祀和指令祭祀的神明很多。统治者所认可的各种传统文化和大众信仰是其统治思想的重要来源和构成之一。从《史记·封禅书》的记载看，秦帝国的国家祭祀和大众信仰有的属于秦国特有的，有的则属于华夏传统文化所共有的。秦国在雍设星神庙祭祀参、辰、南斗、北斗、荧惑、太白、岁星、填星、二十八宿、风伯、雨师、四海、九臣、十四臣、诸布、诸严、诸逑之属等，皆由太祝主持每年按时奉祠。同时还祭祀天上的其他诸神，如风神、雷神、雨神等。这些祭祀可能有一定的地方特色。秦朝的祭祀来自华夏传统文化的更多。秦始皇曾亲自"行礼祠名山大川及八神，求仙人羡门之属"。八神，即天主（祠天齐）、地主（祠泰山梁父）、兵主（祠蚩尤）、阴主（祠三山）、阳主（祠芝罘）、月主（祠之莱山）、日主（祠成山）、四时主

（祠琅玡）。"八神将自古而有之，或曰太公以来作之"①。八神享受祭祀之地集中在山东半岛一隅，应来自华夏传统文化。秦统一以后在国家祭祀神明方面做了整齐划一的规范，使之与大一统局面相适应。

秦朝的许多祭祀具有重要的政治功能。据董巴《舆服志》记载，秦始皇有"郊社"之礼，即祭祀社稷、太社。秦始皇还亲自祭祀上帝，封泰山，禅梁父。这些皆从华夏古代政治传统沿袭而来，具有论证王权神圣的政治功能。

秦始皇显然是一个有神论者。他非常迷信，不仅沿守秦的多神信仰，还把中华大地所产生的诸多神灵都接受下来，一一加以崇拜。他的心目中有一个多神的世界。他还对仙人世界的存在深信不疑，企盼着羽化而成仙，变成长生不老的"真人"。在政治思想方面，他相信君权天授，"五德终始"，于是频频礼拜上帝及众神，祈求保佑。他极力以华夏族共同信仰的皇天上帝来证明秦朝皇权的合法性，并自命为"水德"之王。他还千方百计地消除据说弥漫于东南大地的天子之气，以防范又一位获得天命的君主夺取嬴秦天下。

在秦始皇的晚年生活中，追求长生不死、得道成仙占据着重要的地位，并影响到了秦王朝的统治政策。

战国初期，神仙学说已颇具影响力。庄子在他的著作中

---

① 司马迁撰：《史记》卷28《封禅书》，第1367页。

描述仙人说："藐姑射之山，有神人居焉。肌肤若冰雪，淖约若处子；不食五谷，吸风饮露；乘云气，御飞龙，而游乎四海之外。"[①]"古之真人……登高不慄，入水不濡，入火不爇……真人之息以踵，众人之息以喉。"[②]庄子笔下的所谓绝对自由的"神人""真人"，就是摆脱了物质束缚与精神束缚，远离尘世长生不死的仙人。仙是人而不同于人，属神而不同于神，不同于人，是由于仙摆脱了人的生死之限，不食人间烟火，享有无穷的快乐；不同于神，是由于他们不必等死后成神，也没有神所具有的职守，自由自在，无羁无绊。到战国后期，经过燕、齐方士们的改造，人们心目中的神仙更是有了以下特性：神仙能永远年轻，长生不死；神仙可以自由地在人间和仙界中往来穿梭；神仙具有入水不湿，入火不燃，能隐身和升天等各种能力和特征；神仙能实现凡人可望而不可得的一切愿望；神仙能永远享受现世的一切快乐；等等。正因为神仙能够实现人类现实世界得不到的一切梦想，所以在人们心目中神仙成了实现人类梦想的偶像。它迎合了人们忧惧死亡追求长生和享乐，希望摆脱一切束缚而享受绝对自由的心理。

　　在战国时期，鼓吹神仙学说最积极的当数燕齐两地的方士。他们大力宣扬渤海外有蓬莱、方丈、瀛洲三神山，上有黄

---

① 王先谦撰：《庄子集解》卷1《逍遥游》，中华书局1987年版，第5页。
② 王先谦撰：《庄子集解》卷2《大宗师》，第55页。

金、白银砌成的宫殿和纯白色的禽兽，仙人们就居住在那里。他们有不死之药，因而可以永远逍遥自在。仙人不与普通人往来，方士们自称他们掌握着神奇的办法——方术，利用方术就可以见到神仙，并从神仙那里求得不死之药。方士们还自称收藏着一些秘方，用这些秘方可以炼成仙丹，常人无论是吃了仙药还是仙丹，都可以成为仙人，因而长生不死。这种传说对世人产生了巨大的吸引力。《史记》中记载，战国时期的齐威王、齐宣王、燕昭王都曾派遣方士入海，到蓬莱、方丈、瀛洲三山去求仙药，结果自然是一无所获，但统治者们仍然乐此不疲。秦始皇征服六国后，自己也很快被神仙学说所迷惑。他受方士们蛊惑，对成仙与长寿孜孜以求，按方士们的谎言办事，花费了大量人力物力，也使这位"千古一帝"作出了许多令人不可思议的事情，加剧了秦帝国社会的全面危机。

1. 出巡寻仙

秦始皇统一六国后，曾经 5 次出巡。他出巡的目的，既有到各地落实巩固统一的措施，也有寻找仙人、求得仙药，以期长生不死的目的与愿望。5 次巡游中，除第一次是到陇西、北地，出鸡头山，过回中，向西而行外，其余 4 次均是到传说神仙出没的东方燕齐滨海之地。从统一后的第三年（秦始皇二十八年，公元前 219 年）秦始皇就开始到东部巡幸，并登泰山封禅。封禅就是接受天命的帝王在泰山顶上和山下祭祀天神和地神的大典，目的是通神。泰山封禅后，秦始皇即东向渤海进发，登芝罘，又到琅琊，"遣徐市发童男女数千人，入海求仙人"①。此后几次出巡，也都有求得仙药、躲避死亡的迫切心情。秦始皇的 5 次大规模巡游，几乎贯穿了秦帝国始终。经过数番折腾，秦始皇客死外地，直接导致了赵高、胡亥的篡权和长子扶苏被害至死，消除了秦王朝政策转变的可能性，使秦王朝统治的灭亡成为不可逆转之势。

2. 北击匈奴

北击匈奴既是秦帝国国防需要，也与秦始皇迷信"亡秦者胡也"的谶语有关。匈奴，长期以来在蒙古高原上过着逐水草而居的游牧生活，活动于南达阴山、北至贝加尔湖一带的北方地区，成为北方一个强大的游牧民族，经常南下侵扰中原，掠夺人口和财富。秦始皇三十二年（公元前 215 年），"燕人卢生使入海还，以鬼神事，因奏录图书，曰：'亡秦者胡也'。"时人称匈奴为"胡"，秦始皇认为神仙的谶语是说匈奴人将可能灭掉秦王朝，于是"乃使将军蒙恬发兵三十万北击胡，略取河南地"②。可见北击匈奴与秦始皇轻信了方士的鬼话有着一定的关系。

3. 坑杀术士

焚书坑术士也与秦始皇的求仙活动直接有关。秦始皇三十五年（公元前 212 年），方士侯生、卢生批评秦始皇苛刻严厉、刚愎自用、贪图权势，"未可为求仙药"，然后逃之夭夭。

---

① 司马迁撰：《史记》卷 6《秦始皇本纪》，第 247 页。
② 司马迁撰：《史记》卷 6《秦始皇本纪》，第 252 页。

秦始皇为求仙而费尽心机，对方士们"尊赐之甚厚"，结果仙药始终未见踪影，方士们又在背后嘲骂他。为了巩固皇帝的权威，秦始皇"于是使御史悉案问诸生。诸生传相告引，乃自除。犯禁者四百六十余人，皆坑之咸阳，使天下知之，以惩后"①。

　　求生与抗死，几乎成了支配秦始皇晚年生活的主旋律，对他的个人生活和秦帝国政治都产生了巨大影响。可以说，求仙与不死的想法与举动严重损害了秦帝国的利益，这是秦始皇迟迟不定皇位继承人选以及赵高、李斯借他死在出巡途中发动政变、改变秦帝国政治走向的重要因素。长期以来，人们普遍把秦始皇界定为"法家皇帝"，而法家著名思想家一般不相信天赋君权、神佑君权这一套话语的。法家大多信奉自然的"天道"或客观的"道""理"。他们闭口不谈君权神圣，更不讲什么君权天授。在《慎子》《商君书》《韩非子》中，我们很难找到神秘主义的幽灵。仅就世界观与人生观而言，秦始皇与法家学说是格格不入的。他的信仰世界与芸芸众生以及大多数儒者、墨者、方术之士倒是更为接近。无论从秦帝国政权的崇拜对象和秦始皇的个人信仰看，还是从战国、两汉时期大众信仰的主要特点看，当时整个社会弥漫在浓重的神秘主义迷雾之中，我们在分析秦帝国的统治政策的时候都不能忽略这个奇特的历史现象。

① 司马迁撰：《史记》卷 6《秦始皇本纪》，第 258 页。

第二章　秦始皇的文化观与文化政策

　　对于秦帝国官僚忠于职守的制度建设，秦始皇十分重视。秦始皇要求帝国官僚通过履行官僚的行为准则体现官吏的上下等级关系，构建官僚伦理秩序。出土于湖北省云梦县睡虎地秦墓竹简中的《为吏之道》显示了秦作为官吏所应具备的道德规范与行为准则，由51支竹简组成，湖南大学岳麓书院藏秦简《为吏治官及黔首》由87简组成，两份简文都是在讲为官之道，其内容可互校互补，正是对读的绝好材料。两宗简文内容涵盖了当时秦人为吏从政的道德行为规范和基本准则，蕴含了"忠信敬上、宽裕慈爱、正行修身"和"清正廉洁、谨慎勤勉、重民亲民"等吏治理念和管理思想。

一、秦始皇的道德文化建设

司马迁在《史记》中这样写道："至秦有天下，悉内六国礼仪，采择其善，虽不合圣制，其尊君抑臣，朝廷济济，依古以来。"①确实，秦统一前夕，秦王嬴政已经看到了伦理道德和伦理秩序建设对于统一国家统治的重要性。在秦帝国时期，面对统一后各地风俗教化相异较大的状况，秦始皇对各级官僚和天下百姓提出了系统的道德文化建设要求。这种道德文化建设要求和君主集权统治以及国家文化统一相适应，是自上而下的伦理道德教育，带有很强的国家推动力，目的在于建立新的统一伦理社会秩序。同时，秦帝国积极为新的伦理道德文化寻找必要性和合理性依据，以使统治者的道德要求具有更强的说服力和感染力。

秦代政治生活中的一个重要的现象，是"忠"的观念已经逐渐成为社会政治道德的基本规范。秦始皇二十八年（公元前219年）东巡郡县，至于琅邪，作琅邪台，立石刻，颂秦德，明得意。其中写道："尊卑贵贱，不逾次行。奸邪不容，皆务贞良。""远迩辟隐，专务肃庄。端直敦忠，事业有常。"②提出了对理想的政治秩序的期望。值得重视的是，

---

① 司马迁撰：《史记》卷 23《礼书》，第 1159 页。

② 司马迁撰：《史记》卷 6《秦始皇本纪》。

"忠"已经被明确为臣民必须遵行的政治准则。与忠直贞良的政治品行相对立的所谓"奸邪",受到了严厉的指斥。秦王朝最高统治者正是期求用这样的政治规则,维护"尊卑贵贱,不逾次行"的秩序,最终实现居于最高权位的皇帝的绝对专制,"忠"在当时已经被看作为政之本。

秦帝国道德文化要求的核心是忠与孝。忠是臣事君的道德规范,要求臣下尽心事君和绝对服从君主;孝是子事父的道德规范,要求儿子尽心事父和绝对服从父母。"忠"旨在维护君权,"孝"旨在维护父权,两者在秦帝国的道德实践中得到了高度的统一,这对于后世各代王朝的道德文化建设具有开辟式的意义。

秦始皇死后,赵高等人发动沙丘政变,逼公子扶苏自杀,推秦二世上位,夺取了帝位,抛弃了秦始皇生前的各项既定国策。在这一过程中,双方困惑和以之为据的都是忠和孝。详细过程在《史记·李斯列传》中有明确的记载。赵高劝胡亥夺取帝位时,双方有一番对话。胡亥说:"废兄而立弟,是不义也;不奉父诏而畏死,是不孝也;能薄而材谫,强因人之功是不能也。三者逆德,天下不服,身殆倾危,社稷不血食。"赵高对答说:"臣闻汤、武杀其主,天下称义焉,不为不忠。卫君杀其父,而卫国载其德,孔子著之,不为不孝。夫大行不小谨,盛德不辞让,乡曲各有宜而百官不同功。故顾小而忘大,后必有害;狐疑犹豫,后必有悔。断而敢行,鬼神避之,后有成功，愿子遂之。"①胡亥初闻赵高之谋，囿于义、孝、才能不足而不敢轻举妄动。赵高以诡辩说服了胡亥。赵高劝说李斯同谋时，李斯的最初第一反应竟是"安得亡国之言！此非人臣所当议也！"当赵高继续利诱威逼时，李斯还迟迟以秦始皇皇恩浩荡不能违背"忠义"道德而不肯就范。他说："斯，上蔡闾巷布衣也，上幸擢为丞相，封为通侯，子孙皆至尊位重禄者，故将以存亡安危属臣也。岂可负哉！夫忠臣不避死而庶几，孝子不勤劳而见危，人臣各守其职而已矣。君其勿复言，将令斯得罪。"赵高等人伪造始皇诏书，逼迫扶苏和蒙恬自杀，用的罪名竟然是"不孝""不忠"。诏书说："扶苏为人子不孝，其赐剑以自裁！将军恬与扶苏居外，不匡正，宜知其谋。为人臣不忠，其赐死，以兵属裨将王离。"蒙恬劝扶苏"复请"，而扶苏却言道："父而赐子死，尚安复请！"②即自杀。沙丘之变的云谲波诡固然使人惊心，而双方围绕着忠、孝的对话和表现更使人感慨万端。司马迁详细地记述这件事情，大概是要表现胡亥的无能、赵高的奸险、扶苏的忠孝、蒙恬的恪守，但所反映的秦帝国的忠孝观念基本上接近事实。

　　胡亥即位为二世皇帝，对诸公子公主大开杀戒。公子高为保全其族上书二世说："臣当从死而不能，为人子不孝，为人臣不忠。不忠者无名以立于世。臣请从死，愿葬骊山之

---

① 司马迁撰：《史记》卷 87《李斯列传》，第 2548—2549 页。
② 司马迁撰：《史记》卷 87《李斯列传》，第 2551 页。

足。"① 由此可见秦帝国对以"忠""孝"为核心的道德文化建设是何等的重视。

对于秦帝国官僚忠于职守的制度建设，秦始皇更是不余遗力。

秦帝国是专制集权统治，皇帝的权力通过各级官僚贯彻到帝国的每一个角落，各级官僚必须尽心尽力为皇权服务，才能够为专制集权统治提供保证。官僚任何玩忽职守和违背皇帝、有损皇权的行为都被视为不忠。秦始皇三十四年（公元前213年），博士仆射周青臣等称颂始皇威德，齐人淳于越就指责说："今青臣又面谀以重陛下之过，非忠臣。"② 赵高想要诛杀蒙毅，加给蒙毅的罪名是"不忠"，"若知贤而俞弗立，则是不忠而惑主也"③。

秦帝国的法律、法令是皇帝意志的体现，官吏不认真执行法律、法令，或者对抗法律、法令，就是违背了忠的要求。睡虎地秦墓竹简《语书》严厉地指责那些对百姓"犯法为奸私""私好、乡俗不变"的行为睁一只眼闭一只眼的令、丞，"为人臣亦不忠矣"④。

秦帝国的各级官僚都应绝对服从皇帝的命令，遵守和执行帝国的法律。各级官吏应把"忠"作为首要的道德准则去

---

① 司马迁撰：《史记》卷87《李斯列传》。

② 司马迁撰：《史记》卷6《秦始皇本纪》，第254页。

③ 司马迁撰：《史记》卷88《蒙恬列传》，第2567页。

④ 参见田延峰著：《中华帝制的精神源头——秦思想的发展历程》，第392页。

遵守执行，甚至不惜自身生命以成就忠臣之名。李斯虽然在关键的时刻首鼠两端，但仍振振有词地说："夫忠臣不避死而庶几。"[1] 睡虎地秦墓竹简中有《为吏之道》，"为吏之道"要求官吏要"宽容忠信"，"吏有五善"中"一曰中（忠）信敬上"。这是当时各级官吏积极实践"忠"的规范的实证。

秦帝国的法律、法令、各级官吏都极力维护孝的规范。睡虎地秦墓竹简《封诊式》有"告子"的案例。一位父亲向官府控告他的儿子不孝，请求处以死刑。令史将他的儿子捉拿归案，经县丞审讯，其子是其父的亲生儿子，确实不孝。虽然对这个不孝子最后处以什么刑罚，《封诊式》没有记载，但此案例肯定了当时不孝是重罪这一事实。《封诊式》中还有"迁子"的案例。一位父亲请求官府将他的儿子迁到蜀郡边远县分，叫他终生不得离开流放地点。虽然"迁子"没有说明父亲控告儿子的理由，但官府支持其父的控告，将其子迁到蜀郡。这充分说明官府是维护父权的。

秦帝国以"忠""孝"为中心，以个体小家庭的伦理关系和官僚的行为准则为基础，以建立统一的伦理道德秩序为目的，试图将皇帝、官僚、民众统一到伦理道德社会秩序之中。

秦统一后，对家庭伦理秩序表示出了极大的关注，对于家庭中的男女关系提出了明确要求。泰山刻石说："贵贱分明，男女礼顺，慎遵职事。昭隔内外，靡不清净，施于后嗣。"男

---

[1] 司马迁撰：《史记》卷 87《李斯列传》，第 2550 页。

女之间有贵贱之别，应该严格遵守相应的礼仪；男女之间在生产上有分工，应该慎重地对待自己的工作。只有严格地区分男女关系，才能有一个平静安宁的环境，并遗留给后代。碣门刻石说："男乐其畴，女修其业，事各有序。"男耕女织被视为一种社会秩序。对于任何破坏家庭秩序、违背家庭伦理的行为，秦帝国都要求予以打击。会稽刻石曰："饰省宣义，有子而嫁，倍死不贞。防隔内外，禁止淫佚，男女洁诚。夫为寄豭，杀之无罪，男秉义程。妻为逃嫁，子不得母，咸化廉清。"①在父子关系方面，父亲则居于绝对的主导地位。睡虎地秦墓竹简《法律答问》说："'子告父母，臣妾告主，非公室告，勿听。'何谓'非公室告'？主擅杀、刑、髡其子、臣妾，是谓'非公室告'，勿听。而行告，告者罪。告者罪已行，他人又袭其告之，亦不当听。"秦简规定家主擅自杀死、刑伤、髡剃其子和奴婢，作为儿子的控告父母，作为奴婢的控告主人，这叫"非公室告"，官府不予受理。如果再控告，控告者有罪，官府还是不受理。这实际上是禁止儿子告父母，奴婢告主人。还有"父盗子，不为盗"。父亲对儿子是拥有特权的。但秦简对控告不孝却表现出另一种态度。《法律答问》："免老告人以为不孝，谒杀，当三环之不？不当环，亟执毋失。"②老人控告不孝，要求判以死刑，应否经过三次原宥的手续？不应原宥，

---

① 司马迁撰：《史记》卷6《秦始皇本纪》，第243、252、262页。
② 睡虎地秦墓竹简整理小组：《睡虎地秦墓竹简》，第118、117页。

要立即拘捕，勿令逃走。可见，秦所倡导的家庭伦理是关系子从父母、妻子从夫、奴婢从主这样一种以父权为核心的伦理秩序，上下主从的界限不可逾越。

秦帝国要求通过履行官僚的行为准则体现官吏的上下级关系，构建官僚伦理秩序。出土于湖北省云梦县睡虎地秦墓竹简中的《为吏之道》即显示了秦作为官吏所应具备的道德规范与行为准则，由51支竹简组成，湖南大学岳麓书院藏秦简《为吏治官及黔首》由87支竹简组成，两份简文都是在讲为官之道，其内容可互校互补，正是对读的绝好材料。两宗简文内容涵盖了当时秦人为吏从政的道德行为规范和基本准则，蕴含了"忠信敬上、宽裕慈爱、正行修身"和"清正廉洁、谨慎勤勉、重民亲民"等吏治理念和管理思想。

第一，《为吏之道》规定了做官必须严格遵守的行为规范——"十毋、八不、四勿"。

"十毋"提出了官吏十不标准："审悉毋私""安静毋苛""严刚毋暴""廉而毋刖""毋复期胜""毋以忿怒决""和平毋怨""毋行可悔""毋穷穷、毋岑岑、毋衰衰""毋喜富、毋恶贫"①。

"八不"明确了对官吏个人的道德修养要求：切忌"中不方、名不章、外不圆""断割不刖""强良不得""君子不

---

① 睡虎地秦墓竹简整理小组：《睡虎地秦墓竹简》，第167—168页。

病""临财见利、不取苟富""临难见死、不取苟免""欲富太甚、贫不可得""欲贵太甚、贱不可得"①。

"四勿"规范官吏的从政行为："悔过勿重""慈下勿陵""敬上勿犯""听谏勿塞"②。

《为吏之道》还对官员的为人处世提出较高的综合素质要求，即"七能"。"怒能喜，乐能哀，智能愚，壮能衰，勇能屈，刚能柔，仁能忍"③。

第二，《为吏之道》规定了为官的道德标准。

对上——忠信敬上，杜绝非上。

对民——宽裕亲民，慈爱百姓。

对己——精洁正直，终身毋咎。

第三，《为吏之道》规定了官吏的考课标准。

《为吏之道》等对吏治、课考内容进一步细化和具体，明确了官吏"五善、五失、五过、五则、六怠，四戒"等职责条例和考评标准，体现了"以法治吏""信赏必罚"的"法治"思想。

吏有五善："一曰忠信敬上，二曰清廉毋谤，三曰举事审当，四曰喜为善行，五曰恭敬多让。五者毕至，必有大赏。"④

---

① 睡虎地秦墓竹简整理小组：《睡虎地秦墓竹简》，第167—168页。
② 睡虎地秦墓竹简整理小组：《睡虎地秦墓竹简》，第167页。
③ 睡虎地秦墓竹简整理小组：《睡虎地秦墓竹简》，第167页。
④ 睡虎地秦墓竹简整理小组：《睡虎地秦墓竹简》，第168页。

吏有五失："一曰夸以迣，二曰贵以泰，三曰擅裚割，四曰犯上弗知害，五曰贱士而贵货贝。"①

吏有五过："一曰见民倨傲，二曰不安其朝，三曰居官善取，四曰受令不偻，五曰安家室忘官府。五者毕至，是谓过主。"②

吏有五则："一曰不察所亲则怨数至，二曰不知所使则权衡求利，三曰兴事不当则民伤指，四曰喜言惰行则毋所比，五曰非上身及于死。"③

吏有六怠："不审所亲，不察所使，亲人不固，同谋相去，起居不指，漏表不审，征缴不齐。"④

吏有四戒："戒之戒之，财不可归；谨之谨之，谋不可遗；慎之慎之，言不可追；綦之綦之，食不可偿。"⑤

总之秦王朝十分重视官吏的官德建设，从《为吏之道》来看，大致反映出如下几个特点。

其一，下级对上级、官吏对君主的行为准则是要求的重点。下级官吏对君主和上级要忠、敬，以维护其尊严。《为吏之道》中有"敬上勿犯""忠信敬上"等话。下级冒犯上级则会受到严惩。"非上，身及于死。"也就是说，非议上司甚至

---

① 睡虎地秦墓竹简整理小组：《睡虎地秦墓竹简》，第169页。
② 睡虎地秦墓竹简整理小组：《睡虎地秦墓竹简》，第169页。
③ 睡虎地秦墓竹简整理小组：《睡虎地秦墓竹简》，第169页。
④ 睡虎地秦墓竹简整理小组：《睡虎地秦墓竹简》，第169页。
⑤ 睡虎地秦墓竹简整理小组：《睡虎地秦墓竹简》，第169页。

会遭到处死的结果。"吏有五失"中有"受令不偻",即接受上司命令而不鞠躬,属于过失。

其二,秦帝国十分重视官僚队伍的廉洁及效率建设。《为吏之道》要求居官及处理公务要廉洁公正、认真细致、严格执法、赏罚适当:"凡为吏之道,必精洁正直,慎谨坚固,审悉毋私,微密纤察,安静毋苛,审当赏罚。严刚毋暴,廉而毋刖,毋复期胜,毋以忿怒夬决。宽容忠信,和平毋怨,悔过勿重。"①此外还有"清廉毋谤""举事审当"等。对于官吏不应犯的过失规定得十分具体,如:"不安其朝""居官善取""安家室忘官府""不察所亲""不知所使""兴事不当"等。

其三,秦帝国对官吏的职业道德要求虽然苛细,但也有中心。中心实际上就是《语书》后半篇所强调的"良吏"与"恶吏"之别:"良吏明法律令,事无不能也;又廉洁敦悫而好佐上;以一曹事不足独治也,故有公心,又能自端也。""恶吏不明法律令,不知事,不廉洁,无以佐上,偷惰疾事,易口舌,不羞辱,轻恶言而易病人,无公端之心,而有冒抵之治,是以善诉事,喜争书。"②"良吏"除了"明法律令""事无不能也"外,最重要的是"廉洁敦""有公心""能自端"。也就是说"良吏"既有能,又有德。"恶吏""不明法律令""不知事""不廉洁""无公端之心",既无能,又无德。看来,秦帝国对官吏的职业道德的要求，核心是公正和廉洁。只有公正和廉洁，才能保证官僚机器的正常运转，才能保证社会秩序的正常维护。《为吏之道》，将对官吏的各种道德要求系统化为"五善""五失"，并反复宣明，一再强调"戒之戒之""谨之谨之""慎之慎之"，显得郑重其事，非同一般。

其四，秦帝国十分重视官吏的个人官德修养建设，要求官吏能够为民表率。《为吏之道》说："凡戾人，表以身，民将望表以戾真。表若不正，民心将移乃难亲。"《为吏之道》还列举了很多官吏的处世哲学和修身之道。"反赦其身，止欲去愿。中不方，名不章，外不圆。""怒能喜，乐能哀，智能愚，壮能衰，勇能屈，刚能柔，仁能忍，强良不得。""安乐必戒，毋行可悔。以忠为干，慎前虑后。""毋穷穷，毋岑岑，毋衰衰。临材见利，不取苟富；临难见死，不取苟免。"这些都反映出秦王朝统治者对官吏队伍精神建设的要求。

其五，《为吏之道》要求官吏"审知民能，善度民力，劳以率之，正以矫之"。官吏对民众要"施而喜之，敬而起之，惠以聚之，宽以治之，有严不治"。强调官吏对民众的慈爱、仁爱。《为吏之道》中多处提到为官要"慈""慈爱"，"除害兴利，慈爱万姓"①，这说明仁的观念在秦帝国官场中是非常流行的。要求官员讲求仁慈，爱惜民力，这和人们印象中的

---

① 睡虎地秦墓竹简整理小组：《睡虎地秦墓竹简》，第171、170页。

秦政苛暴、徭役繁重的反差太大，但事实终归是事实。陈胜揭竿而起后，六国响应，唯独秦故地秩序井然如常，且六国故地秦王朝任免的官员也鲜有积极参与者，这说明秦始皇的官员道德建设是有效果的。

其六，秦帝国对父权与皇权相统一、家庭伦理秩序与官僚伦理秩序相统一的重视是为了维护秦的政治等级秩序。《为吏之道》说："邦之急，在体级，掇民之欲政乃立。上毋间陕，下虽善欲独何急？"①"体级"即体制等级。国家的急务在于建立完善的体制等级，只有制止人们的欲念才可以做到这一点。在上位的人要努力使自己的行为和道德完善，没有漏洞，在下的百姓会自然向善。在帝国统治者的思想中，政治等级秩序和伦理等级秩序是相辅相成的两个方面，二者不可偏废。②

二、兼容并取的实用文化政策

春秋战国时期，中国历史上出现了思想上相对自由，百家争鸣、百花齐放的生动局面。尊重人才、尊重学术的风尚盛极一时。秦王朝的统一，为学术文化的发展提出了一个全

---

① 睡虎地秦墓竹简整理小组：《睡虎地秦墓竹简》，第173页。
② 参见田延峰著：《中华帝制的精神源头——秦思想的发展历程》，第391—394页。

新的课题，那就是在政治上大一统的情况下，怎样认识和处理学术上的多元与统一问题。最高统治者这种认识与不仅对秦王朝，而且对中国以后政治与思想的发展，都产生了十分重要的影响。

自春秋晚期至战国时期，因为天下失序，百姓涂炭，诸子救世之论蜂起，百家争鸣。各个学派的思想家从不同的立场出发，提出各自的政治主张和学术观点。在互相辩驳中，都认为自己的观点是绝对正确的，都希望按照自己的观点去统一天下人的思想，为改变列国兼并混战的局面贡献力量。他们所争论的问题虽然很多，但都离不开政治与国家统一。主要聚焦在两个核心问题上面：一是维持还是推翻封建等级制度和贵族阶级专政。二是怎样消灭封建割据与战争，实现国家统一与稳定。主要代表有儒、墨、道、法四家。关于第一个问题，儒家主张维持贵族阶级专政，封建等级制度还要存在，其他三派都反对这种主张。墨家从小生产者立场出发，主张尚贤，打破贵族阶级的专政；法家从士阶层立场出发，要求从根本上取消贵族阶级专政，按照军功与对国家贡献大小论功行赏；道家则憧憬远古之世、小国寡民、没有阶级剥削和压迫、没有战争和动乱的生活。关于第二个问题，原则上似乎无人反对，但对于实现统一与和平的方法则大有分歧。儒家主张行仁政，缓和阶级矛盾。墨家主张宣传兼爱、非攻学说。道家从根本上否认政治，对儒墨法各家的救世主张都大加反对。法家则强调搞改革，行法治，重农战，中央集权，用战争实现统一与重建秩序。

在秦人奋斗的历史上，秦国偏居西陲，文化相对落后，特殊的地理位置和发展道路，使秦国成为华戎文化的混合地带，形成了对各种文化都容易接受的特点。商鞅变法以后，尚耕战、重法治成为秦国的国策，也奠定了法家在秦国政治思想领域上的主导地位。但是，自始至终，秦国都没有绝对排斥其他各种学说，也没有像汉武帝那样罢黜百家独尊一家，而是给各个学说以一席之地，积极吸收各家所长，以为国家崛起、富强、统一与巩固服务。

传统观念中，秦国历来被认为是缺乏儒家传统的国度，荀子西行到秦，就曾发出了"则其殆无儒邪"① 的感慨。但事实上，长期以来儒家学说对秦国政治始终产生着影响。商鞅变法前期，与之辩论的甘龙、杜挚反对变法，他们所提出的"法古无过，循礼无邪"② 的思想，无疑就是儒家的主张。在统一过程中，儒家人物仍然活跃在秦国的政治舞台之上。如主张实行分封制的秦帝国首任丞相王绾，敢于向秦始皇提出不同意见的淳于越等。秦始皇所任用的七十博士中，当有相当数量的儒生，其中淳于越明确反对郡县制，认为："事不师古而能长久者，非所闻也。"③ 秦始皇在巩固统一的一系列

---

① 王先谦撰：《庄子集解》卷 11《强国》，中华书局 1988 年版，第 304 页。

② 司马迁撰：《史记》卷 68《商君列传》，第 2229 页。

③ 司马迁撰：《史记》卷 6《秦始皇本纪》，第 254 页。

重大政治决策中，也都允许儒生参与，为其出谋划策。如议帝号，参与郡县制与分封制的讨论，向儒生询问泰山封禅大礼，以及出巡途中遇到问题随时向博士顾问咨询，等等。直到陈胜起义时，秦二世"召博士诸儒生问"[①]，还有30余人殿前回答。可见在秦王朝的政治舞台上，儒生们始终是占有一席之地的，那种秦帝国统治者纯用法家路线治国的观点是站不住脚的。

秦王朝历史表明，秦帝国的政治舞台上不仅有儒家人物参与，而且在秦始皇统治前期，儒家思想也被广泛采纳，成为秦王朝统治思想的一个组成部分。在上文秦始皇的道德文化建设一节中已经说过，《睡虎地秦墓竹简》中的秦朝各项法律规定中，不仅要求各级官吏懂法执法，也要求他们遵循道德规范。《为吏之道》提出："为人君则鬼，为人臣则忠，为人父则慈，为人子则孝；能审行此，无官不治，无志不彻。为人上则明，为人下则圣。君鬼臣忠，父慈子孝，政之本也。"这里所讲的道德原则，基本都是儒家的价值观念。对于违背这些伦理的，还要被判以重罪。另外，在秦始皇的巡游刻辞中，也不断出现反映儒家思想的内容，如强调等级观念，倡导儒家的贞节观念等。[②]

此外，在秦帝国统治者的治国理政中，兵家、道家、阴

---

① 司马迁撰：《史记》卷99《刘敬叔孙通列传》，第2720页。
② 参见王绍东著：《秦朝兴亡的文化探讨》，第205—206页。

阳家、神仙家、墨家、纵横家的思想都曾被秦始皇所采纳，在秦朝统一过程中和统一之后不同程度地发挥了作用。如尉缭为兵家的代表人物之一，有兵家著作问世。他提出的统一策略深得秦始皇的赏识，被秦始皇任命为国尉。在秦国统一过程中，墨家也曾一度活跃。统一前期，秦国也成了纵横家纵横捭阖、展示才华、寻求富贵的舞台，其流韵所及，一直影响到汉初的政治。至于阴阳家、神仙家的影响，前文已有详论，这里不再赘述。郭沫若指出："秦始皇的精神从严刑峻法的一点说来是法家，从迷信鬼神的一点说来是神仙家，从强力疾作的一点说来是墨家。墨家也尊天明鬼，重法尚同。这三派思想在他的一身之中结合起来成为一个奇妙的结晶体。而他又加上了末流道家纵欲派的思想实践，那光彩是更加陆离了。因此我们要说秦始皇也把先秦诸子的大部分综合了，这也是说得过去的。"①

　　秦始皇兼容并包的文化思想和政策，是与当时兼并战争以及秦帝国建立大一统的政治需要是相适应的。秦国在军事上不断征服他国，也必然要在文化上受到所征服各国的影响。特别是由于秦国长期以来在吸引人才方面采取了一种开放的政策，随着各国人才纷纷被吸引到秦国，各种文化学说也必然展现在秦国的政治舞台上。对不同学说的包容和兼采，也

---

① 郭沫若著：《十批判书·吕不韦与秦王政的批判》，中国华侨出版社2007年版，第328页。

就是对各种人才的吸纳和包容。相反，如果实行文化专制，必然会使一大批持法家学说以外的策士人才被拒之于秦国之外，甚至成为秦国统一的阻碍力量。秦统一天下后，鉴于各地风情不一的实际情况，更需要兼容并包的文化政策来适应。作为雄才大略的政治家，秦始皇博采各家的思想，正是顺应了当时中国历史发展的要求。

三、对思想文化统一的探索与实践

秦始皇以武力统一了六国,建立了中央集权专制主义政治体制。然而，由于春秋战国数百年的分裂割据，各个地区的历史传统和文化习俗存在着巨大的差异。文化习俗与传统问题的解决，显然是不能用军事手段来完成的，国家统一后，如何解决文化思想的统一问题就成为秦王朝统治者面临的新的挑战。

春秋战国以来，统一是人们的普遍愿望，是历史发展的要求，因此，长期以来，各国在努力进行兼并战争的同时，思想家们也在积极探索着学术文化思想统一的途径。春秋战国时期的百家争鸣，各个学派都想驳倒别人的学说，把自己的思想作为统一的思想，尽管难以达到目的，但都殊途同归，融合和统一已经成为战国时期思想家的共识。

在吞并六国的前夕，秦相吕不韦在思想文化的统一问题上作了认真的探索。他组织手下门客撰写了《吕氏春秋》，系统整理先秦诸子的思想。在吕不韦看来，各家学说、各个学派都有其特点和长处，都有精华和糟粕。对于新的统一王朝来说，既不必取消哪一家，也不需要用某家去兼并其他各家，而是兼取各家所长，吸收各派精华，从而形成一个新的思想理论体系，并用以指导秦王朝的政治。吕不韦集各派之所长、集众人之智慧，留下了先秦时期最后一部总结性的理论著作——《吕氏春秋》，也为先秦百家争鸣的历史画上了句号。

随着秦王朝军事上、政治上统一局面的形成，思想文化的统一提上了议事的日程。在对待文化政策统一方面，秦始皇的主张是"别黑白而定一尊"与"以法为教，以吏为师"。

司马谈说："夫阴阳、儒、墨、名、法、道德，此务为治者也，直所从言之异路，有省不省耳。"也就是说，六家之言各有所长，又各有所短，每一家的主张中都有"虽百家弗能易""虽百家弗能改""虽百长弗能废"①的内容，但维护君主制度却是六家的共同要求，而对实现政治目标的具体途径和措施各家的见解不尽相同。每一家都提出了有特色的君主政治不可或缺的主张。就基本文化取向而言，帝王论同大于异。"天、道、圣立君""乱莫大于无天子""土无二王，尊无二上""圣者为王""一人兴邦""道高于君""天下为公"等几乎是诸子百家的共识。这就铸就了一种共有的文化体系。

---

① 司马迁撰：《史记》卷130《太史公自序》，第3290—3293页。

无论人们尊奉哪家哪派，都会认同这一文化体系，从而形成对君主政治体系中基本因素的集体价值取向。这是诸子百家可以相互融通而殊途同归的政治基础和理论基础。

秦始皇不是一个学问家，而是一个政治家。他专注于秦帝国现实政治的探索，在理论与实践上都力求能够方向正确，这就决定了在思想上他是一位地道的"杂家"。从现存文献看，秦始皇没有学者所常见的派别意识和学术偏执。他对各种传统文化、思想流派和政治学说的取舍主要依据其实际政治实践的需要。秦始皇受法家学说的影响较大，但他从来没有唯法家学说是从。在思想文化上，秦始皇基本上实行兼收并蓄政策。在他的群臣、博士中聚集着诸家门徒，也可谓人才济济。在具体施政中，秦始皇以实用主义的态度对待诸子百家的学说，依据有益于政治统治的标准广泛采择，并加以整合。因此在秦王朝的官方思想中，法家、阴阳家、儒家、道家、墨家、名家等先秦主要学术流派的思想都有一席之地。即使在秦始皇严禁私学、"焚书""坑术士"之后，兼收并蓄的基本方针实际上仍然没有发生重大改变。原因很简单，秦始皇实行文化专制的方略是一切统一于皇帝钦定的官方思想，官方思想的集中体现则是国家和皇帝颁布的各种法律、政令，而相关思想的来源与构成则是综合诸子百家的。①

法家学说对秦王朝统治思想的贡献最大，其中属于法家

---

① 参见张分田著：《秦始皇传》，人民出版社 2003 年版，第 247 页。

独特贡献的主要是法制至上思想及一些与中央集权政体有关的具体主张。秦始皇赞赏《韩非子》，信用李斯、尉缭等人，其定制立法的依据多来自法家学说，行政的方式也深受法家学说影响。但在制度和操作层面，秦始皇并没有按照法家的教导亦步亦趋。他更没有宣布独尊法家。

儒家学说为秦王朝的统治思想提供了许多重要的内容，其贡献仅次于法家。主要有二：一是儒家鼓吹"王天下""土无二王""定于一""大一统"，倡导君主专制，维护等级制度，又提出了比较多的调整王权的思想，其理论体系的基本内容适合皇帝制度的需要。其中儒家对秦朝政治的最大贡献当数系统化的"大一统"理论。它非常合乎秦始皇的口味。二是儒家学说的特长是"序君臣父子之礼，列夫妇长幼之别"①，这一点对于皇帝制度也是"不可易"的。对这一类"虽百家弗能易""虽百长弗能废"的内容，秦始皇及其辅臣不可能视而不见，更不可能弃而不用。秦朝的礼制、法律、纪功刻石及道德规范等都体现着儒家学说的深刻影响。

秦朝的统治思想、政治模式和某些制度受阴阳家的影响也很深。这集中体现在两个方面：一是秦始皇采用邹衍的"五德终始"说，以此论证秦朝皇帝奉天承运，并据以确定了秦朝的政治模式和一系列具体的制度。二是秦朝的一些政治规

---

① 司马迁撰：《史记》卷130《太史公自序》，第3465页。

范深受阴阳家"四时之政"的影响。①

至于道家、墨家、名家等诸子学说也都对秦王朝统治思想产生一定的影响。

不过，秦始皇在治国理政中融合包容百家是有条件的，这就是思想必须统一，在思想文化界都要唯他马首是瞻，不能有不同的声音，更不能有反对或者诽谤他统治政策的声音。

大秦帝国建立后，秦始皇"收天下书，不中用者尽去之，悉召文学方术士甚众，欲以兴太平"②。一方面利用政权的力量把不利于秦朝统治的书籍去掉，另一方面则尽量召集笼络"文学方术士"，想把他们作为新政权的支持力量，并利用这些士人来探求新的统治思想。但与秦始皇的愿望相反，诸子各家并没有完全为秦王朝唱颂歌，而是在用自己的学说和思想来评价秦王朝的政治与政策，如同《史记·秦始皇本纪》中所记载的，出现了"今诸生不师今而学古，以非当世，惑乱黔首""人善其所私学，以非上之所建立"和"私学而相与非法教，人闻令下，则各以其学议之，入则心非，出则巷议，夸主以为名，异取以为高，率群下以造谤"的情况。这种局面的出现，当然不利于秦帝国统治者思想文化上的统一，面对百家之学所造成的离心倾向与反对声音，李斯指出了思想统一的迫切性："天下无异意，则安宁之术也。"主张用专政

---

① 参见张分田著：《秦始皇传》，第 248、249、254 页。
② 司马迁撰：《史记》卷 6《秦始皇本纪》，第 258 页。

的手段达到思想文化上的统一，"臣请史官非《秦记》皆烧之，非博士官所职，天下敢有藏《诗》《书》百家语者，悉诣守尉杂烧之。有敢偶语《诗》《书》者弃市，以古非今者族。吏见知不举者与同罪。令下三十日不烧，黥为城旦。所不去者，医药卜筮种树之书。若欲有学法令，以吏为师。"①李斯企图通过"焚书"来达到确保思想统一和维护皇帝绝对权威的目的，这对苦苦探索新的政治思想统一途径而不得的秦始皇来说，实在是一个简单而立见成效的办法。他认为这样就找到了用行政命令的手段来统一天下人的思想，于是面对"入则心非，出则巷议"的持其他各种学说的士人，秦始皇最终选择了专制主义的文化政策，决定用专政的手段来对待这帮反对秦帝国统治政策的儒生、术士，借皇帝的绝对权威下达了"焚书""坑术士"的法令。

秦始皇之所以一边会"焚书""坑术士"，一边又要重视以至任用儒生，这是因为"焚书""坑术士"是为压制以儒生、术士为代表的反对力量或者说是异议人士，是以所谓"法"来震慑万民，但大秦帝国的建立，是一项亘古未有的创制，它和任何一个正常的社会一样，除了"法"，还有"礼"才能确保一个政权的运转和稳定。"若夫列君臣父子之礼，序夫妇长幼之别，虽百家弗能易也"②。儒家学说最适宜于朝廷以及

① 司马迁撰：《史记》卷6《秦始皇本纪》，第255页。
② 司马迁撰：《史记》卷130《太史公自序》，第3290页。

整个社会礼仪制度的建设，国家的礼仪制度建设是离不开儒家和儒生的。儒生虽然常常会拿上古的理想社会说事儿，借古讽今，对当朝皇帝的专制统治造成一定的威胁。但在通过"焚书""坑术士"之举对其加以专政之后，留存下来服务于朝廷的那些以"博士"为代表的儒者、术士就不再敢轻易借古讽今，蒙骗朝廷，给最高统治者造成麻烦了。这也就达到了"别黑白而定一尊"的统一思想的目的。至于别的，还有那么重要吗？

秦始皇的思想文化统一的途径是"以法为教，以吏为师"。

"皇帝"是秦始皇创制建立秦帝国时所建立的一种君主制度。他创造皇帝尊号的主旨是宣扬"尊比三皇""功盖五帝"。皇帝之号着重标示最高统治者的智慧与功德，它属于圣化称谓。在中国古代的君权观念中，一切皇帝都是圣人，是与道同体的道德表仪和至高无上的文化权威。

中国，自古以来就是崇拜圣人的国度。传说中的三皇五帝首先是文化英雄、道德楷模，据说他们身兼君、师，创造了文明。西周以来，言"道"重"德"的政治思想进一步强化了圣人崇拜。最早的圣化君主称谓就是在这个背景下创造出来的。春秋战国以后，圣王论成为中国帝王论的固定模式。儒家的伦圣、道家的道圣、墨家的义圣、法家的智圣与王紧密地结合在一起。圣，成为中国王冠上最为灿烂夺目的明珠。圣化称谓的主要特点是把君主说成集理性、才智、品德、功业于一身。如果说宗法称谓来自对传统社会习俗的继承和改造，权势称谓着重于肯定和摹写政治现实，神化称谓借重于神秘主义的信仰，那么圣化称谓则最富理性思辨色彩，反映了一种哲理化的帝王观念。它为中国古代王权提供了一块最为牢固的基石。在这样的观念下，"以法为教，以吏为师"就是君师合一与"以皇帝为师"。

"师"，是中国古代最早产生的圣化称谓之一。"君师"称谓表明，在观念上，帝王身兼君与师两种社会政治角色，他一手握着政治权力，一手握着教化权力。就师、君师标示教化权力而言，它们属于权势称谓。为"师长"者必德才兼备，以师、君师、师长称谓君主旨在表明帝王是有德行、有才智的教民者，他们是社会人群的表仪。在这个意义上，师、君师、师长等属于圣化称谓。

《尔雅·释诂》：师，众也。《尔雅·释言》：师，人也。师本义为众人，引申为军旅、师长。师长即众人之长。古代为师长者皆为治者、教化者双兼，故率众之人称为师。《尚书·泰誓》说："天佑下民，作之君，作之师，惟其克相上帝，宠绥四方。"[①] 这里的师指最高统治者。《孟子》曾引述这条材料，它是君师称谓的出处。

"天地君亲师"是中国古代社会公认的五大社会权威，彼此可以互相比附。在教化者的意义上，父、君、师属于同一类

---

① 孙星衍撰：《尚书今古文注疏》卷10《泰誓》，第268页。

权威。晋国的栾成子引古语说："民生于三，事之如一。父生之，师教之，君食之。非父不生，非食不长，非教不知，生之族也，故壹事之。"[1] 荀子说："故礼，上事天，下事地，尊先祖而隆君师，是礼之三本也。"[2] 师父与弟子如同君臣、父子。父兄是子弟之师，君父是臣民之师。在教化者的意义上，一切治者皆可称为师。

在先秦，君师合一是许多思想家共同的政治理想。儒家是君师说的倡导者、推崇者。他们发挥《诗》《书》《礼》《易》中的有关材料，热切期待世主效法古先圣王，做道德楷模，行教化于天下，为万民之仪表，以上行下效，风吹草靡，再造盛世。道家也是君师论者。《老子》一再奉劝君主执道、无为"以为天下正"。法家认为圣者为王，圣者为师，自古已然。当今之世，君主仍应为天下师。具体办法是：君主制定法令，责令官吏修习，"置主法之吏，以为天下师"[3]。即君主为法吏之师，法吏为臣民之师，天下之人师法君主的法令。法家关于禁绝百家、言轨于法、以吏为师的政治主张，无疑是君师观念的一种表现形式，是君师说的法家版本。事实上，儒法两家的区别不在于是否应当以帝王及其官吏为师，而在于学习的内容是周礼还是国法。无论是以法律和法吏为师，还

---

① 徐元诰撰：《国语集解·晋语一》，中华书局 2002 年版，第 248 页。
② 王先谦撰：《荀子集解》卷 19《礼论》，第 256 页。
③ 蒋礼鸿撰：《商君书锥指·定分》，第 146 页。

是以伦理和伦圣为师，都把帝王置于文化主宰的地位。君师
称谓和君师合一观念使帝王不仅是政治权威，而且还是文化
权威。他的意志既是法令律条，又是学术定论，这就是所谓
"圣心独断""圣裁"。无论统一于王法，还是统一于纲常，
由君师为臣民立极，根绝异端邪说，是君师合一的基本政治
取向。① 这正是君师称谓所负载的最主要的文化意义，也正是
秦始皇"以吏为师""以法为教"的目的之所在。在儒法两
家尊王文化的基础上，秦始皇找到了他的"别黑白而定于一
尊""以吏为师""以法为教""言行而不轨于法令者必禁"②
的统一秦帝国思想文化的路径。

---

① 参见张分田著：《秦始皇传》，第 221—223 页。
② 王先慎撰：《韩非子集解》卷 17《问辩》，第 394 页。

第三章　秦皇政治制度之创新

　　秦王朝的政治制度，在许多方面都表现出了创新的意义。"皇帝临位，作制明法。"大秦帝国的政治体制和治国理政风格，具有鲜明的历史个性与创新特色。天下既已一统，如何有效地管理国家，对政治渊源有别、经济水平悬殊、文化传统各异、民俗风格不一的各地区实现有效的统治和治理，秦帝国最高统治集团经过多次的讨论，作出了比较正确的决策，从而开创了一系列前所未有的政治新制度，建立了一套相当完整的与皇帝制度相配套的中央集权制度和政权机构。

一、皇帝制度

经过多年的兼并战争，公元前 221 年，秦终于完成灭亡六国的事业，初步实现了国家的统一。

统一战争的进程刚刚结束，秦王嬴政就吩咐丞相和御史大夫等大臣议定新王朝的各种名号。

司马迁在《史记》中写道：

> 秦初并天下，令丞相、御史曰："异日韩王纳地效玺，请为藩臣，已而倍约，与赵、魏合从畔秦，故兴兵诛之，虏其王。寡人以为善，庶几息兵革。赵王使其相李牧来约盟，故归其质子。已而倍盟，反我太原，故兴兵诛之，得其王。赵公子嘉乃自立为代王，故举兵击灭之。魏王始服入秦，已而与韩、赵谋袭秦，秦兵吏诛，遂破之。荆王献青阳以西，已而畔约，击我南郡，故发兵诛，得其王，遂定其荆地。燕王昏乱，其太子丹乃阴令荆轲为贼，兵吏诛，灭其国。齐王用后胜计，绝秦使，欲为乱，兵吏诛，虏其王，平齐地。寡人以眇眇之身，兴兵诛暴乱，赖宗庙之灵，六王咸伏其辜，天下大定。今名号不更，无以称成功，传后世。其议帝号。"丞相绾、御史大夫劫、廷尉斯等皆曰："昔者五帝地方千里，其外侯服夷服，诸侯或朝或否，天子不能制。今陛下兴义兵，诛残贼，平定天下，海内为郡县，法令由一统，自上古以来未尝有，五帝所不及。臣等谨与博士议曰：'古有天皇，有地皇，有泰皇，泰皇最贵。'臣等昧死上尊号，王

为‘泰皇’。命为‘制’，令为‘诏’，天子自称曰‘朕’。”①

秦王嬴政说：以前韩王献来土地，奉上玉玺。请求做我大秦的藩臣，然而不久就撕毁了约定，和赵国、魏国合纵叛秦，我不得不兴兵诛伐，俘虏了韩王。寡人认为这样做是十分适当的。本来以为或许就可以不再打仗了。而赵王派他们的国相李牧来约盟，于是我们归还了赵国作为人质的王子。可是不久他们也背弃了盟约，占领了我国的太原。因此，我兴兵诛之，俘虏了赵王。赵公子嘉又自立为代王，我因此又举兵将他击灭。魏王起初到秦国来和谈，态度还比较好，但是后来又和韩国与赵国合谋，一同袭击我大秦。秦军予以坚决的反击，于是击破其国。楚王曾经献青阳以西的土地，然而不久也背弃和约，进攻我南都地方，我因此发兵进攻，俘虏了楚王，平定了楚地。燕王昏乱，其太子丹策划阴谋，让荆轲做刺客，秦军攻燕，灭其国。齐王断绝了和大秦的外交往来，要发动变乱，秦军远征，俘虏了齐王，平定了齐地。寡人赖先祖宗庙之灵的佑护，终于使得六王皆伏其罪，天下得以大定。接着，嬴政转入正题：“今名号不更，无以称成功，传后世，其议帝号。”

秦王嬴政在这段话里称自己为“寡人”。而就在发表这番议论、群臣议定政体名号之后，则规定了最高执政者要用

---

① 司马迁撰：《史记》卷6《秦始皇本纪》，第235—236页。

"朕"来自称。而臣下称君主，则用"陛下"的尊号。

"陛下"和"朕"作为政治称谓的出现，标志着中国政治史的演进，进入了一个崭新的历史阶段。

"陛下"和"朕"的称呼，后来在中国通行了两千多年。这一历史过程，就是中国漫长的帝制时代。

"陛下"和"朕"这样的称呼，标志着对最高政治权力的崇拜达到了一个顶峰。皇帝制度的所有秩序，都建立在这种崇拜的意识之上；秦王嬴政以为现在"天下大定"，而名号如果不变更的话，则无法标志成功，使他的帝王事业传之后世。

根据秦王嬴政的意思，丞相王绾、御史大夫冯劫、廷尉李斯等人经过商议，很快上奏说：过去五帝时代，地方不过千里，在他们统治中心地带的外围，地方势力有的顺从，有的反抗，天子不能够完全控制。现今陛下兴正义之兵，诛灭各地顽贼，使天下得以平定，四海之内都归为秦地，法令终于实现一统，这是自上古以来从没有的功业，"五帝"均望尘莫及。我们咨询了博士们，大家都说：古来有天皇，有地皇，有泰皇，泰皇地位最为尊贵。我们昧死上尊号，王称为"泰皇"，所宣布的政令，称为"制"，所颁发的文告，称为"诏"。秦王嬴政大笔一挥：把"泰"字去掉，保留一个"皇"字，再采用上古"帝"位号，称作"皇帝"。

这样，秦王嬴政承袭"三皇""五帝"的传说，自称"始皇帝"。他又追尊其父秦庄襄王为"太上皇"。嬴政说，我听说远古的时候有名号，没有谥称，中古的时候有名号，死后又以其行为表现确定谥称。这样做，其实导致儿子议论父亲，臣下议论君主，没有什么意义，应当废除。秦王嬴政随即宣布："朕为始皇帝。后世以计数，二世三世至于万世，传之无穷。"从此以后，"皇帝"称谓一直是历代王朝最高统治者的正式尊号。"皇帝"也由此而成为秦汉以来君主制度的文化符号，与此相应的皇权观念一直是最高统治者权力和权威的来源之一。

从此，中国走进了帝制新时代。

秦始皇，以他特有的创造力开启了一个伟大的时代。

皇帝，作为一种文化符号和政治制度，是与一系列名、器相联系的。秦汉采六国之礼，确立了尊君卑臣的礼仪制度确保皇帝至高无上和不可侵犯。在制度与观念的互动中，"皇帝"就不再是单纯的文化符号，而是统治思想和政治制度的最高概括。皇帝称谓确定之后，中国帝王的正式尊号再也没有更改过。原因很简单，正如朱熹所说："秦之法，尽是尊君卑臣之事，所以后世不肯变。且如三皇称'皇'，五帝称'帝'，三王称'王'，秦则兼'皇帝'之号。只此一事，后世如何肯变！"[1]秦王朝的统治虽然未能长久，但是，秦始皇创制的若干重要制度，特别是皇帝独尊的政治制度，却对此后两千多年的中国历史的演进产生了重要而深刻的影响。

---

[1]　黎靖德编：《朱子语类》卷134《历代一》，中华书局1986年版，第3218页。

二、官僚制度

皇帝制度创立后，为了有效地管理国家，秦始皇吸取了战国时期设置官职的具体经验，建立了一套相当完整的与皇帝制度相配套的中央集权制度和政权机构。

官僚制度是皇帝制度的基础性制度，它是作为世卿世禄制度的对立物而出现的。官僚制度的基本特点是：除君主以外，其他一切国家公职都不能世袭；各级官僚均实行任命制，由君主或君主指定的机构任免；各级官僚享受俸禄，都不是有政、有土、有民的封君。这个制度有利于维护中央集权，有利于选拔优秀人才入仕，有利于保证官僚队伍的素质，有利于扩大统治基础。它还具有改造社会结构和等级关系的意义。我们可以从官制入手，来观察秦代国家机构设置的大致情况：

丞相分左、右，是中央政权机构的最高行政长官，协助皇帝处理全国政务。

太尉是中央的最高军事长官，协助皇帝处理全国军务。

御史大夫掌管监察工作，协助丞相处理政事。

丞相、太尉、御史大夫习称"三公"。"三公"之下设有"九卿"，即：

奉常，负责宗庙礼仪。

郎中令，执掌宫廷戍卫大权，负责统辖皇帝的禁卫军工作。

卫尉，掌管宫门警卫。

太仆，负责皇帝使用的车马。

宗正，管理皇族事务。

典客，主管少数民族事务。

少府，负责山林池泽的税收和宫廷手工业，属于管理皇室私家财富的机构。

治粟内史，负责租税赋役和财政开支。

廷尉，掌管刑罚。

秦汉以来，人们常将秦代中央官制归纳为上述"三公九卿"。然而事实上，在此之外，秦代还设置了一些比较重要的官职，比如：博士，"掌通古今"，即通晓古今史事以备皇帝咨询，同时负责图书收藏。

典属国，与典客一样主管少数民族事务，不同的是典客掌管与秦友好的少数民族的交往，而典属国则负责已投降秦王朝的少数民族。

詹事，管理皇后和太子的事务。

将作少府，负责宫殿建造。

秦王朝建立的这套中央集权的政权机构，一直被后来的历代王朝所承继。

特别值得指出的是，为了使秦王朝的军政大权能够操纵于皇帝之手，实现皇帝的个人独裁，同时又要让政府部门各司其职、各尽其能，各政权机构有效地运作，以加强对国家的有效管理，秦始皇对如何集权、如何分权，颇下了一番苦心。其中，他对相权、兵权以及司法权，进行了独到的处置。

于此，最能看出秦始皇是怎样加强君主专制中央集权的。

丞相，秦时或称相邦、相国，职责是辅佐天子，助理万机，是皇帝以下最重要的官职，有百官之首之称。

秦国的丞相最早出现于公元前 309 年。在此之前，史籍中虽有"商鞅相秦"一类的记载，但此"相"并非官名，商鞅担任的是"左庶长""大良造"。自武王任甘茂、樗里疾分别为左、右丞相以后，丞相才在秦国成为正式的官职。自设丞相以后，秦国的一些国君就将军国大事全部委于丞相，以致出现了像魏冉那样擅权的丞相。吕不韦为相国，也是总揽一切军政大权。所以，从一开始，君权与相权之间就存在着既相互矛盾又互相依赖的对立统一，君主要依靠丞相处理政务，但丞相又最容易侵犯和削弱君权。这一点，秦国在初置丞相时就已意识到了，所以它设了左、右二相，其目的就是要分散相权，便于国君的控制。但是，以后的事实证明，以这种方法分散相权，并不能解决君权与相权之间的矛盾。对此，秦始皇认真总结了历史经验，决定进一步缩小相权。

第一，在统一后的秦王朝，丞相仅系文官之长，武事由"三公"之一的太尉掌管。太尉与丞相地位相等，同由皇帝颁予"金印紫授"。

第二，以御史大夫分割相权。位列"三公"之一的御史大夫，原为秦国所无，系秦始皇参照六国官制在统一后所设。御史大夫地位低于丞相，但他掌监察，又参与处理朝政，对丞相的权力起到了一定的牵制作用。

第三，用博士侵削相权。秦王朝博士的地位和作用向来为人们所忽视。其实，博士在秦的政治生活中常常发挥着重要的作用。这些类似于顾问和智囊的官员，经常活动在始皇帝的身边，发表各种议论。由于秦始皇特别迷信，所以对"通古今"的博士也就格外信赖。秦始皇二十六年（公元前 221年）"初并天下"，令朝臣议帝号时，丞相、御史大夫、廷尉"与博士议"。后才向上回奏。始皇三十四年（公元前 213年）"焚书"后，博士是唯一有权读禁书的人。所以，博士以其特殊的地位和放谈各色言论，影响秦始皇，从而影响朝政，在事实上构成了对相权的一种侵削。

秦始皇不仅在官制上制约相权，在平日里也对丞相存有戒心。有一次，秦始皇来到梁山宫，从山上见到李斯的车骑仪仗很是隆重，就表示出了不满之意。谁知道这话后来传到了李斯那里，李斯立刻削减车骑。当秦始皇再次见到李斯的车骑仪仗时，发觉已经减少了，马上意识到是有人向李斯泄露了自己说的话，就下令将当时在场的人全部处死。

秦王朝的兵权，理论上是交给太尉执掌的，然而事实上，秦的太尉形同虚设。据考核，秦代未发现有一人担任太尉之职，在重大军事行动中也从不见有太尉出场。秦始皇始终亲自控制着兵权。

此外，秦始皇又有意抬高廷尉的地位。廷尉为秦王朝最高司法长官。深受法家思想影响的秦始皇，赋予廷尉很大的职权，以此威慑百官。如秦始皇二十六年（公元前 221年），李斯身为廷尉就能同丞相王绾、御史大夫冯劫一起向秦始皇"上尊号"。因为地位显赫，所以后来当王绾提出分封皇子之议时，李斯就敢于站出来予以反驳。

秦王朝的"三公九卿"制，确立了传统中国政治制度中的一种分权原则。中国传统政治体制的基本框架，经过秦帝国的建构，后世基本继承，很少有进行伤筋动骨的改动现象。

现在有人将设丞相、太尉、御史大夫，喻为中国的"三权分立"，这种比喻十分形象、引人注目。不过要注意，这种分散的权力不是最后集中到了国家的手中，而是都集中到了皇帝一人的手中。分权是为了让百官公卿通过互相牵制，更好地服务于皇权，所以也就是为了更好地集权，这种治术和西方的三权分立的政术有着本质的区别。

秦始皇汲取了周王朝衰亡的经验教训，主张皇帝与中央政府实行绝对的集权，国家大事最终由皇帝一人说了算。在政权机构建设上采用互为牵制的做法，对于一个分裂了500年才重新统一起来的国家，是有重要意义的。到底是社会的稳定重要，还是民主的精神重要，从当时国家的实际情况乃至此后数千年中国的具体国情来看，恐怕这是一个见仁见智的问题。但不管怎样说，我们完全可以这样认为：秦始皇虽然没有留下什么风雅的篇章，但在皇帝理论以及中国传统的治国理念上，却可以称得上是一个前所未有的大政治家，属于开天辟地式的设计师角色。他对中华帝国制度的一系列的草创，对于官僚制度的建设，不仅继往，而且开来。两千年来，不管后来的政治家如何评价他，还是都得遵循他所开创的一系列的制度。在这一点上，说秦始皇是历代帝王的祖师爷，一点也不为过。

三、监察制度

秦代皇帝制度的政治监控、行政监察机制主要由两类基本制度及相应的职官构成：一个是御史制度（监官），一个是言谏制度（谏官）。前者以对百官的行政监察为主要职能，后者以对帝王的献可替否为主要职能，两者的职能和权限又有所交叉。它们互相制约，互相补充，构成了较为全面的立法、行政、司法监督、监察机制，并以参与决策，规谏君主，封驳诏书，审核奏章，纠弹失职，检举不法，平抑冤狱，采集民意等方式发挥作用。这两类基本制度及相应的职官都渊源于先秦而形成于秦王朝。在秦王朝，御史制度已经备其大体，并开始相对独立于传统的行政体系，而言谏制度也初步成型。

（一）秦王朝的监察制度

秦王朝的监察机制和监察制度比前代有重大发展。在前人基础上，秦始皇进一步开拓、发展与完善原有的各种监察机制和制度，在监察制度方面有所创新。

第一，进一步完善行政体系自身的政治监控和行政监察职能，从中央到地方构成由丞相、公卿、郡守、县令等各级行政官吏组成的一套行政体系内部的监控、监察体系。这个体系是由前代直接继承下来的。利用《史记》和《语书》等所提供的材料，结合西汉的有关制度，可以推定：在秦王朝，这个体系在政治监控和行政监察中发挥着重要的作用。这个体系是秦王朝监察制度的重要构成之一。

第二，进一步凸显御史类职官的政治地位和作用，加强御史监察制度，将御史体系的主官升格为副相，从而形成了相对独立完整的从中央到地方的立法、行政、司法监督、监察体系。秦始皇以相对独立的监察体系直接监控、监察行政体系。御史体系在政治监控，特别是监控百官方面发挥着日益重要的作用。这个体系是秦王朝监察制度的主体部分。

第三，设置谏议大夫等一批专司谏议的职官。各种议事制度与各种言谏类职官相辅相成，共同构成了更为完善的对立法、行政、司法活动的监督、监察机制。

秦王朝的监察制度是由行政体系、御史体系和言谏体系及相关的各种具体制度共同构成的。这也是秦汉以来历代王朝在监察制度方面的共性。

在中国古代监察制度发展与完善方面，秦始皇最大的历史性贡献是将御史体系基本上从行政体系中分离出来，而其主要措施是以御史大夫为副相，独立开府办公，大大提高了监察机构和职官在整个政治体系中的地位和作用。

关于御史大夫的地位与职权，前面几章中都已经介绍。作为监察机构的首脑，御史大夫位列三公，身居副相，他有权参与立法、行政、司法、监察等各项重大政务。在权力关系上他只受皇帝的节制和法令的规范，不受包括宰相在内的其他官僚的节制。御史大夫的地位与职权充分反映了御史监察制度在整个权力体系中的相对独立性和重要性。御史大夫之设是御史体系从行政体系中分离出来的重要标志。这在中国古代政治制度史上具有划时代的意义。比较而言，在历代王朝的御史监察制度中，秦汉御史大夫的地位是最高的。

一般而言，秦王朝的御史监察制度担负着谏诤得失、监督宰执、弹劾不法、纠举失职、维系纲纪、整饬吏治等职责。御史监察机构和职官的权力地位体现在以下几个方面。

其一，参与制定国家法律。秦始皇"明法度，定律令"，均召集丞相、御史大夫等合议。

其二，稽查百司，弹劾非法。御史体系职官有权监督一切政务，一切机构，一切官职。其检举、弹劾的范围，上至丞相公卿，下至百官小吏。

其三，考核群臣，参与铨选。御史体系职官负责或参与考课、上计。张苍"秦时为御史，主柱下方书"，而"明习天下图书计籍"[1]。各郡每年岁末必须向侍御史上报政绩，其上报

---

① 司马迁撰：《史记》卷96《张丞相列传》，第 2676 页。

的簿籍称为"上计簿"。监察机构有权根据各级官吏的政绩考核评定优劣。汉相萧何在秦王朝曾担任泗水的低级官吏，工作称职。"秦御史监郡者与从事，常辨之"，考评为"最"，位列"第一"[①]，还打算向中央政府推荐他。"法考"是秦始皇厉行"法治"的手段之一。

其四，驳正狱案，纠理冤狱。御史体系职官在授权范围内享有司法之权，主要是承办涉及官吏职务犯罪的案件。

其五，掌管国家法律文件。监察机构负有维护国家法制统一，监督国家各项政令贯彻实施的职责。秦王朝法律要求司法、行政官员必须定期从负责监察自己的官员处抄录、核对与本职工作有关的法律。

其六，担任皇帝的耳目。监察官员之设，意在以卑监尊，御史类职官秩位偏低，而权大责重。御史体系职官的重要职责之一就是监控各地的政情和百官的活动，将有关情报及时报告中央政府和皇帝。皇帝允许言谏官员，特别是御史根据"风闻访知"，行"风闻奏事"，即弹劾百官不必说明调查材料的来源和揭发检举者的姓名。汉代就有这样的规定。由此可以推断：秦王朝的御史也有这类特权。

御史体系的职官有一个明显的特点：秩低而势大，官卑而权重。御史大夫论职位、秩禄和印绶都比丞相低一截，然而

---

① 司马迁撰：《史记》卷53《萧相国世家》，第2014页。

却拥有许多特权。御史中丞、侍御史掌朝廷监察、执法之任。秦始皇将楚国的王冠赏赐给他们作为职务象征。侍御史秩位不高，却享有皇帝的特殊授权，他们头戴獬豸冠，在朝堂上弹劾公卿百官，犹如护法的神兽，"抵触不直者"，"辨别是非曲直"，其权势足以震慑百官群僚，就连宰相公卿也要惧怕三分。秦王朝在各郡设置的监郡御史，其官秩仅六百石，却有权监察包括秩二千石的郡守在内的各级官吏。论秩位，监郡御史刚刚达到"显大夫"的最低线，属于"显大夫"中秩位最低的，而作为钦差大臣，他们不仅可以与郡守等高官平起平坐，分权而治，而且有权监督、弹劾他们。监郡御史还参与考核官吏、荐举人才、率兵作战、主持工程等政务，并有权处置皇帝和中央政府交办的其他事务。监郡御史只对皇帝和中央政府负责，与封疆大吏们没有统属关系，基本上可以不受地方制约地履行自己的职责。御史体系职官上可以谏君王，下可以监百官，他们在整个权力体系中的位置举足轻重。

秦始皇以相对独立的御史监察体系监控行政体系，赋予很大的权力，实行上下相监、以卑监尊、以内监外，由此而形成一个重要的政治监控体系。同时，为了防止御史监察体系失控，他也对这个体系实行有效的监控。主要表现在四个方面。

其一，御史监察体系完全受皇帝节制，其职官由皇帝任命，其职权由皇帝赋予。作为皇帝的耳目与监督百官之司，御史类监察官员的权力基本上限于举奏弹劾，但最终处分权掌握在皇帝手中。

其二，御史监察体系的行为受国家法制的规范。秦始皇"以法治国"，各种治官治吏的法律大体完备，御史监察机构也只能"以法理官"或遵旨办事。御史监察官员必须接受法律的约束，其活动也要遵守有关诏令、法规。

其三，各种机构和官员互相纠察。秦王朝允许各类职官上书言事，御史监察体系职官也必须受到其他职官的监控。

其四，严格御史监察官员的选拔标准。对于御史监察官员，皇帝总是慎重其选，这些人政治素质较高，又得到皇帝的信任，其自我约束能力也比较高。

在通常情况下，上述四条措施可以保证皇帝将御史监察体系牢牢地掌握在自己手中，从而达到监督管理百官的目的。御史体系主要为监官而设，这种以卑监尊、以内监外的制度和职官对于强化皇权、稳固统治有重要的作用，是中央集权政治体制进一步发展的重要标志之一。①

（二）秦王朝的谏官制度

秦王朝的言谏制度主要由两个方面构成：一是比较完备的议事制度，二是设置一批言官，其中包括若干专职谏官。秦王朝的议事制度来自中国王权的古老传统。五帝时代，华夏就出现了部落联盟议事制度，夏商周政权进一步完善。到

---

① 参见张分田著：《秦始皇传》，第 342—346 页。

秦帝国时，秦始皇又进一步有所创新。秦始皇的高明之处就在于，他在使专门负责监察百官的御史体系从行政体系中独立出来的同时，也开始注意提拔专门负责谏君的官员。谏官与御史同属言谏类职官，肩负着相近的职责，又大体有所分工。谏官主要着眼于为"君"决策得失服务，御史则主要着眼于监察弹劾百官，以为皇帝有效地管理官僚服务。秦始皇设置以"谏"为名的职官及其他一批与谏议有关的职官，标志着有关的谏议机制开始了向制度化发展的演变过程。

秦王朝的专职谏官设在郎中令下，统称大夫。《汉书·百官公卿表》说："大夫，掌议论。有太中大夫、中大夫、谏大夫，皆无员，多至数十人。"[①] 谏议大夫（谏大夫）是专职谏官中的一种，"秦置谏议大夫，掌论议，无常员，多至数十人，属郎中令。"[②] 这些记载表明，在秦王朝的中央机构中有一批专职谏职之设，这些职官专掌议论，并归属于郎中令。当时各种以议论为专门职责的大夫没有定员职数，说明这种制度还处于初创阶段；谏议大夫有时多至数十人，表明这种政治设置逐渐受到重视；"谏大夫"之设，则说明已经开始明确地以"谏"设置这类职官，并规范其职能，专职谏官制度初步成型。历史表明，以"谏"命名职官具有重要意义，它表明皇帝任命这些官员的主要目的不是泛泛地发表"议论"，也

---

① 班固著：《汉书》卷19《百官公卿表》，第727页。
② 杜佑撰：《通典》卷21《职官三》，中华书局1988年版，第554页。

不是只"议论"具体政务，而是"谏"，即谏诤君王，献可替否。谏，即规劝，指通过劝戒、说服、建议等手段，使皇帝改过从善。在朝堂之上特别设立谏官，其"谏"的对象只能是皇帝。设置谏官的主要目的就是要他们专门负责注意防范朝廷的决策和施政出现错误，一旦出现错误，就要以"谏"的方式加以阻止。

在秦王朝，还有一条重要的言路，即臣民上书。秦王朝有鼓励"告奸"的政策和法律。一般说来，一切臣民都可以利用这条途径陈情建言，议论得失。这条言路也来自古老的政治传统。商周以来，国家设有专门机构和职官负责管理有关事务。在秦王朝，臣民可以到皇宫门前的公车上书。有关事务由卫尉的属官公车司马令负责，凡"天下上事"皆由其负责转达。秦二世时期的丞相赵高就曾在秦始皇时期担任过公车司马令。臣民上书这条言路具有通下情、纳谏诤、平冤狱、抑权豪等政治功能。它有利于皇帝监控政情，制驭百官，所以历来受到重视。

由于秦王朝制度尚处于中国古代帝制的初期阶段，还有许多不够成熟、不够完善的地方，所以其言谏制度存在明显的弱点如言谏机构没有独立，附属于丞相主管的机构；专职谏官尚无定员，负有言谏责任的职官多非专职等。与隋唐两宋时期的言谏制度相比较，秦汉的言谏制度还很粗糙。然而秦王朝制度的开创性是毋庸置疑的，它大体确立了这种制度的基本规模、宗旨和若干具体思路。在隋唐宋三代的给（给事中）、舍（中书舍人）、台（御史）、谏（谏议大夫等）四类专职言谏职官中，有三种官名在秦王朝已经出现。经过秦始皇的制度立法，中国古代以御史、谏议大夫、给事中为主体的言谏、监察制度初具规模，这是应当加以肯定的。[①]

四、郡县制度

在刚刚统一六国、强化中央集权机构之后，对于辽阔的国土与复杂各一的风俗习惯，如何才能实行有效的统治与管理，在这个严峻的现实问题面前，秦王朝君臣展开了一场大的争论。

以丞相王绾为代表的一批大臣，认为关东诸侯各国刚刚消灭，地方不安定，燕、齐、楚又距秦王朝统治中心偏远，若不置王不利于统治。为此，他们在同意实践郡县制的基础上，请求秦始皇将其诸子封于燕、齐、楚等统治薄弱的地区为王，成为秦王朝统治的辅翼。

王绾等人的主张，实质上是主张在沿袭西周以来"封戚建亲，以藩屏周"的制度的基础上，实行郡县与分封双轨制度。

但是，秦始皇却有着与众不同的想法。

秦国的历史告诉人们：在秦昭王初年，由于太后当权，

---

①　参见张分田著：《秦始皇传》，第 346—348 页。

大封宗室贵族和贵戚以及所宠爱的人。除了贵戚魏冉被封为穰侯外，还有昭王的同母弟公子市被封为泾阳君，公子悝被封为高陵君，宣太后的同父弟芈戎被封为华阳君和新城君，当时被合称为"四贵"，造成君权侵夺的局面。到了秦始皇初年，有王弟成蛟被封为长安君，嫪毐由于太后宠爱而被封为长信侯，除得山阳为封地外，"又以河西、太原郡更为毐国"①。吕不韦被封为文信侯，食洛阳 10 万户。结果成蛟叛乱后，又发生嫪毐之乱，秦始皇差一点因此丧了命。在除去嫪毐和吕不韦两大集团势力以后，秦始皇才亲自掌握政权。有感于分封制造成的弊端，他决定否定王绾的建议，不给无功的宗室贵族高级爵位，也不分封子弟为封君，实行单纯的郡县制度。

司马迁说：

> 秦无尺土之封，不立子弟为王、功臣为诸侯者，使后无战攻之患。②

但是，当时主张分封的势力相当大，许多大臣认为王绾的建议是可取的。于是，秦始皇便下令群臣专门就此问题进行讨论。

在议论中，廷尉李斯不同意分封，他说："周文武所封子

---

① 马骕撰：《绎史》卷 146《吕不韦相秦》，中华书局 2002 年版，第 3581 页。
② 司马迁撰：《史记》卷 87《李斯列传》，第 2546 页。

弟同姓甚众，然后属疏远，相攻击如仇雠，诸侯更相诛伐，周天子弗能禁止。今海内赖陛下神灵一统，皆为郡县，诸子功臣以公赋税重赏赐之，甚足易制。天下无异意，则安宁之术也。置诸侯不便。"①

李斯从两个方面提出自己的反对意见。

第一，历史的教训。周文王、周武王曾经大封子弟同姓，后来封国之间日渐疏远，以至相互攻伐如同寇仇，结果周天子也难以禁止。

第二，现实的实际。如今海内统一后，已普遍设置郡县。对皇帝诸子及功臣，只要让他们坐食赋税并重加赏赐就足够了。这样天下无异议也才是永久安宁之术。

据此两点，李斯坚决反对分封制，认为重新分封诸侯会削弱皇帝的权力，使国家重新处于四分五裂的混战局面。

秦始皇同意李斯的分析，认为过去天下苦苦争斗，战乱不休，就是因为天下有诸侯王，分封诸侯是战乱的根源。对此，唐代柳宗元曾经做过具体的分析。

柳宗元认为，在周武王得到全国政权以后，就把天下的土地瓜分开来，封给诸侯，根据封地的大小，分为公、侯、伯、子、男五等。建立了一大批的邦国君长。诸侯邦国如天上的繁星一样遍布各地。诸侯尊奉王室，团结在周天子周围，就

---

① 司马迁撰：《史记》卷 6《秦始皇本纪》，第 239 页。

像车轮运转时许多辐条都集中在轮子轴心一样。他们集合起来，就一起去朝见天子，或者自己聚集开会，分散开来，在自己的封国内就是保卫朝廷的守臣、大将。但是，下传到周夷王，他破坏了礼制，损害了天子的尊严，竟亲自下堂去迎接前来朝见的诸侯。到周宣王时，凭着国势复兴和恢复周朝初年的德望，曾一度发挥了南征北伐的威力。尽管这样，周宣王到底还是无力决定鲁国君主的继承人选。后来衰落到周幽王、周平王时代，京都东迁，周王室已丧失了号召天下的威望，实际上已经把自己降低到和诸侯差不多的地位。此后，前来窥伺周朝的九鼎有多重的人有了，放箭射中周王肩膀的人有了，攻击并劫走周王使者凡伯和要挟周王杀死周大夫苌弘的事情也发生了。总之，天下已经反常，都不把天子当天子看待了。此时的周朝已失去统治诸侯的实际力量多时了，只不过在诸侯之上徒然保存一个空名罢了。这就是分封诸侯、以致诸侯太强大而无法指挥所酿成的恶果。尔后，周朝的政治权力就被鲁、齐、晋、秦、楚、宋、卫、陈、蔡、曹、郑、燕十二国所瓜分，到了战国又并成为秦、楚、齐、燕、韩、赵、魏七个强国。周王的权威已被韩、赵、魏、齐这些由陪臣篡夺的国家所分裂，周朝的天下终于被最后分封的秦国所覆灭。据此，柳宗元最后所得的结论：周朝灭亡的起因，就在于分封诸侯。

　　秦始皇对历史上分封诸侯的过程以及所带来的恶果是了解的。他让群臣讨论本身即具有教育群臣的意思，所以当李斯旗帜鲜明地反对分封制时，秦始皇认为十分有理，他一言九鼎："天下共苦战斗不休，以有侯王。赖宗庙，天下初定。又复立国，是树兵也；而求其宁息，岂不难哉！廷尉议是。"[1]

于是，在全国各地废除分封制，推行郡县制。主要表现在：

第一，县制的推行。县制在春秋初年已有，秦、晋、楚等大国往往在新兼并的地方设县，一般在国家边境，带有国防的性质。后来随着国境的扩大，国内也开始设县。有关设置的记载最早出现于楚武王时（公元前740—公元前689年）。秦国在武公时（公元前697—公元前677年）推行县制。秦武公十年（公元前688年）"伐邽、翼戎，初县之"。十一年（公元前687年）"初县杜、郑"。到了商鞅变法时，又两次改革县制。第一次在公元前355年，"并诸小乡聚集为大县"[2]，将未设县的地方建立县制，或将原来的县划小另行设县，全国设"四十一县"。第二次在公元前350年，初聚小邑为三十一县。即将原来的县加以调整、合并，减少县的数量，扩大县的面积。到了秦始皇统一六国之后，县制建设在原有的基础上进一步完备并成为秦王朝法定的地方行政制度。

万户以上的大县设县令，万户以下的小县设县长。

县令是一县的最高长官，直接受郡县的节制。

县丞是县令的助理。

县尉管军事。

---

① 司马迁撰：《史记》卷6《秦始皇本纪》，第239页。
② 司马迁撰：《史记》卷5《秦本纪》，第203页。

县司马管畜牧。

县啬夫管农业。

第二，郡制的推行。公元前 221 年，秦统一六国后，即分天下为 36 郡。以后，随着边境的开发和郡治的调整，全国的郡数最多时曾达到 46 郡。

郡制的产生晚于县制，它原是县之外更加荒僻之区，组织较县简单，也不及县富庶。地位较县低，故赵简子誓师时说："克敌者，上大夫受县，下大夫受郡。"[①] 后来，随着生产的发展，物产的丰富，人口的增多，经济的繁荣，县的数量增多，为了加强和便于管理，也就把郡推行于内地，县的地位降在郡之下，从而形成郡县两级制。

郡制是秦国兼并战争的产物。如公元前 324 年攻楚汉中，取地 600 里，置汉中郡；公元前 316 年灭巴，设巴郡；公元前 279 年，伐义渠，设陇西郡；公元前 271 年，灭义渠，置北地郡；公元前 301 年，"司马错定蜀"，置蜀郡；公元前 278 年，占领郢都，置南郡；公元前 277 年，取楚国黔中，置黔中郡；公元前 273 年，取南阳，置南阳郡；公元前 248 年，攻赵，定太原，置太原郡；公元前 242 年，"伐魏取二十城，置东郡"[②]；公元前 230 年，灭韩，置颍川郡；公元前 228 年，灭赵，置邯郸郡；公元前 223 年灭楚，置长沙郡、九江郡；公元前 221

① 洪亮吉撰：《春秋左传诂》卷 20《傅哀公》，中华书局 1987 年版，第 848 页。
② 司马迁撰：《史记》卷 6《秦始皇本纪》，第 224 页。

年，灭齐，置齐、琅玡、东海、胶东、济北五郡；公元前 226年，灭燕，置广阳、上谷、渔县、右北平、辽西等郡；公元前 214 年，灭南越，置南海、桂林、象郡；公元前 214 年，伐匈奴，在河套至包头一带置九原郡。可见，郡制的推行同秦国军事推进的步伐有着密切的关系，是秦国兼并战争的产物。郡县由起初多设置在边境地区，到后来在新占领的地方也均设置郡县，进而全面设置。在县制之后又设立郡制，从中央到地方的统治就又多了一个层次，使中央集权统治更加稳固了。

郡县制的推行，对中国政治制度的进步起到了十分重大的作用，有利于国家的统一与管理。

郡县制度的特点有以下几个方面：一是地方长官由中央选任，向中央负责，受中央监督，定期向中央汇报工作，接受考核奖惩。二是地方人事、军事、财政等大权由中央政府掌管，地方官不得擅自做主。三是地方任官回避亲属和本人籍贯，不得世袭或久任。郡县制度有利于防止地方割据，适应了秦帝国发展和稳定的要求。

郡县制的推行，大大推动了秦王朝国家经济的发展和社会文化的交流。通过郡县机构，秦王朝中央政府可以统一调用全国的人力物力，这对于加强国家的经济和国防力量，有着十分重要的意义。郡县制度的推行，使秦始皇的一系列的改革措施，如统一货币、统一文字、统一度量衡、大规模的移民等都得以成功地贯彻与实施。由于郡县官吏的任免权操纵在皇帝的手中，中央通过郡县控制地方，就集中了全国政治、经济、军事、司法等权力。郡县受中央管辖，对于消除地方与中央的对立、铲除叛乱的祸根意义更加重大。实际上，秦王朝的灭亡是由于皇权衰微、权臣祸国、政治昏暗、统治基础被李斯、赵高瓦解的缘故。秦始皇的单纯郡县制度虽然导致赵高李斯祸国时没有制约抗衡的力量，但这并不是因为郡县制度不好。今日中国的省县制，就是由秦王朝的郡县制演变而来的。

五、基层政制

从秦王朝起，在相当长的一段历史时期内，中国广大乡村实行的是乡里组织与亭组织两套并行的社会基层控制体系。其中，乡里组织是基层行政控制系统，亭组织是县府派驻到基层社会的主管治安的机构。这样的基层社会行政编组方式在当时世界上是绝无仅有的。

班固在《汉书·百官公卿表》的"县令"条中写道："大率十里一亭，亭有长，十亭一乡，乡有三老、有秩、啬夫、游徼。三老掌教化，啬夫职听讼，收赋税。游徼徼循禁贼盗。县大率方百里，其民稠则减，稀则旷，乡、亭亦如之，皆秦制也。"[1]范晔在《后汉书·百官志》说："乡置有秩、三老、游

---

① 班固著：《汉书》卷19《百官公卿表》，第742页。

徼。"本注曰："有秩，郡所置，秩百石，掌一乡人，其乡小者，县置啬夫一人。皆主知民善恶，为役先后，知民贫富，为赋多少，平其差品。三老掌教化。凡有孝子顺孙，贞女义妇，让财救患，及学士为民法式者，皆扁表其门，以兴善行。游徼掌徼循，禁司奸盗。又有乡佐，属乡，主民收赋税。"关于亭，该志另作一条曰："亭有亭长，以禁盗贼。"本注曰："亭长主求捕盗贼。承望都尉。"①与前引《汉书·百官公卿表》中有关的记载相比较，此种表述似乎更与事实相符。

秦代的乡是秦代地方基层组织，直接隶属于县。大致是百家一里，十里一乡。大乡为 1500 户到 2000 户，小乡为 300 户。乡的官吏设置比较简单，只有三老、啬夫或有秩啬夫、游徼以及乡佐。

啬夫或乡啬夫是秦代统治乡村基层社会的主要乡官之一，无论中央还是郡县的公文，许多要由乡行政机关公布到乡村居民，此事由啬夫或乡啬夫们具体办理。此事可见于《田律》《厩苑律》《仓律》等。啬夫或有秩啬夫。两者的职责范围一样，都是"职听讼，收赋税"。大乡置有秩啬夫，小乡置啬夫。他们是一乡官吏之首长，是乡政府的首脑，他的权势最大，难怪后来有人说："人但闻啬夫，不知郡县。"②

秦代的另一主要乡官乡三老也为秦制。三老是掌教化的

---

① 范晔撰：《后汉书》志 28《百官五》，中华书局 1965 年版，第 3624 页。
② 范晔撰：《后汉书》卷 48《杨李翟应霍爰徐列传》，第 1618 页。

官。三老的条件是要五十岁以上，有修行，且能率众为善者，每乡一人。三老不服徭役，但要纳赋税。《史记·陈涉世家》说：陈胜自立为将军，与吴广率起义军入据陈后，曾"号令召三老、豪杰与皆来会计事。三老、豪杰皆曰：'将军身被坚执锐，伐无道，诛暴秦，复立楚国之社稷，功宜为王。'陈涉乃立为王，号为张楚"①。由此可见，秦代的三老都是在乡里有影响的人物。

游徼则是专管治安的官吏，负责巡逻及捕捉盗贼。

在秦代，亭是和乡同级的地方政府，直接隶属于县，一亭直接管辖的户数有几百户到一千多户居民，并且亭下设里。亭所设的官吏比乡复杂得多，也多得多，这是因为亭的职责范围要比乡广泛得多的缘故。亭设有亭长、亭啬夫、亭佐、校长、求盗、亭父、亭侯、鼓武吏等。

秦代乡之下就有里组织普遍存在，里是秦地方政府最低的基层组织。《史记·高祖本纪》说刘邦是原秦王朝"沛丰邑中阳里人"②，即是一证。一般说来，百家为一里，但并非恰恰每里均为百家，这只能说是一个约数，据长沙马王堆三号汉墓出土一幅《驻军图》所记汉代一里的户数，多的有一百零八户，少的只有十二户。里有"里正"，相当于后世的保甲长。《法律问答》均不称"里正"，而称"典"或"里典"，

① 司马迁撰：《史记》卷48《陈涉世家》，第1952页。
② 司马迁撰：《史记》卷8《高祖本纪》，第341页。

这是避秦王政讳而改的。"里正"主要有派徭、监督户口、维护本里的治安、协助官吏办乡事、组织生产等职责。

综上可见，秦始皇为了巩固天下一统的局面，在治理方面是确实煞费了一番苦心的。从政治机构看，从皇帝，到三公、九卿，到郡县、乡亭、里，建立了十分严密的统治体制，这些不止对秦代，甚至对整个传统中国政治与社会都起了一定的奠基作用。

六、任官制度

"自周衰，官失而百职乱，战国并争，各变异。秦兼天下，建皇帝之号，立百官之职。"[①] 秦始皇不仅确立了与国家政权机构有关的基本制度，还完善了与官员管理和监督相关的一系列制度。这一类制度为政权的具体操作提供了制度上的保证。

1. 选拔标准

比较而言，秦王朝的入仕资格最强调一个"能"字。在秦王朝统治者的心目中，所谓"能"的核心是一个"智"字。检验"能"、判定"智"的主要标准不是言，而是行。以"智"

---

① 班固著：《汉书》卷 19《百官公卿表上》，第 722 页。

为核心的"能",必须展示于"用",显现于"功"。所以秦王朝选拔官吏更看中一个"功"字,并通过制度化的措施加以贯彻。西周主要靠论"亲"选官,秦王朝主要凭论"功"选官,而汉代以来主要以论"学"选官。与历代王朝比较而言,在强调"能"与"功"这一点上,秦王朝做得最为出色。

战国时期各国变法都把"因能授官"作为富国强兵最重要的一项内容,而秦国在这方面又做得最为到位,对于各种人才要"试以官职,课其功伐",然后根据政绩、功勋进一步选拔,实行逐级晋升,"故明主之吏,宰相必起于州部,猛将必发于卒伍"①。睡虎地秦墓竹简《除吏律》明确规定:"发弩啬夫射不中,赀二甲,免。"②不具备任职能力的官吏,必须予以罢免。由此可见,秦王朝用官制度还是颇有令人称道之处的。

秦自孝公以来,历任国君都重视耕战、法制,衡量功劳与能力的主要标准集中在"法""战""耕""学""德"等方面。

"法",即明达法令。杜佑《通典·选举典》说:"秦自孝公纳商鞅策,富国强兵为务,仕进之途,惟辟田与胜敌而已,以至始皇,遂平天下。"③这种说法大体与事实接近。另外,秦"以法治国",其高官显宦大多精通法律、谋略、治术,具有浓烈的求实精神和功利诉求,其中不乏干练之才和

---

① 王先慎撰:《韩非子集解》卷19《显学》,第460页。
② 睡虎地秦墓竹简整理小组:《睡虎地秦墓竹简》,第128页。
③ 杜佑撰:《通典》卷13《选举一》,第310页。

治国高手。如秦始皇的将相吕不韦、李斯、尉缭等堪为典型。秦王朝为各级政府大量配备法吏，各级政府的主官兼有司法职责。这就决定了"明达法令"是入仕或晋升资格之一。秦始皇曾明令"欲有学法令，以吏为师"。

"战"，即军事素质与战功。秦王朝官吏多以战功博取爵位。战功越大，爵位越高，官职也越大。因此秦王朝高官大多具有很高的军政素质，有出将入相之才。王翦父子、蒙恬兄弟等堪为典型。在统一战争中，许多臣民，包括贱民、奴隶，以战功获得赐爵，凭爵位进入仕途。"战"也是在秦王朝做官的主要途径之一。

"耕"，即致力垦荒，善于种植。为了鼓励垦殖，秦明确规定"辟田""力田"是仕途之一。秦汉都有纳粟拜爵的做法。一些人循着这条路径获得爵位，进入官僚体系。然而单凭这一条难以做高官。在文献记载中，找不到只因是个农业模范、种田好手而跻身公卿者。

"学"。自春秋战国以来，大量士人步入仕途，"学"成为重要的仕途捷径。秦王朝七十博士，官高秩重，靠的就是"文学"等知识、技能。秦相多是饱学之士，如李斯、赵高之辈。睡虎地秦墓竹简《内史杂》规定：一些专业性很强的官吏必须经过"学室"专门训练。秦始皇及南郡守腾都曾指令广大官吏认真学习法律，以便具备从事职务活动的能力。这些事实表明，秦王朝对官吏队伍的"学"的素养是相当重视的。

"德"。据说，韩信当年"贫无行，不得推择为吏"①。《为吏之道》《语书》等都对官吏的道德准则有很高的要求。

总之，做秦皇之官靠的是能力和功勋。无能、无功者侥幸入仕者极少，即使是王子公孙，如果没有功劳，也不能得到高官显爵。检验能力的主要标准是"法""战""耕""学""德"几个硬性标准。②

2. 入仕方式

秦王朝选任官员的方式，可谓集战国之大成而有所损益。主要的入仕方式有以下六种。

（1）征辟。

征辟是自上而下选择官吏的制度。一种是皇帝征聘，即皇帝采取特征与聘召方式选拔有名望、资历、才学的社会人士到中央政府做官。设置这条入仕途径意在笼络名流，搜罗遗才，有助于政教。直接被皇帝征聘入仕是当时最有尊荣的仕途。接受征聘者大都待以宾礼，高官厚禄。被征聘者来去自由，如不应命，也不勉强。秦始皇时期的博士们多由此途进入宦海。如叔孙通以文学征、王次仲以隶书征。另一种是公府、郡县辟除，即中央机构长官和郡县长官及其他高级官员根据国家规定，自主选聘掾属、佐吏。其中丞相在这方面的权力最大。公府、郡县属吏经过试用之后，可以通过长吏荐

① 司马迁撰：《史记》卷 92《淮阴侯列传》，第 2609 页。
② 参见张分田著：《秦始皇传》，第 314—317 页。

举、察举晋升，其中公府掾属官位虽低，却易于显达。在当时这是一条重要仕途。各郡县都有大批才俊之士由此入仕。其中许多人经过试用，被荐举到更高的职位，升任中央官吏或地方长吏。秦相李斯走的就是这条仕途。他是从担任相国吕不韦的属吏开始在秦国的宦海生涯的。

（2）荐举。

秦王朝实行自下而上推举人才为官的制度，荐举是一种常见的入仕方式。做官通常要由现职官吏保举。从《法律答问》提供的材料看，现职官吏既可以保举他人担任同级或下级官吏，又可以保举他人担任比自己官职高的职务。其中有一条法律解释就涉及保举人的法律责任问题："任人为丞，丞已免，后为令，今初任者有罪，令当免不当？不当免。"① 保举人如果失察，将被罢官，只有在特定情况下可以不追究责任。这条法律印证了文献记载的"秦之法，任人而所任不善者，各以其罪罪之"② 这一说法。被保举人犯了罪，保举人与被保举人以同罪论处。秦相范雎就是触犯了这一条，而被罢相免职，很可能因此被杀。这类法规的存在也说明荐举、保举在当时的确是重要的入仕之途，因而需要制定相关的行政法规加以规范。

---

① 睡虎地秦墓竹简整理小组：《睡虎地秦墓竹简》，第 127 页。

② 司马迁撰：《史记》卷 79《范雎蔡泽列传》，第 2417 页。

（3）战功。

在秦王朝，功勋爵制度主要为奖励军功而设。由于国家长期处于战争状态，国家急需大批能征惯战的军官，所以以军功博取赐爵，以爵位博取官职，这是当时最常见的仕途之一。依据秦律，就连奴隶、贱民也可以凭借战功博取爵位。可以由此推断，秦王朝的官僚体系中有一批原本身份低贱而战功卓著的人。

（4）纳粟。

秦代有一条政策叫作"百姓纳粟千石，拜爵一级"[①]。有了爵位，也就有了做官的资格。纳粟拜爵实际上就是卖官鬻爵。不过当时这种做法含有奖励农耕的意图，与后世的卖官鬻爵的腐败现象并不完全相同。

（5）自荐。

春秋战国以来，自荐是一种常见的仕途现象。"毛遂自荐"的故事脍炙人口。许多士人周游各国，寻求做官的机会，一旦受到赏识就可以成为低级官吏、"客卿"乃至将相。秦相张仪、范雎、蔡泽等都是循着这条途径入仕的。

（6）任子。

任子，即高官荐举其子弟为官。在秦王朝，任子也是一条常见的仕途。这种制度源于先秦。在世袭观念支配下，中

---

① 司马迁撰：《史记》卷6《秦始皇本纪》，第224页。

国古代社会始终存在着这种制度。睡虎地秦墓竹简多处提到"葆子"，并为官吏子弟设置"弟子籍"。凡纳入"弟子籍"者可以享受一定特权。还规定在一定条件下儿子可以继承阵亡父亲的功勋爵位。《内史杂》还规定只有"史"的子弟才有资格到"学室"学习，接受培训，以便承继职务。蒙恬初仕亦沾门荫之光。秦相李斯的儿子大多位居高官，未必都是靠着个人的才能和功劳。这条仕途受世袭观念的影响很大，显然背离唯才、唯功是举的任贤使能原则，不过与后世许多王朝相比较，秦王朝为这条仕途开的口子还不算太大。在秦王朝，单凭父祖恩荫也很难做高官。①

3. 官吏级别

秦王朝的官吏等级分明，官僚体系中的等级地位主要根据权位、爵位、秩位确定，由此而形成官吏内部的权力关系和等级制度。

权位，即在权力体系中的实际地位。权位是构成官僚之间上下级关系的主要标志。秦王朝通常以职务确定权力的范围和大小，所以权位主要取决于官职。在实际政治生活中，有时权力的大小不完全取决于职务的高低，皇帝亲信大臣的实际权位往往高于其职务本身所赋予的权力。自秦始皇十年（公元前237年）"李斯用事"，至秦始皇二十八年（公元前

---

① 参见张分田著：《秦始皇传》，第317—319页。

219 年）他仍然还是一个"卿"。在担任丞相以前，李斯实际权位很高。秦始皇的这种用人方式在中国古代社会是很常见的一种现象。

爵位，即以勋爵的高低确定等级。由于秦王朝主要以爵位标示个人的社会政治地位，所以爵位的高低是官僚地位高低的重要标志。例如，秦代琅玡刻石所记载的朝臣排序依次为列侯、伦侯、丞相、卿、五大夫。

秩位，即以秩禄薪俸确定官阶等第。秩位是划分官僚等级的重要依据之一。

从睡虎地秦墓竹简及《汉书·百官公卿表》记载的材料看，秦王朝以粮食数量表示官吏的薪俸、秩位，如秩有"千石之官""百石之官""五十石之官"等。秩是官阶，按照秩发放的禄米才是实俸。由于史料阙如，秦王朝各级官吏的具体官秩很难确说。估计当与汉代大体相当。在秦王朝，确定高级官吏、中级官吏和低级官吏的主要依据之一就是秩位。《法律问答》有"何谓'宦者显大夫'？宦及知于王，及六百石吏以上，皆为'显大夫'"的记载。六百石以上，为"显大夫"，又称"大吏"；六百石以下、一百石以上，为"有秩吏"；一百石以下，为"少吏"，又称"斗食、佐史之秩"。秦始皇在处分窃葬吕不韦一案时就曾以"六百石以上""五百石以下"作为量刑的依据。秦王朝的显大夫包括皇帝的亲信以及秩位六百石以上的官吏。一般说来，中央政府的三公九卿及其重要佐官和傅士、议郎、郎中等；郡一级政府的守、尉、丞、长史等；

县一级六百石以上的县令及其他职官等，都属于"显大夫"。各级官吏的政治地位、法律地位有明显的不同。例如，睡虎地秦墓竹简《金布律》规定：有秩吏每人可以配备一名伙夫，而斗食之吏则每十人配备一名伙夫。

印绶，即官印、绶带。印绶是官吏的官阶、等级、职务和权限的象征。印绶的政治功能是表明治事之官受命于君王，并通过官印的质地、绶带的颜色和刻在印上的文字等表明其官阶级别和职权范围。在实际生活中，人们可以通过"方寸之印，丈二之组"识别官员地位。官印在行政过程中还是行使职权的信物，用于公文封缄、库府封存等。

冠服、车舆。秦王朝有一套复杂的车舆、官服制度，并通过车舆的规格、冠冕服饰的制式、颜色和文饰等，标明官阶、文武、职权等。其政治功能就在于明尊卑，辨等级，示名分。

朝位，即官僚上朝面君时所应处的排列班次。秦始皇采择六国之礼，制定了一套朝堂礼仪，其中对于朝位必定有详细的规定，估计与汉朝大体相同。[①]

4. 休假、致仕

秦王朝官吏有休假制度，官吏告假称"告归"。李斯之子李由担任三川守期间曾经"告归咸阳"[②]。刘邦担任亭长时，

---

① 参见张分田著：《秦始皇传》，第321—323页。
② 司马迁撰：《史记》卷87《李斯列传》，第2547页。

"常告归之田"①。

秦王朝官吏没有任职期限，又不实行终身制。依据现存史料分析，秦工朝的制度有三个比较明显的特点：一是官僚晋升没有严格的年资、等级限制，而职务规范相当严格。因此，官僚的实际境遇往往起伏很大，有人起家而为高官显贵，有人由卿相一变而为布衣、刑徒。二是没有明确的任期限制。当时各级官吏的任职期限往往很长，见不到频繁调动的迹象。有人长期身居一职，有人任职数月便罢官。三是没有终身的保障。任职则为官，不任职则为民。没有品级的积累，官位可升可降，做什么官，食什么禄。由于制度如此，宦海沉浮，司空见惯，所以官吏能上能下，社会对此也习以为常。这种制度使官吏没有任期保障，更没有终身保障，官吏的迁降赏罚主要取决于政绩考核，想任职就得称职，想晋升就得有政绩，想保荣华富贵就得奋发努力，兢兢业业保住职位。②

① 司马迁撰：《史记》卷8《高祖本纪》，第346页。
② 参见张分田著：《秦始皇传》，第323页。

第四章 秦皇经济制度之创新

　　国家政治的高度统一，必然要求经济、文化的统一与之相适应。为了巩固秦王朝的统一局面，秦始皇在各领域均采取了一系列加强统一的措施。他所推行的统一货币、统一度量衡、统一文字、修筑驰道以及法制化的赋税、徭役制度等措施，对于秦帝国的经济、文化发展起到了巨大的推动作用。经济文化的发展，又反过来促进了秦帝国政治上的统一局面的稳定与繁荣。

一、统一度量衡

度量衡是商品交换的工具，又同赋税制度有着直接的关系。统一度量衡是秦始皇统一六国后巩固国家统一、发展经济的重要措施。

权衡与度量，主要指检测轻重、长短和容量的秤、尺、升、斗等器物及有关的计量制度。这些器制同社会生活密切相关。在进行商品交换活动时，无论是以物易物，还是钱货两讫，都需要有度、量、衡器，其标准与否直接影响交易是否公平，而且度量衡器还与国家赋税收入有着直接联系。秦代是中国出现标准度量衡的开端，对当时和以后的政治、经济制度产生了深远影响。

战国时期因各诸侯国长期割据，度量衡制度各不相同，单位和进位制度也同样存在差别。以量制来看，秦国以升、斗、桶（斛）为单位，齐国以升、豆、区、釜、钟为单位，赵国以升、斗（镒）为单位，魏国以半斤、斗、钟为单位。同样名称的斗，量值则完全不同，秦国一斗约合 2010 毫升，赵国一斗约合 2114 毫升，魏国一斗约合 7140 毫升。以衡制来看，也是各国都有自己的制度。斤以下单位，秦国有两和铢，楚、魏则有铸（锾）。斤以上单位，秦国有钧、石；楚、魏则有镒。进位也不一样。秦国以升、斗、桶为十进位，齐国以升、豆、区、釜为五进位，釜和钟却又是十进位。这种不统一的度量衡制度是与春秋战国时代政治上的割据局面相适应的，秦始皇统一六国之后，政治上的统一，必然要求度量衡制度的统一。度量衡制度的不统一，必将影响秦王朝的经济交流和发展。比如，秦始皇颁布了"使黔首自实田"的法令，命令全国的地主和自耕农向政府登记占有的土地数量，重新丈量土地，交纳赋税，政府就承认他们的土地所有权。丈量土地、交纳赋税，这都得有一个统一的度量衡制度。再比如，统一六国后，划全国官爵为二十等，按照等级发放粮饷。为了防止官吏贪污舞弊，保证这一俸禄制度的实施，也必须有一个统一的度量衡制度。

秦国早在商鞅变法时，就把统一度量衡作为落实农战政策的一项措施。商鞅平斗桶，权衡丈尺，在当时秦国的范围内统一了度量衡制度，改变了度量衡标准，并且还铸造了标准度量衡器，当时一升合今 0.2 升，一尺约合今 0.23 米。现存的商鞅方升便是当时商鞅所制定的标准衡器。上面刻有铭文："十八年，齐達卿大夫众来聘，冬十二月乙酉，大良造鞅爰积十六尊（寸）五分尊（寸）壹为升。重泉。"其意是，秦孝公十八年（即公元前 344 年），也就是齐国派遣卿大夫多人来秦国访问这一年，十二月乙酉这一天，国相兼将军的商鞅，把容器十六又五分之一立方寸定为一升，作为标准量器，发给重泉这个地方。与各国的量值相比，经商鞅改革以后的秦量值进位比较合理。因此，秦王朝统一后，秦始皇决定把商鞅在秦国所制定的度量衡制度推行到全国。公元前 221

年，秦始皇颁发诏书："一法度衡石丈尺。"①

根据文献资料以及考古实物的测量，秦始皇统一度量衡的主要内容主要有：

以秦国原来的度量衡为基础，制定了新的度量衡制度，废除六国的旧度量衡。

新的度和量都以十进位。度的单位有寸、尺、丈、引，十寸为一尺，十尺为一丈，十丈为一引；量的单位有合、升、斗，桶（斛），十合为一升，十升为一斗，十斗为一桶（斛）；衡制规定铢，两、斤钧、石，二十四铢为一两，十六两为一斤，三十斤为一钧，四钧为一石。

官府制作统一的度量衡器发至全国，以作为标准器。

为了有效地统一全国度量衡，划一器具，秦始皇采取了如下两种措施：

第一，用法律将度量衡制度规定下来。

以法律来保证统一度量衡制度的准确推行，规定度量衡不正者要接受处罚。秦律中的《效律》规定："衡石不正，十六两以上，赀官啬夫一甲；不盈十六两到八两，赀一盾。甬（桶）不正，二升以上，赀一甲；不盈二升到一升，赀一盾。斗不正，半升以上，赀一甲；不盈半升，到少半升，赀一盾。半石不正，八两以上；钧不正，四两以上；斤不正，三铢以上；半斗不正，少半升以上；参不正，六分升一以上；升不正，

二十分升一以上；黄金衡嬴（累）不正，半铢以上，赀各一盾。"① 这些规定强化了对不按统一的度量衡制度办事的人的惩处，以法规的形式有力确保了统一度量衡制的准确推行。

第二，实行定期检查制度。

推行度量衡定期检查制度，规定"仲春之月，一度量，平权衡，齐斗桶"。现存有始皇斗、始皇三升量、始皇升半量、始皇二升半量、始皇方升，经测定，秦始皇方升与商鞅方升相比较，其量值误差不到百分之一。这种定期的检查是统一度量衡的制度保障。②

秦代统一度量衡制度的措施是有力的，而且它的制度比较合理，比较简单易行，因此，在秦以后的两千多年中，各种度量衡单位的数值，虽然由于历史条件的不同而发生很多变化，但各种基本单位及其相互的比值等制度都长期继续了下来。

二、统一货币

秦统一六国以后，各地原来各地流行的不同形制货币，显然不利于商品的交换，不利于赋税的征收，归根到底不利

---

① 刘俊文撰:《唐律疏议笺解》卷 26《杂律》，中华书局 1996 年版，第 1895 页。
② 参见郭志坤著:《秦始皇大传》，上海三联书店 1989 年版，第 198—202 页。

于经济的发展与民众生活与经济秩序的稳定。因此，秦始皇下令统一全国的货币，推行布币、黄金与半两钱。

秦统一六国之前，货币非常复杂，各国货币的形状、大小、轻重都不相同，计算单位也很不一致。如齐、燕等国主要使用刀形的刀币；魏、韩、赵等国主要是流通铲形的鎛币（又叫布币）；楚国使用郢爰和形若海贝的蚁鼻钱；秦和魏、赵的黄河两岸地区都使用圆钱。形状不一，大小各异，轻重不同。就是在同一个国家的不同地区，货币也不完全一致，比如在赵国使用刀货，而布币和圆钱也同时流通，这就使货币混乱，换算复杂。秦始皇为了统一各国货币，他下令废除原在秦以外通行的六国货币如六国刀货、蚁鼻钱以及郢爰等，一律使用秦半两钱。这些被废的旧币有：

刀货。形状像刀，据古钱学者们研究，它是由商周时期的铜削演变而来。

蚁鼻钱。它形若海贝。

郢爰，又称印子金。它是用金铸成两端凹入的长方形，正面用铜印钤成小方格，格内通常印有"郢爰"的钱文。[1]

据《史记·平准书》记载："及至秦，中国之币为二等，黄金以镒名，为上币；铜钱识曰半两，重如其文，为下币。而珠玉、龟贝、银锡之属为器饰宝藏，不为币。"[2]

---

① 参见郭志坤著：《秦始皇大传》，第 194、195 页。

② 司马迁撰：《史记》卷 30《平准书》，第 1442 页。

1. 货币的铸造权由官府所有，严禁民间铸钱

要使货币真正统一，使货币的形状、重量、规格真正一致，就非得由国家统一铸造不可。秦王朝有令：货币的铸造权归官府，严禁民间铸钱。《封诊式》有："［爰］书：某里士伍甲、乙缚诣男子丙、丁及新钱百一十钱、熔二合，告曰：丙盗铸此钱，丁佐铸。甲、乙捕索其室而得此钱熔，来诣之。"①

这说明秦政府对于私铸钱者是严加制裁的。

2. 依法规定了货币的规格和比价

在秦当时通行的几种货币中，钱和布是普遍通行的货币，特别是钱流通得最广泛。对于当时仍然流通的布，《金布律》规定："布袤八尺，幅广二尺五寸。布恶，其广袤不如式者，不行。"《金布律》还规定了钱和布的比价，"钱十一当一布"②。秦简中计算货币的大量的数字是十一的倍数，如二十二钱、五十五钱、一百一十一钱、二百二十钱、六百六十钱，以至六千六百钱等，都是从布与钱的比价中产生的数字。③

3. 规定了统一货币的种类和名称

《汉书·食货志》记载："秦兼天下，币为二等：黄金以镒为名，上币；铜钱质如周钱，文曰'半两'，重如其文。而

---

① 睡虎地秦墓竹简整理小组：《睡虎地秦墓竹简》，第151页。
② 睡虎地秦墓竹简整理小组：《睡虎地秦墓竹简》，第36页。
③ 参见栗劲著：《秦律通论》，山东人民出版社1985年版，第440页。

珠、玉、龟、贝、银、锡之属为器饰宝藏，不为币。"①统一货币本位制，规定黄金为上币，铜钱为下币，二者都是通行全国的法定金属货币，其余曾作为货币使用的物品不再属于货币范畴，进一步提升了金属货币的地位，在制度上取消了以实物作为等价物。贵金属黄金由于单位价值高，主要适用于社会上层，因而规定其为"上币"；以贱金属铜为币材的货币名为"铜钱"或只称"钱"，因其单位价值低，多用于民间经济活动中的小额支付，所以称为"下币"。

4. 统一货币的单位和兑换率

将上币黄金的单位从"斤"改为以"镒"为单位，下币铜钱则以半两为单位，每枚符合标准的铜钱重半两，并铸有"半两"二字。

5. 统一铜钱形制

废除各国不同形制的货币，形制一律采用方孔圆形，并且规定了货币的大小、直径与重量。

6. 依法保障货币的流通

为了保证货币流通，《金布律》规定：凡国家铸造发行的货币，无论质量好坏，均可正常流通。官府征收上来的货币，"钱善不善，杂实之"；在日常流通中，"百姓市用钱，美恶杂之，勿敢异"，禁止挑挑拣拣。《金布律》还规定："贾市居

---

① 班固著：《汉书》卷 24《食货志》，第 1152 页。

列者及官府之吏，每敢择行钱、布；择行钱、布者，列伍长弗告，吏循之不谨，皆有罪。"①《金布律》严格禁止官吏、商贾拒绝接受符合流通条件的货币。如果有人"择行钱、布"，将触犯刑律。不予告发的伍长和检察不严的官吏"皆有罪"。

秦统一货币具有十分重要的意义：

第一，秦的"货币王室专铸"思想和制度，为历代王朝所奉行。

第二，只统一货币单位，确立铢两货币，为五铢钱体制的实行奠定了基础，直接影响今后两千多年的货币经济。

第三，这是一次货币形制的改革和定型，把原始形态的刀币和贝币统一于圜钱之下，纠正过去钱文复杂难辨、大小无准则、轻重不恰当、币值不明确等弊病，制定了标准化的体制和重量。钱文定名"半两"，钱的重量也是半两重，采用方孔圆形。这种外圆内方的钱币形制，同古人"天圆地方"的宇宙观颇有联系。诸子著述中多次提到："天道为圆，地道为方，法天象地。"把这些思想应用于制定钱制就是外为圆肉（即钱体），所以像天；内为方好（钱的穿孔），所以像地。于一钱之中，法备天地，天覆地载，万物一统，象征君临万方，皇权至上。这种说法正合秦始皇的心意而被采用。在中国古典文学作品中称钱为"孔方兄"，即是由此而来的。②

---

① 睡虎地秦墓竹简整理小组：《睡虎地秦墓竹简》，第 35—36 页。
② 参见李鹏等编著：《中国古代标准化探究》，中国质检出版社、中国标准出版社 2016 年版，第 50 页。

三、法制化的经济行政管理

秦帝国统一后，秦始皇进一步加强各种制度化、法制化的经济行政管理措施。秦王朝各级政府都设立有管理经济的行政机构，还制定了一系列管理经济的法规，以行政的、法律的手段对经济生活进行广泛的管理、控制和干预。

据《汉书·百官公卿表》记载，秦在朝廷中设置了一系列管理经济的行政机构，其中有许多已新出土的秦简所证实。主要有内史、少府以及太仓、大内、大田等机构。

《汉书·百官公卿表上》说："内史，周官，秦因之，掌治京师。""少府，秦官，掌山海池泽之税。"[①] 太仓，为治粟内史的属官。秦王朝中央政府的内史、少府以及太仓、大内、大田等机构都有经济管理的职能，有的则专职负责管理某一类经济事务。

从睡虎地秦墓竹简提供的材料看，在县一级有主管财政的少内啬夫、主管田政的田啬夫、管理畜牧的苑厩啬夫、管理漆脂生产的漆园啬夫、管理禁苑的禁苑啬夫、管理粮仓的仓啬夫、管理皮革的藏啬夫、管理军库的库啬夫、管理手工业的工室啬夫、管理矿冶的采山啬夫等。这些机构和职官涉及县一级各个主要的经济部门，并按部门各自形成从中央到地方的垂直管理体制。

---

① 班固著：《汉书》卷 19《百官公卿表上》，第 731 页。

秦王朝经济管理机构比较多，也比较完善。与此相适应，秦王朝管理经济的行政法规也很多，如睡虎地秦墓竹简中的《田律》《厩苑律》《仓律》《金布律》《关市》《工律》《工人程》《均工》《效律》《藏律》《牛羊课》《傅律》等。这些机构及法律大多与国家对经济的行政管理和官营经济有直接关系，有关法规大多是规范管理某一种经济活动的行政机构的单行法规。这反映出秦王朝经济总体特点是，在整个经济生活中官营经济占的比重比较大，国家对官营经济分门别类实行集中统一管理。秦的许多法律对私人经济活动也进行直接的行政干预，这反映出秦帝国政府对一切重要的经济领域几乎都实行了比较集中严格的统一控制、责任分明等原则。[①]

四、法制化的赋税、徭役制度

秦王朝租税征课以土地租税为主。租税征课内容丰富，主要有以下几项。

1. 土地租税

土地租税即田租及各种田亩税，它以国家耕地使用者为征收对象。秦朝的土地租税有二：田租、刍稾。它们都属于实物租税。"田租"征课农作物果实。"刍稾"征课牧草和谷物茎秆。

---

① 参见张分田著：《秦始皇传》，第405—406页。

谷物、刍稾都属于种植农作物的收获物。青禾、牧草为"刍"（又称"青稾"），谷物秸秆为"稾"，主要用于饲养牲畜和建筑材料。刍稾之税古即有之，属于"先王之制"。《尚书·禹贡》《国语·鲁语上》《仪礼·聘礼》等都曾提到此类贡赋。国家及各级政府都有大量牲畜需要饲养，庄稼秸秆还在建筑工程中大量使用，因此民众必须缴纳刍稾税，以供国用。秦律《田律》《仓律》均涉及刍稾的征收、保管事宜。如《田律》规定："入顷刍稾，以其受田之数，无垦不垦，顷入刍三石，稾二石。"[①]

2. 人头税

秦王朝人头税有二：口钱、算赋。属于户口之税，以适龄人口为征收对象。

"口钱"，即计口征税。"算赋"是口钱既除以后的另一种人头税，征收对象的年龄与口钱相衔接。它的征收对象主要是处于服役年龄的人口，即"且税之且役之"[②]。算赋的征课办法是"头会箕敛"[③]。《金布律》规定："官府受钱者，千钱一畚，以丞、令印印。"算赋征课由官吏按照人头，持畚箕逐户收敛，每一千钱为一个征收单位，交由官府封存。

3. 其他赋税

秦王朝有关市之征、山泽之税，包括诸如关税、市租、

---

①　睡虎地秦墓竹简整理小组：《睡虎地秦墓竹简》，第 21 页

②　马端临撰：《文献通考》卷 10《户口考一》，中华书局 2010 年版，第 266 页。

③　司马迁撰：《史记》卷 89《张耳陈馀列传》，第 2573 页。

酒税等商业税，盐、铁等特产税和以私营手工业为征课对象的工税等。

　　秦王朝关税、市租的具体征收办法，已难详考。至于山泽之税，即盐铁之税和山海池泽之税等则自古有之。在秦汉，山海池泽皆属国有，凡"山泽之利"皆归皇室支配，即"山海之利，广泽之畜，天地下之藏也，皆宜属少府"①。战国时期各国有盐官、铁官负责盐铁之征。据说商鞅"外设百倍之利，收山泽之税"②。秦国的民营盐铁业很发达，国家征税的税率也很高。秦始皇继承祖宗的制度和政策，重视发展盐铁业。在统一六国过程中，秦始皇把中原一些善于经营盐铁业的大族迁到巴蜀地区，使这个地区的盐铁业尤为发达。据说，"始皇，克定六国，辄徙其豪侠于蜀，资我丰土，家有盐铜之利，户专山林之材，居给人足，以富相尚。"③

　　4. 徭役

　　徭役是国家以行政强制手段对臣民实行超经济强制的主要形式之一，征调徭役是地方政府的基本任务之一。为了规范、加强对徭役的管理，秦始皇颁布了一系列政令、法律。睡虎地秦简就有《傅律》《徭律》等专门的单行法规，还有一些法律也涉及对徭役的行政管理。这些法律明确规定了服役

---

① 陈桐生译注：《盐铁论》卷1《复古》，中华书局2015年版，第59页。
② 陈桐生译注：《盐铁论》卷1《复古》，中华书局2015年版，第68页。
③ 常璩撰：《华阳国志》卷3《蜀志》，齐鲁书社2010年版，第32—33页。

的起止年龄、免役条件、对逃避徭役的惩处及各级政府的相关职责等。

秦王朝徭役有更卒之役、正卒之役、戍卒之役三大类，称相应的服役者为"更卒""正卒""戍卒"。据说秦王朝"又加月为更卒，已复为正，一岁屯戍，一岁力役"①。在正常情况下，一个人进入服役期后，大体先服更卒徭役，再服正卒徭役，接着服戍卒徭役，然后继续服更卒徭役直至达到免役年龄。

更卒是在本郡的徭役。更，即更换。服役者达到规定的服役期限后由接替者更换，故称之为"更卒"。秦王朝规定：在服役年龄期限内的无爵位和爵位在不更以下的人每人每年在郡县服役一个月。服徭役者从事的劳动涉及修筑城池、道路、河渠、宫室等工程项目，还有运输物资、饲养马匹、煮盐冶铁及各种杂务等。正卒属于正役性质，在京师、内郡服兵役官差，服役期可能是一年，故称"正卒"。戍卒是戍守边疆的徭役。从《左传》《史记》《管子》《尉缭子》等记载的一些事实看，春秋战国时期的戍卒徭役以一年为期。秦王朝的戍守制度大体沿用战国制度。从历代戍卒徭役的执行情况看，一年的定期常常不能严格执行。"逾时之役"、"逾期不还"的情况经常发生，严重超时服役的情况也并不罕见。戍卒徭役的主要任务是守望边境，抵御入侵，具体任务有烽

---

① 《汉书·食货志上》。

燧、亭侯、邮驿、屯田等。①

此外，在秦始皇统治时期，除徭戍之外，还大行谪戍之制，经常以"发谪"形式征发大批人众戍守边疆。

秦王朝是一个重视法治的国家，无论是赋税征收或者是徭役的征发，都制定有比较严格的制度，可以说是做到了有法可循。《徭律》规定："御中发征，乏弗行，赀二甲。"②当时征调徭役是由乡一级政权决定，经由里典传达到服徭役的人。如里乡一级政权不按规定征调，就要受到处罚，而被征调的人不按时报到，也要受到处罚。《徭律》规定："失期三日到五日，谇，六日到旬，赀一盾；过旬，赀一甲。"这个规定并不算过分苛刻。在秦律中，不按期报到的叫"逋事"，指的是"吏、典已令之，即亡弗会"。报到后又逃亡的叫"乏徭"，指的是"已阅及屯车食若行到徭所乃亡"。集中之后，因不可克服的自然条件而不能按计划开工，不应由监领人和服徭役人负责。《徭律》规定："水雨，除兴。"因雨水不能施工，得免除这次已征调的徭役。至于《史记·陈涉世家》中的"二世元年七月，发闾左适戍渔阳，九百人屯大泽乡。陈胜、吴广皆次当行，为屯长。会天大雨，道不通，度已失期。失期，法皆斩"的记载与秦律并不相符。"失期，法皆斩"的依据现在看来还需要进一步研究。

---

① 参见张分田著：《秦始皇传》，第 420—423 页。

② 睡虎地秦墓竹简整理小组：《睡虎地秦墓竹简》，第 47 页。

第五章　秦皇对中央与地方关系之处理

在中央与地方关系上，秦代实行的是权力高度集中于中央的郡县制度。秦始皇将全国分为三十六郡，郡下设县，郡县服从中央。郡县直接受中央统辖，一切听命中央，郡县长官由中央直接任命，可随时调遣撤换。在这种情况下，中央对地方集中了许多最重要的权力，如全局性大政方针的制定、对地方官吏的任用、考课、督察，以及财政税收，等等。

一、人事大权皆在中央

在中央与地方关系上，秦代实行的是高度集中的郡县制度，"海内为郡县，法令由一统"。

郡县直接受中央统辖，一切听命中央，郡县长官由中央直接任命，可随时调遣撤换。《史记·秦始皇本纪》说："天下之事无小大皆决于上，上至以衡石量书，日夜有呈，不中呈不得休息。"[①] 在这种情况下，中央对地方集中了许多最重要的权力，如全局性大政方针的制定、对地方官吏的任用、考课、督察等。

中央集权如此，郡县之间的行政统属关系也同样十分明确。郡守与县令、长是直接的上下级统属关系，郡守是县令、长在地方上的顶头上司。郡守有权派人巡察诸县，有权考课、处分县令、丞，县令、丞有义务向郡守报告自己及属吏执行郡守命令的情况。郡守为一郡的最高行政长官，郡府是沟通中央与地方的最重要的机构，上而执行中央命令，下而监督所属各县行政事宜。县令、长又直接统属亭、乡啬夫、游徼及其他乡官胥吏。这些乡官胥吏办理县令、长下达的各项政务，服从其考核。总的来讲，郡、县、乡（亭）、里逐级监管，县及乡既是地方各项庶政的起点，又是承受郡府命令、

---

① 司马迁撰：《史记》卷6《秦始皇本纪》，第258页。

分治地方的终极点。秦朝地方官府如中央之手臂，必须绝对按中央意志行事。中央制定的法律、法规、方针、政策，地方政府必须坚决贯彻执行，如征兵迁豪、收缴兵器、统一货币和度量衡、车同轨、书同文、上农除末、赋税徭役、焚书坑儒、修筑长城等。这些加强中央集权的政策和措施，都由地方政府具体实施，不许打半点折扣。

郡县官吏的任用和选举，也即所谓人事权，是中央与地方行政统属关系的重要内容。中央掌握了这项权力，实行对地方官吏较为严格的行政统属，从而保证了对地方的严密控制。秦代选官制度因史料缺如，已不可考。一般而言，秦朝选官制度是靠"荐举"和"征召"来实行的。

荐举是由下向上推荐人才的选官制度，秦时普遍实行。《史记·淮阴侯列传》说，韩信"贫无行，不得推择为吏"①，说明这一选官制度确实存在。征召是由上而下选任官吏的制度，主要有皇帝征聘与公府辟除等方式。《史记·叔孙通传》载，秦始皇时叔孙通"以文学征"②，《史记·萧相国世家》亦载，萧何为泗水卒史，考课第一，"秦御史欲入言征何"③，皆属于征召性质。秦廷对举荐和征召来的人，根据不同背景委以不同官职。地方官吏享受俸禄而不能世袭，官职的高低

---

① 司马迁撰：《史记》卷92《淮阴侯列传》，第2609页。
② 司马迁撰：《史记》卷99《刘敬叔孙通列传》，第2720页。
③ 司马迁撰：《史记》卷53《萧相国世家》，第2014页。

决定着俸禄的多寡，此制有利于激励官吏积极奋进，为国效力，也便于皇帝对各级官吏进行控制。秦朝地方郡县两级行政机构的主要长吏郡守、郡尉、县令（长）、县丞及其属官中百石以上的官吏，其任免权全部在中央。这样，中央就牢牢抓住了统属地方的关键，从而使地方绝对服从中央。

秦代中央对地方的统属，还体现在定期实行对地方官员的政绩考核上面，秦代考核地方官吏的制度是很完备的。秦代制定了地方各级官吏《课律》等法令。《语书》《为吏之道》中明确提出了良吏、恶吏的"五善、五失"考课标准。所谓"善"，要求忠信和善治；所谓"失"，莫过于"擅制割"与"犯上弗知害"，这是地方官吏的政治品德和业绩标准，达不到这个标准，是不能为吏的。早在秦统一前，秦国就采用了"上计"考核官吏制度，秦统一后"上计制度"继续实行。"上计"的内容非常广泛，诸如户口增减，垦田多少，钱谷入出，盗贼与治狱情况等，都是考核郡、县长吏治绩好坏的内容。考核的具体办法大致是：每年年终由郡守或郡上计掾携带计簿到朝廷上计，向皇帝报告执行情况，皇帝要逐项考核，根据考核的结果，奖优罚劣，有的当场收印免职。通过考核，不仅能够促使地方官吏恪尽职守，而且也是中央统属地方的一项有力措施。秦朝在实行上计考核制度的同时，还遣使督察郡守的行政情况。《史记·秦始皇本纪》载：秦统一六国后，

"分天下以为三十六郡，郡置守、尉、监。"①这个"监"就是秦朝派住郡中督察郡守行政的监御史。据《汉书·百官公卿表》介绍："监御史，秦官，掌监郡。"②它隶属于中央的最高监察官御史大夫，是秦代特有的一种官员。监御史的地位并不高，排在郡守和郡尉的后面，但职务特殊，权力很大。《史记·高祖本纪》载："秦泗川监平将兵围丰。"裴骃《集解》引文曰："泗川，今沛郡也，高祖更名沛。秦时御史监郡，若今刺史。平，名也。"③又《史记·曹相国世家》有曹参"攻秦监公军"④的记载，《集解》引《汉书音义》曰："监，御史监郡者。公，名。"上述记载证明，秦确有监御史监郡。监御史不仅代表中央督察郡守行政，而且有荐举人才、监军、将兵的权力，前引《史记》中的《高祖本纪》《萧相国世家》和《曹相国世家》有关监御史的记载，均可为证。秦朝实行郡县制，但又怕郡守权力过重，故设监御史，监察郡守，一方面使地方官不敢欺骗和违抗中央，另一方面又可使中央随时了解地方情况，以便加强对地方的监控。⑤

---

① 司马迁撰：《史记》卷6《秦始皇本纪》，第202页。

② 班固著：《汉书》卷19《百官公卿表上》，第741页。

③ 司马迁撰：《史记》卷8《高祖本纪》，第351页。

④ 司马迁撰：《史记》卷54《曹相国世家》，第2021页。

⑤ 参见李治安主编：《中国五千年中央与地方关系》上卷，人民出版社2010年版，第100—103页。

二、撮粟尺布尽专于中

赋税是中央与地方财政分配关系中的重要内容，是政府机构维持和运作的经济基础。秦朝中央与地方的财政分配关系，也充分体现中央集权的政策取向和支配地位。主要表现在财政税收的重大决策权在中央，从中央到地方有一套垂直领导的财税管理系统，还表现在地方财政的预决算必须经中央批准方可执行。唐人杜佑在其《通典·食货四》中言："始皇建守罢侯，贵以自奉，提封之内，撮粟尺布，一夫之役，尽专于己。"[①]

秦代赋税名目繁多，归纳起来有以下数种：

田赋，即土地税。这是以土地为征收对象的赋税。田赋早在战国时期秦国就开始实行了。《史记·六国年表》载：秦简公七年（公元前408年）"初租禾"[②]。秦统一六国前，已设有专门管理田地的"田令"[③]。秦统一以后，始皇三十一年（公元前216年）下令"使黔首自实田"，即命令编户向政府自报占有土地的数额，国家以法律的形式承认其土地私有，从而为秦政府征收土地税提供了依据。秦朝征收土地税的方式是按照拥有土地的多少征收，主要征收实物，包括禾稼、

---

① 杜佑撰：《通典》卷4《食货四》，第77页。

② 司马迁撰：《史记》卷15《六国年表》，第708页。

③ 睡虎地秦墓竹简整理小组：《睡虎地秦墓竹简》，第13页。

刍稾等。《淮南子·氾论训》载："秦之时，高为台榭，大为苑囿，远为驰道。铸金人，发谪戍，入刍稾，头会箕赋，输入少府。"[①] 高诱注："入刍稾之税，以供国用。"可见秦代的土地税是田租和刍稾并征的。《田律》和《仓律》中都提到了收税问题，证明了粮食作为维护官府统治的必需品，作为皇帝、皇亲国戚以及各级政府官吏的生活日用品，是国家税收的主要项目。

口赋，即人头税。《金布律》说："官府受钱者，千钱一畚，以丞、令印印。"[②] 就是说官府收钱，每千钱用官印封存，每封为一"畚"。"畚"与"箕"同为器具，后合为"畚箕"一词。秦代所谓"头会箕赋"，或许是每人每年要交纳一千钱的人头税，也或许概言数量之多。总之，秦代的口赋是不会少的。

除了上述两项主要赋税外，还有市租，即商业税，盐、铁、酒经营买卖税，关税，渔税等。《汉书·张耳陈余传》载："秦为乱政虐刑……头会箕敛，以供军费，财匮力尽。"[③] 这反映了秦统一后税收种类之多、赋税之重。

秦朝从中央到地方有一套垂直的财税管理系统，中央负

---

① 刘安编，何宁撰：《淮南子集释》卷13《氾论训》，中华书局1998年版，第942页。

② 睡虎地秦墓竹简整理小组：《睡虎地秦墓竹简》，第35页。

③ 班固著：《汉书》卷32《张耳陈余传》，第1831页。

责国家财政和皇帝家室财政的官员分别为治粟内史和少府，《汉书·百官公卿表上》载："治粟内史，秦官，掌谷货，有两丞。"[1] 又曰："少府，秦官，掌山海池泽之税，以给共养，有六丞。"治粟内史直接监管着郡县的税收和预决算；少府则管理皇帝家室的一切财富和费用。地方上的郡丞和县丞，则分别辅佐郡守和县令掌管税收，郡县之下直至乡，有啬夫收赋税，从而完成国家的税收征调任务。总之秦朝的地方行政体制，是郡县乡里体制，从政治角度讲，它便于管理；由财税方面看，它也便于征调赋税。[2]

三、调兵遣将合符而动

在中央与地方的军事关系上，皇帝是军队的最高统帅，握有对全国军队的最高控制权与决定战争的战和权。

秦朝的武装力量分成中央军和地方军两个部分。中央军由皇帝的警卫部队、首都卫戍部队组成。警卫部队包括由郎中令统率的皇帝贴身侍卫，成员全为军官，负责禁中宿卫。"郎中令，秦官，掌宫殿掖门户，有丞……属官有大夫、郎、谒者，皆秦官。"还包括由卫尉统率的皇帝亲军，称卫士或卫

---

[1] 班固著：《汉书》卷19《百官公卿表上》，第731页。
[2] 参见李治安主编：《中国五千年中央与地方关系》上卷，第103—105页。

卒，分八部屯驻于皇宫四周，负责守卫宫门及昼夜巡逻。《汉书·百官公卿表上》还说："卫尉，秦官，掌宫门卫屯兵，有丞。"[①]首都卫戍部队由中尉统率，分驻京城内外各要点，负责首都的安全和重要官署、仓库的守卫任务。中央军是国家的主力部队，数量庞大，装备精良，训练有素，战斗力极强，并带有国家战略机动部队的性质，它在保卫国家、威慑地方中起着决定作用。

秦朝的地方部队分散在各郡县，由郡守、郡尉等率领。它们除负责地方治安外，平时的主要任务是训练，以便为中央军提供兵源。秦王朝的地方军处于分散和互不统属的状态，征调权力尽在皇帝的手中。秦在边郡地方也驻有军队，并设置了不同于内地的指挥系统。边防戍守部队每百里设一都尉，重要边塞还设关都尉，并置有属吏。

秦朝在制定军事领导体系时，很明确地表现出皇帝执柄、京师为重的特点。皇帝握有对全国军队的最高控制权，军队的高级将领，从国尉、卫尉、中尉及其各种类型的将军，到各郡的郡尉等高级军官，都由皇帝亲自任命；只有皇帝有权调动军队，其他高级武官仅有带兵权；调动时需要兵符，只有合符，方可行动。

---

① 班固著：《汉书》卷19《百官公卿表上》，第727、728页。

四、监御史掌监视四方

根据秦王朝的官僚制度，中央政府的许多高官显贵，都有权监察地方官员的治绩，弹劾不法地方官员。如丞相是百官之长，"掌丞天子助理万机"[1]，自然也就有监察百官治绩的职能，而郡守每年一次向丞相上计，更是丞相对地方官吏的直接监察。再如治粟内史掌管着全国的钱、粮，直接监督郡、县的收入与支出，以此来监察、考核地方官员的政绩。丞相、治粟内史尽管有监督、考核地方官的权力，不过，他们都不是专职的监察官，监察的职能在其权限中只是很小的一部分。秦朝最高的监察官是御史大夫。

在中国古代监察制度发展与完善方面，秦王朝最大的历史性贡献是将御史体系基本上从行政体系中分离出来，而其主要措施是以御史大夫为副相，独立开府办公，从而大大提高了监察机构和职官在整个政治体系中的地位和作用。御史大夫位列三公，身居副相，有权参与立法、行政、司法、监察等各项重大政务。在权力关系上他只受皇帝的节制和法令的规范，不受包括宰相在内的其他官僚的节制。御史大夫的地位与职权充分反映了御史监察制度在整个权力体系中的相对独立性和重要性。御史大夫之设是御史体系从行政体系中分

---

① 班固著：《汉书》卷 19《百官公卿表上》，第 724 页。

离出来的重要标志。这在中国古代政治制度史上具有划时代的意义。比较而言，在历代王朝的御史监察制度中，秦汉御史大夫的地位是最高的。《汉书·百官公卿表上》说："御史大夫，秦官，位上卿，银印青绶，掌副丞相。有两丞，秩千石……受公卿奏事，举劾按章。"①御史大夫虽"掌副丞相"，但有时其权力超过丞相。他单独开府办事，又与廷尉和其他官员"杂治"重大案件，拥有司法审判权，因其主管图籍秘书、四方文书，谙知法律，拥有考课、监察和弹劾百官的权力，这项权力使其成为名副其实的监察官员。在中央，御史大夫上督丞相，下察百官；在地方，他通过派往地方的监御史，监察地方行政官员，特别是郡守、县令的治绩。

特别应该注意的是，秦王朝实行郡县制后，为了防止郡守权力过大，不听从中央的命令，每郡由中央派一监御史，监察郡守和郡府官吏的言行举动。这项制度在秦朝是比较严格地执行了，也正是这项制度，才构成了中央对地方郡县经常性的监察。

《汉书·百官公卿表上》说："监御史，秦官，掌监郡。"②监御史官秩不高，仅六百石，直接隶属于御史大夫，但由于他是中央派到地方的监察官，所以其任务特殊，权力很大。除了监察郡守的政绩外，还拥有统兵权、举荐人才权等。前

---

① 班固著：《汉书》卷 19《百官公卿表上》，第 725 页。
② 班固著：《汉书》卷 19《百官公卿表上》，第 741 页。

面说过，《史记·萧相国世家》载："秦御史监郡者与从事，常辨之。何乃给泗水卒史事。秦御史欲入言征何，何固请，得毋行。"① 这是秦泗水郡的监御史举荐萧何到中央做官的记载。《史记·高祖本纪》载："秦泗川监平将兵围丰，二日，出与战，破之。"② 又《史记·曹相国世家》载："高祖为沛公而初起也，参以中涓从。将击胡陵、方与，攻秦监公军，大破之。"③ 上述史料，足可说明秦监御史还可将兵作战。此外，秦之监御史也从事一些事务性工作，如《汉书·严助传》说："秦之时，尝使尉屠睢击越，又使监禄凿渠通道。"④ 颜师古注引张晏曰："监郡御史也，名禄。"就是说，秦派屠睢击百越时，使监郡御史禄负责"凿渠通道"。监御史虽身兼他事，但监察郡守是其主要职责。如此，监御史可以充当朝廷的耳目，使中央随时了解地方情况，以便加强对地方的监控，防止郡守权力过分膨胀，对中央造成威胁。总之监御史的设立，是秦王朝加强中央集权的产物，这种制度在澄清地方吏治、加强中央对地方的监管方面，确实发挥了一定程度的有效作用。⑤

① 司马迁撰：《史记》卷53《萧相国世家》，第2014页。
② 司马迁撰：《史记》卷8《高祖本纪》，第351页。
③ 司马迁撰：《史记》卷54《曹相国世家》，第2021页。
④ 班固著：《汉书》卷64《严朱吾丘主父徐严终王贾传》，第2783页。
⑤ 参见李治安主编：《中国五千年中央与地方关系》上卷，第116—118页。

第六章　秦皇的治国理念

　　秦始皇汲取了周王朝衰亡的经验教训，主张皇帝与中央政府实行绝对的集权，国家大事最终由皇帝一人说了算。这种做法，对于一个分裂了五百多年才又重新统一起来的国家而言，是有重要意义的。到底是社会的稳定与秩序重要，还是民主的精神重要，从当时的实际情况乃至此后数千年中国的具体国情来看，恐怕这是一个见仁见智的问题。但不管怎样说，我们完全可以这样认为：秦始皇虽然没有留下什么风雅的篇章，但他的中央集权、大一统、"忧恤黔首"、以法治国等治国理念与为政之道，至今仍然具有一定的生命力。他对中国政治制度的草创，不仅继往，而且开来。两千多年来，不管后世的政治家如何评价他，还是都得遵循他所开创的一系列的制度。从这个意义上讲，秦始皇的治国理念与实践确实很值得深入发掘。

一、皇权至上

先秦法家，特别是商鞅与韩非，极力倡导绝对的君权主义。秦帝国的建立，在实践上为强化君权提供了历史条件。在秦始皇努力下，皇权至上的理论和观念构成了秦帝国统治的指导思想与权力基础。

在秦始皇之前有"皇"和"帝"的称号，如"三皇"、"五帝"，战国时期的秦昭襄王、齐湣王分别称为"西帝"和"东帝"。秦始皇是中国历史上第一个称"皇帝"的帝王。这不是一个简单的称谓问题，而是中国早期帝王观念长期发展与成熟到了一定阶段的产物，他实现了皇权至上的国家法律合法化，把帝王的尊贵推向了一个前所未有的高度。

功盖一切，这是皇帝至上的理论基础。丞相王绾与廷尉李斯等上书称颂秦始皇为千古一帝："今陛下兴义兵，诛残贼，平定天下，海内为郡县，法令由一统，自上古以来未尝有，五帝所不及。"① 总之，秦始皇把整个天下带入了和平、安乐与繁荣的境界。应该说，这类颂扬在政治统治与思想统治上是有重要意义的。既然秦始皇给天下带来了无限的美好，那么他就有权支配一切，拥有一切。这就是所谓的皇权至上。

皇权至上还表现在为民立极上面。对全国臣民的行为准则和道德规范作了详尽、具体的规定。所有的臣民都必须按照

---

① 司马迁撰：《史记》卷 6《秦始皇本纪》，第 236 页。

皇帝的意志和命令行事。秦始皇在刻石中一再宣称他是天下的主宰，周青臣在进颂中也说："他时秦地不过千里，赖陛下神灵明圣，平定海内，放逐蛮夷，日月所照，莫不宾服。"①天上地下所有一切都属皇帝所有，至高无上的权力就是占有、支配一切资源（包括所有的臣民）的最主要的根据。

泰山刻石说：

> 皇帝临位，作制明法，臣下修饬。二十有六年，初并天下，罔不宾服。亲巡远方黎民，登兹泰山，周览东极。从臣思迹，本原事业，祇诵功德。治道运行，诸产得宜，皆有法式。大义休明，垂于后世，顺承勿革。皇帝躬圣，既平天下，不懈于治。夙兴夜寐，建设长利，专隆教诲。训经宣达，远近毕理，咸承圣志。贵贱分明，男女礼顺，慎遵职事。昭隔内外，靡不清净，施于后嗣。化及无穷，遵奉遗诏，永承重戒。②

琅邪刻石说：

> 维二十八年，皇帝作始。端平法度，万物之纪。以明人事，合同父子。圣智仁义，显白道理。东抚东上，以省卒士。事已大毕，乃临于海。皇帝之功，勤劳本事。上农除末，黔首是富。普天之下，抟心揖志。器械一量，同书文字。日月所照，舟舆所载。皆终其命，莫不得意。应时动事，是维皇

① 司马迁撰：《史记》卷6《秦始皇本纪》，第254页。
② 司马迁撰：《史记》卷6《秦始皇本纪》，第243页。

帝。匡饬异俗，陵水经地。忧恤黔首，朝夕不懈。除疑定法，咸知所辟。方伯分职，诸治经易。举错必当，莫不如画。皇帝之明，临察四方。尊卑贵贱，不逾次行。奸邪不容，皆务贞良。细大尽力，莫敢怠荒。远迩辟隐，专务肃庄。端直敦忠，事业有常。皇帝之德，存定四极。诛乱除害，兴利致福。节事以时，诸产繁殖。黔首安宁，不用兵革。六亲相保，终无寇贼。欢欣奉教，尽知法式。六合之内，皇帝之土。西涉流沙，南尽北户。东有东海，北过大夏。人迹所至，无不臣者。功盖五帝，泽及牛马。莫不受德，各安其宇。①

之罘刻石说：

维二十九年，时在中春，阳和方起。皇帝东游，巡登之罘，临照于海。从臣嘉观，原念休烈，追诵本始。大圣作治，建定法度，显箸纲纪。外教诸侯，光施文惠，明以义理。六国回辟，贪戾无厌，虐杀不已。皇帝哀众，遂发讨师，奋扬武德。义诛信行，威燀旁达，莫不宾服。烹灭强暴，振救黔首，周定四极。普施明法，经纬天下，永为仪则。大矣哉！宇县之中，承顺圣意。群臣诵功，请刻于石，表垂于常式。②

碣石刻石说：

遂兴师旅，诛戮无道，为逆灭息。武殄暴逆，文复无

① 司马迁撰：《史记》卷6《秦始皇本纪》，第245页。
② 司马迁撰：《史记》卷6《秦始皇本纪》，第249页。

罪，庶心咸服。惠论功劳，赏及牛马，恩肥土域。皇帝奋威，德并诸侯，初一泰平。堕坏城郭，决通川防，夷去险阻。地势既定，黎庶无繇，天下咸抚。男乐其畴，女修其业，事各有序。惠被诸产，久并来田，莫不安所。群臣诵烈，请刻此石，垂著仪矩。①

会稽刻石说：

皇帝休烈，平一宇内，德惠修长。三十有七年，亲巡天下，周览远方。遂登会稽，宣省习俗，黔首斋庄。群臣诵功，本原事迹，追首高明。秦圣临国，始定刑名，显陈旧章。初平法式，审别职任，以立恒常。六王专倍，贪戾傲猛，率众自强。暴虐恣行，负力而骄，数动甲兵。阴通间使，以事合从，行为辟方。内饰诈谋，外来侵边，遂起祸殃。义威诛之，殄熄暴悖，乱贼灭亡。圣德广密，六合之中，被泽无疆。皇帝并宇，兼听万事，远近毕清。运理群物，考验事实，各载其名。贵贱并通，善否陈前，靡有隐情。饰省宣义，有子而嫁，倍死不贞。防隔内外，禁止淫泆，男女絜诚。夫为寄豭，杀之无罪，男秉义程。妻为逃嫁，子不得母，咸化廉清。大治濯俗，天下承风，蒙被休经。皆遵度轨，和安敦勉，莫不顺令。黔首修絜，人乐同则，嘉保太平。后敬奉法，常治无极，舆舟不倾。从臣诵烈，请刻此石，光垂休铭。②

---

① 司马迁撰：《史记》卷6《秦始皇本纪》，第252页。
② 司马迁撰：《史记》卷6《秦始皇本纪》，第261—262页。

上述刻石不是官样文章，而是为臣民划定行为准则，并宣布皇帝的意志就是命令，所有的人必须无条件遵从，从而把皇权至上思想推进到一个前所未有的高度。

在先秦诸子那里，除先王之外，在现实生活中，圣与君主是分开的。到了秦始皇时，情况发生了新的变化，皇帝与圣合二为一了。刻石以及大臣的上疏中，把"圣"冠戴到了皇帝的头上。皇帝既然是圣人，是最聪慧、最高明的人，自然又为皇帝裁断一切提供了一个有力的理论根据。

秦始皇的皇权至上观念，还可以从他取消谥法表现出来。且看他的议论："朕闻太古有号毋谥，中古有号，死而以行为谥。如此，则子议父，臣议君也，甚无谓，朕弗取焉。自今已来，除谥法。朕为始皇帝。后世以计数，二世三世至于万世，传之无穷。"① 在秦始皇的观念中，皇帝的命令是至高无上的，皇帝所作所为生前臣民不能批评，死后也不能议论和评价得失。秦始皇建立了一套完整的礼仪制度，而其中心即是尊君抑臣。《史记·礼书》说："至秦有天下，悉内六国礼仪，采择其善，虽不合圣制，其尊君抑臣，朝廷济济，依古以来。"②

秦王朝虽然灭亡了，但秦始皇时期所发展的皇权至上观念却被后世帝王所继承，使得帝王观念深入到了国民的心中，

---

① 司马迁撰：《史记》卷6《秦始皇本纪》，第236页。
② 司马迁撰：《史记》卷23《礼书》，第1159页。

皇权至上也成为此后两千余年中国政治解读的密钥。[①]

二、以法治国

秦代是法家理论得以全面实践的一个重要历史时期。

作为历史上第一个实现了"大一统"的高度集权的专制主义大帝国，秦王朝执政的理论基础就是法家的以法治国、以刑去刑、事皆决于法的基本思想。

秦朝，是中国历史上少有的几个主张用法律手段来维护社会秩序的朝代之一。秦始皇继承前代的法治传统，在法律制度日益完善的基础上，提出了以法治国的政治准则。

1975 年 12 月出土的睡虎地秦墓竹简除了《编年记》以外，都多多少少地涉及了秦的法律制度。其中，《语书》是公布法律的文告；《为吏之道》是官吏的守则；《法律答问》主要是对刑法条文的运用和解释，涉及《盗律》《贼律》《囚律》《捕律》《杂律》《具律》等多方面的内容；《封诊式》主要是诉讼程序法规和有关侦查、勘验、审讯等法律文书的程式；其他则涉及行政法、经济法和民事法律关系方面的内容。在《法律答问》中，也有一部分是行政法、经济法和民法

---

① 参见刘泽华著：《中国政治思想史集》第 2 卷，人民出版社 2008 年版，第 9—11 页。

的内容。从睡虎地出土的秦简上看，除了商鞅变法时颁行的《刑律》《军爵律》之外，还有《田律》等 30 项单行法规，内容丰富，体系庞大。

公元前 238 年，在粉碎嫪毐、吕不韦两大政治集团后，秦始皇便开始着手成文法典的编纂工作，大约到公元前 227 年以前完成了这项任务，前后共花费了 10 多年的时间。

从睡虎地出土的秦简上看，秦始皇编纂的成文法典主要涉及如下四方面的内容：

第一，刑事、民事以及诉讼法方面。

除了商鞅变法时颁行的《盗律》《贼律》《囚律》《捕律》《杂律》和《具律》之外，还包括出土的《法律答问》的全部内容。这里涉及犯罪构成、量刑标准、刑事责任、共犯、犯罪未遂、犯罪中止、自首、累犯、数罪并罚、损害赔偿、婚姻的成立及解除、财产继承等一系列理论原则和概念，也涉及诉讼权利、案件复查、诬告、失刑、不直、纵囚等诉讼法的理论原则问题。仅《法律答问》就有 187 条，除去 26 条关于法律概念、术语的解释，其余 161 条中，有关惩治盗窃的有 45 条。属于惩治所谓"贼"的有 41 条。

第二，依法行政方面。

商鞅变法后，秦国家政权的一个根本变化，就是以中央政府统一任免官吏的行政制度，取代了过去的世卿世禄制度。一来历史不允许回归；二来秦统一以后，面对这样一个庞大国家机构和官员队伍，也需要用法来规定各级国家机关的有组织的活动，规范和约束大小官吏的工作行为。在秦简中，有不少类似现代国家的行政法规，如《置吏律》《行书律》《内史杂》《尉杂》等。

第三，用法律来确定兵员和保证军队战斗力方面。

在"诸侯争力"的战国时代，秦国有着重视军队建设的传统。商鞅说："国之所以兴者，农战也。"[①] 秦统治者通过制定法律，把他们的这一主张具体化、制度化，并以此来提高军队的战斗力。秦简中的《除吏律》《军爵律》《中劳律》《敦表律》《戍律》《秦律杂抄》中摘录的其他一些法律条文，都是有关军队建设的法律。这些法律和条文，对服兵年龄、士吏训练、军事检阅、战斗指挥、军队纪律、功劳计算、爵位予夺、军马饲养等方面都作了具体的规定。如秦国的男子自15岁傅籍以后，随时皆有被征调入伍的可能。据《编年记》记载，喜这个人在秦始皇三年、四年、十三年曾3次入伍。可见，秦国的每个男子一生服兵役绝不止一次，当兵的年龄也绝非自23岁开始。正由于秦国有这样的法律规定，才保证有源源不绝的兵源，使秦国的军队数目最多时达到百万之众，为统一六国准备了重要的条件。秦统一六国之后，这些法律规定仍然在继续发挥着它的作用。

第四，经济法规方面。

法属于上层建筑，同上层建筑的其他部分一样，是为经

---

① 蒋礼鸿撰：《商君书锥指·农战》，第 20 页。

济基础服务的。在秦简中有不少类似现代国家的经济法规和条款，如《田律》《厩苑律》《仓律》《金布律》《均工律》等。这些法律对所有制关系、农田水利、山林保护、种子保管、防止风涝、除虫灭害等方面都作了具体的规定，充分说明秦统治者对农业生产的高度重视。

有一种说法：秦王朝重视农业生产而对工商业进行打击。从秦律看，并非如此。对工、农、商之间的地位，秦始皇当然有所侧重，而且把重心放在"重农"上面，但不能由此得出打击工商业的结论。秦统治者对手工业生产和商业贸易也是相当重视的。秦律对手工业管理、劳动力调配、生产计划以及产品规格都作了明确的规定。从有关规定看，秦王朝非常注意手工业技术力量的保护和使用。在《均工律》中有这么一条规定：凡是有技术的奴隶，不让他们从事一般杂役；手工业技术奴隶解放之后，也让他们继续充当技术工人。对于商业贸易，《金布律》等也作了许多保护性的规定，这都表明秦统治者对工商业的重视。重农而不轻商，这正是秦始皇的高明之处。①

秦始皇不仅继承了秦国自商鞅变法以来重视法令宣传的传统，主张把法律、法令公布于众，并且通过种种方式，进行法律的普及工作，使更多的人知法守法，这就是所谓"宣明法

---

① 参见郭志坤著：《秦始皇大传》，第129—131页。

制"。李斯曾提出："今天下已定，法令出一，百姓当家则力农工，士则学习法令辟禁。"秦始皇同意李斯关于学习法令、宣传法令的建议，明令全国："若欲有学法令，以史为师。"①

从睡虎地秦墓竹简材料来看，秦律包括的内容是相当广泛的，但是法律条目简单易懂，如：《田律》6 条；《厩苑律》3 条；《金布律》15 条；《关市律》1 条；《仓律》26 条；《工律》5 条；《均工》3 条；《工人程》4 条；《徭律》1 条；《司空律》13 条；《军爵律》2 条；《置吏律》3 条；《效律》26 条；《傅食律》3 条；《内史杂》10 条；《尉杂》1 条；《行书》2 条；《属邦》1 条。②

为了达到更好地控制民众的目的，秦始皇在朝廷、郡、县等各级行政机关中普遍设置法官或法吏，负责法律的公布、解释、宣传和实施的任务。秦统治者对于法官或法吏的要求很高。这些人必须精通法律，各个主管法令的人如果胆敢违背执行法令条文的某项规定，就按照他们所违背的法令条文的某项规定，来治他们的罪。同时秦法规定，官吏如果不努力学习法律、法令，就不能继续为官。

秦始皇带头讲法，他在巡视各地时的一项重要活动就是宣传法律和法令，让所有的官吏都知法讲法。

在《泰山刻石》上说："训经宣达，远近毕理，威承圣

---

① 司马迁撰：《史记》卷 6《秦始皇本纪》，第 255 页。
② 参见郭志坤著：《秦始皇大传》，第 137—138 页。

志。"就是说，要广泛宣传法制，使全国臣民完全领会，并按法律法令办事。

在《琅琊台刻石》上说："端平法度，万物之纪"，"除疑定法，咸知所辟"。就是说，制定了统一的法律制度，就有了办事的准则；确定法令，消除疑点，使大家都能遵守而不触犯。

在《之罘刻石》上说："普施明法，经纬天下，永为仪则。"就是说，全面地推行法治，使之永远成为治理天下的准则。

在《会稽刻石》上说："秦圣临国，始定刑名，显陈旧章。"就是说，秦始皇亲自执政以后，开始确定了崇尚刑名，明白地宣布继承秦国以往的规章制度。

秦始皇继承了秦的法治传统，在法律制度日益完善的基础上提出了全面实行法治的原则。

秦始皇时代，上至军政大事，下至百姓的日常生活，都有法律进行规范。司马迁在谈到秦始皇法律思想的特点时说："事皆决于法。"的确，秦始皇把法看成是治理国家唯一有效的工具。君主专制制度的特点是人治，而不是法治，但秦帝国与后世的君主专制制度有很大的不同，法令法律完整，法网严密，在一定程度上真正实行了法治。

秦始皇不相信人们经过道德教育可以做到不犯罪，相信只有经过刑罚的威慑，人们才不敢犯罪。因此，他主张为了防止犯罪，必须轻罪重罚，以刑去刑。秦始皇采用连坐法，实行家属连坐、邻里连坐、部门连坐，等等。秦始皇信奉商鞅、韩非等人的重刑理论，就不可避免地从历史寻找并继承许多残酷的刑罚。

历代都认为秦律酷烈，故激起民叛以致至短命而亡。但是，从睡虎地秦墓出土的竹简中，我们看到了秦法的另一面，那就是以法律管理官吏，要求官吏必须知法、守法、严格依法办事，这对秦的统一及其统一的巩固，是有积极意义的，对后代历史的发展无疑也具有借鉴的价值。

秦律规定，官吏的选拔要依法进行。官吏作为国家政权的支柱，其能力与素质直接影响着国家政治的清浊状况，因此秦律特别重视对官吏的选拔，规定了严格的官吏任用条件。

秦律规定，所任官吏必须具备一定的能力，这种能力包括"尚武功"和"治民事"两个方面。

商鞅变法以后，秦国的兼并战争连续不断，以军功大小授予授官爵成为秦国重要的任官手段。秦朝统一前后，随着疆土的不断开拓和控制区域的不断扩大，巩固统治就成为秦王朝政治的重要内容。相应地，强调官吏"治民事"的能力，以此作为任用官吏的重要标准。

在秦王朝，为了保证被任官吏具有一定的实践经验和任职能力，秦律规定任用官吏必须有年龄条件和文化程度的限制。《内史杂》规定：任命官府的佐吏必须是壮年以上的男子，刚刚被登记入户口的无爵位的青年人不能任职。官吏还必须有一定文化水平，才能承担处理政务的工作。

为了防止任官上的随意性和徇私舞弊行为的发生，秦律规定任官必须严格按照法定程序进行。

首先，任官要有现职官吏的保举。

为了避免任人唯亲或滥行保举的情况出现，秦律规定保举者要对被保举者负连带责任。《秦律杂抄》规定：如果举荐因为违法犯纪曾被撤职的官吏再度任官，举荐者要受到经济处罚。如果被举荐者犯了罪，举荐者还要负法律责任。

其次，官吏必须经过正式任命才能行使职权。

《置吏律》规定：如果没有经过正式任命就行使职权或派往就任，要依法论处。

再次，秦律还规定了严格的官吏委任时间。

正常的官吏任免，要在十二月到次年三月底之间进行，如果因为特殊原因官吏出现空缺，才可以随时补充。严密的任免程序，在一定程度上保障了新任官吏的较高素质。

另外，秦律规定，官吏必须依法考核与奖惩。

官吏任职后，秦律规定了严格的考核措施，并根据考核结果决定他们的奖惩与升黜。对于工作业绩差的官吏，秦律制定了严格的惩罚措施。秦律把考核评比与对官吏的奖惩升降密切结合起来，无疑有利于官吏尽职尽责地搞好本职工作，有利于形成一种竞争进取的氛围，有利于官吏积极性和主动精神的调动，这对促进秦国的统一与政治控制是极有好处的。

除了定期评比外，对于日常工作中出现的失职、渎职、违纪等现象，秦律也予以严厉处罚。对于官吏循私舞弊、贪赃枉法的行为，秦律的处罚相当严厉。

对于秦朝法律，过去人们较多注意到了它的严酷暴戾、刻薄镇压的一面，而对于其奖励引导官吏兢兢业业、为国效力的一面则认识不足。秦王朝把奖励作为管理官吏的重要手段，对调动他们的工作积极性、提高工作效率，必然起到积极的作用。秦依法治吏，不仅注重对官吏的选拔培养，而且要求官吏必须精通法律，严肃执法，恪尽职守，公正无私。在严格考核的基础上实行责任追究制，奖勤罚懒，劝善惩恶，这既调动了各级官吏的积极性，提高了工作效率，保证了国力的发展与社会的稳定，也限制了各级官吏的私心膨胀，减少了以言代法、以权谋私的情况，体现出了传统君主制度上升时期的蓬勃朝气与进取精神。严肃法治，依法治吏，提高了国家的统治效能，这是秦国最终胜出六国，一统天下的因素之一。

今天看来，秦始皇颁行的法律不仅规范类型较为完全、结构较为严密，而且确定性程度相当高，为各级官吏和平民百姓明确指出应该做什么、允许做什么、禁止做什么、要求做什么，并且也有对违犯规范的后果作出法律制裁的具体规定。秦始皇的明法定律，从历史发展角度看，有其一定的进步性。它对普及法的观念，完善法制体系，提高法在整个政治生活和日常生活中的地位，都是很有价值的，对于中国特色的治理模式，具有一定的借鉴意义。

三、忧恤黔首

　　"黔首"就是黎民百姓，这是秦王朝的专利。《史记·秦始皇本纪》说秦始皇统一六国后，"分天下以为三十六郡，郡置守、尉、监。更名民曰'黔首'。"①

　　从传统社会来看，民是被压迫者、被剥削者，社会地位低下而卑贱。就分散的单个的个体而言，高贵的统治者很少把他们放在眼中。然而民的集体行动和自发运动所形成的力量，又迫使统治者对之另眼看待。先秦一些敏感的政治家已经从历史的经验教训中看到政在得民的重要性，认识到了民心向背决定着政治的兴败、王朝的兴衰。

　　商王朝是中国历史上真正最早有文字可稽的朝代。在商代统治者眼中，民的动向虽不可忽视，如盘庚提出过"重我民""罔不唯民之承""视民利用迁"②等朦胧的重民思想，但其主流意识仍是放在了神上。以为只要诚心事神，得到上帝的保佑，便可万事大吉。所以当商王朝面临覆灭危机，祖伊向商纣王进言调整政策时，商纣王的认识中仍是"我生不有命在天"③，并不将民众的力量放在心上。

　　然而，牧野一战，由于民众逃叛，阵前倒戈，大邑商竟

---

①　司马迁撰：《史记》卷6《秦始皇本纪》，第239页。
②　孙星衍撰：《尚书今古文注疏》卷6《盘庚》，第233页。
③　孙星衍撰：《尚书今古文注疏》卷8《西伯戡黎》，第252页。

被小邦周一举而推翻，民众在商周统治的交替中显示了他们的力量。历史向周初统治者提出了问题：上帝的权威究竟有多大？民众的力量应该怎样看？大政治家周公巧妙地把两者结合起来，在当时条件下，给了最完满的回答。在周公看来，上帝无疑仍具有无限的权威，但上帝的意志已不单单是王的意志的升华和集中，同时还要照顾民意。"天畏棐忱，民情大可见。"上帝的畏严与诚心，从民情上可以得到。由此周公总结出了一条历史经验，这就是"惟命不于常"①，谁有德，谁能得到民众的支持，上天就会眷顾谁。统治者只有做好敬天、明德、保民，才能让自己的统治福寿绵长。②

春秋战国时期，天下大乱，王纲崩坍，政治家忙着解决实际问题，思想家则积极探索治乱兴衰的规律。

儒家主张伦理道德治国，把能否得民视为政治成败的关键。法家主张一断于法，但同样重视"立民所欲"③，认为法令虽然十分威重，但如与民相背，就失去了权威的基础。马王堆出土的古佚书《黄帝四经》，也同样重视民在政治中的作用。《十六经·观》中指出，"毋乱民功，毋逆天时"④是政治

① 孙星衍撰：《尚书今古文注疏》卷15《康诰》，第362页。
② 参见刘泽华著：《中国政治思想史集》第3卷，人民出版社2008年版，第225—226页。
③ 黎翔凤撰：《管子校注》卷21《明法解》，中华书局2004年版，第1220页。
④ 陈鼓应注译：《皇帝四经今注今译——马王堆汉墓出土帛书》，商务印书馆2007年版，第223页。

的基本原则。《十六经·前道》中说："圣〔人〕举事也，阖于天地，顺于民，羊于鬼神，使民同利，万夫赖之，所谓义也。"①《经法·君正》讲："号令阖于民心，则民听令。"②产生于秦统一前夕的《吕氏春秋》，也反复强调民为政之本。《顺民》说："先王先顺民心"，"凡举事必先审民心，然后可举"。《务本》说："宗庙之本在于民。"总之，先秦诸子从不同角度几乎都把民之背向作为探究政治兴败的根本原因。

　　夏商周政治兴亡的经验教训、先秦诸子的重民思想言论，不可能不对秦始皇产生影响。故他在统一六国后，在治理国家时，比较重视民生问题，在"黔首安宁"上是倾注了心血的。为此，他不仅时常"亲巡远方黎民"，而且"夙兴夜寐，建设长利，专隆教诲""忧恤黔首，朝夕不懈"③。

　　秦始皇的治理目标很明确："上农除末，黔首是富。""节事以时，诸产繁殖。""振救黔首""黔首改化，远迩同度，临古绝尤。""黎庶无繇，天下咸抚。男乐其畴，女修其业，事各有序。惠被诸产，久并来田，莫不安所。""黔首修絜，人乐同则，嘉保太平。"④

　　长期以来，由于受汉王朝统治者与思想界的宣传机器的影响，秦始皇在人们的心目中一直是一个残民害理、独夫民

---

①　陈鼓应注译：《皇帝四经今注今译——马王堆汉墓出土帛书》，第310页。
②　陈鼓应注译：《皇帝四经今注今译——马王堆汉墓出土帛书》，第73页。
③　司马迁撰：《史记》卷6《秦始皇本纪》，第245页。
④　司马迁撰：《史记》卷6《秦始皇本纪》，第262页。

贼的暴君形象，直与夏桀、商纣等号。其实，这在一定程度上冤枉了秦始皇。大秦帝国忽生忽灭确实与秦始皇有着一定的关系，但"千古一帝"还不至于对民众的重要性没有一点意识。他治理国家，注重建立法度，以吏为师，"节事以时，诸产繁殖"等，无不是建立在以民众为治理核心这个统治基础之上。遍查先秦资料，很难找到秦国本土民众"苦秦久矣"的抱怨声音，骂秦始皇的人恰恰是企图复辟的六国旧贵族与秦末六国的造反者。至于汉王朝非议"秦政"，当然是为了寻求其代秦而兴的合法性依据。"忧恤黔首，朝夕不懈"确实应是秦始皇的治国理念与为政之道。至于秦二世、李斯、赵高祸国殃民而引发"秦崩"，我们不能将此归咎到秦始皇的头上，因为很明显，这并不是秦始皇为政的本意。

四、文化一统

在文化治理上，秦始皇同样强调统一。秦王朝的文化政策，主旨是强化中央集权君主专制政治。在文化政策上主要表现为"书同文"与"以法为教""以吏为师"① 两个方面。

东汉许慎追述战国至秦代的变迁说："诸侯力政，不统于王，恶礼乐之害己，而皆去其典籍，分为七国，田畴异亩，车

---

① 司马迁撰：《史记》卷6《秦始皇本纪》，第255页。

涂异轨，律令异法，衣冠异制，言语异声，文字异形。秦始皇帝初兼天下，丞相李斯乃奏同之，罢其不与秦文合者。斯作《仓颉篇》，中车府令赵高作《爰历篇》，太史令胡母敬作《博学篇》，皆取《史籀》《大传》，或颇省改，所谓小篆者也。"①秦王朝将六国文字统一为秦篆，是书写方式的统一，秦王朝兼并六国前后，还致力于思想学术的统一。

事实上，到战国后期，诸子各家已经开始纷纷尝试以自己的学说统一思想，《荀子·非十二子》《韩非子·显学》《庄子·天下》便是这种尝试性的代表。成书于秦王政八年（公元前239年）的《吕氏春秋》更系统地展示了这种努力。《吕氏春秋》力图综汇战国诸子，成"一代兴亡之典礼"，其中既有墨家薄葬、短丧主张（见《薄葬》《安死》诸篇），有商、韩变法改制思想（见《勿躬》《审应览》《君守》《知度》《察今》诸篇），有孔、孟仁政德治学说（见《精通》《执一》《务本》《用民》《达爵》《分职》诸篇），还有老子的天道观（见《大东》《圜道》《尽数》诸篇），杨朱的养生之道（见《贵生》《先己》）。对于《诗》《书》《礼》《易》《春秋》诸元典，《吕氏春秋》则综而采之。

除了统一文字外，秦始皇在文化思想上也采取一统的政策。

---

① 许慎撰：《说文解字》，中华书局1963年版，"序"。

　　秦始皇完成统一六国事业之后，秦王朝的文化政策更执着于"别黑白而定一尊"，秦国的原始多神教转化为专门尊崇白帝，白帝从西方之神升格为统治全国的上帝，以比附秦国国王上升为全中国的皇帝。秦王朝还从六国的宫廷和民间搜集几乎全部的古文献资料，设立了一个规模宏大的皇家图书馆，又征聘七十博士和两千诸生，对这些文献做甄别清算工作。秦始皇自述："吾前收天下书，不中用者尽去之。悉召文学方术士甚众，欲以兴太平。"[①] 然而，诸博士都是旧典的钟爱者、信奉者，仅仅去掉杨、墨之学，而用《诗》《书》、旧典"以非当世"。出于对儒家复古主义的厌恶，秦始皇三十四年（公元前213年），朝廷决定焚毁《诗》《书》等旧典。这一举动的因由见之于李斯的策论："今天下已定，法令出一，百姓当家，则力农工，士则学习法令辟禁。今诸生不师今而学古，以非当世，惑乱黔首。丞相臣斯昧死言：古者天下散乱，莫之能一，是以诸侯并作，语皆道古以害今，饰虚言以乱实，人善其所私学，以非上之所建立……臣请史官非秦记皆烧之。非博士官所职，天下敢有藏《诗》《书》百家语者，悉诣守、尉杂烧之。有敢偶语《诗》《书》者弃市。以古非今者族。"[②] 破坏历史旧籍，古已有之，商鞅时就曾为之。孟子曾叹曰："诸侯恶其害

---

① 司马迁撰：《史记》卷6《秦始皇本纪》，第258页。
② 司马迁撰：《史记》卷6《秦始皇本纪》，第255页。

己也，而皆去其籍。"① 然而，就规模而论，"秦火"是中华元典遭受的一次大灾难。所谓"及秦皇驭宇，吞灭诸侯，任用威力，事不师古，始下焚书之令，行偶语之刑。先王坟籍，扫地皆尽"②。不过，中华元典遭受的一次空前大灾难则是秦亡后项羽在咸阳放的长达三月的大火。经过这两次火之厄以后，《诗》《书》等典籍尚能传之于后，一是出于汉初传经大师的记忆；二是民间藏匿着若干《诗》《书》等旧籍的各种文本，汉以后陆续面世。③

除了"焚书"外，秦法，民之欲学者，以吏为师。《史记·秦始皇本纪》说："若欲有学法令，以吏为师。"吏主行政，师主教育，二者似不可兼，且专以法令为学，学之途尤隘矣。

---

① 焦循撰：《孟子正义》卷20《万章章句下》，中华书局1987年版，第675页。
② （唐）魏徵等撰：《隋书》卷49《牛弘》中华书局1973年版，第1298页。
③ 参见冯天瑜著：《中华元典精神》，武汉大学出版社2006年版，第133、134页。

第七章　秦皇政治之缺陷

　　在秦代政治历史研究中，秦帝国二世而亡的残酷教训为世人提出了一个令人困惑却又无法回避的政治难题：秦以摧枯拉朽之势，横扫齐、楚、魏、燕、赵、韩，统一六国，拥有如此强大的力量，却为什么在全国统一之后的短短十五年间，就宗庙覆灭，"二世而亡"，"社稷不血食"？两千多年来，历代政界、思想界、学术界对于这个问题有着很多的探讨，也提出了诸多颇有价值的见解。但是，对于秦始皇在统治设计中的缺陷所导致的政府权能迅速失效的深层次问题，却还少见有深度的统一的认识。事实上，秦始皇在皇权设计上的缺陷所引发的秦帝国皇权失灵、权臣擅政，是导致秦帝国迅速崩盘的主要原因。秦帝国二世而亡的残酷教训启迪后世的人们：建设一个强大稳固的中央政府是多么重要！没有政治力量之间的有效制衡所引发的君权旁落，权臣祸国，会导致政府权能失效、统治秩序失灵，进而引发社会控制能力的全面丧失，最终引发民众造反、社会动荡，从而导致国家治理的完全失败。

一、在分封与郡县之间没有寻求制度上的平衡

公元前 221 年，秦始皇刚刚统一六国，在强化中央集权机构之后，对于辽阔的国土如何管理才能实现帝国秩序与统治利益的最大化，清王朝最高统治集团曾经就此问题展开过激烈的争论。司马迁在《史记》中记载：

> 丞相绾等言："诸侯初破，燕、齐、荆地远，不为置王，毋以填之。请立诸子，唯上幸许。"始皇下其议于群臣，群臣皆以为便。廷尉李斯议曰："周文武所封子弟同姓甚众，然后属疏远，相攻击如仇雠，诸侯更相诛伐，周天子弗能禁止。今海内赖陛下神灵一统，皆为郡县，诸子功臣以公赋税重赏赐之，甚足易制。天下无异意，则安宁之术也。置诸侯不便。"始皇曰："天下共苦战斗不休，以有侯王。赖宗庙，天下初定，又复立国，是树兵也，而求其宁息，岂不难哉！廷尉议是。"①

统一六国后，建立一个什么样的管理体制才能保障秦王朝长治久安，这是秦帝国君臣必须认真对待的重大问题。帝国君臣在这个关系到王朝前途命运的大问题上，态度是慎重的，因此才会天下初定，朝廷上对此问题认识不一致的情况。

---

① 司马迁撰：《史记》卷 6《秦始皇本纪》，第 238—239 页。

1. 王绾主分封的建议

秦始皇刚刚统一六国，在强化中央集权机构之后，对于辽阔的国土如何来进行管理，秦王朝统治集团展开了一场争论。以丞相王绾为代表的一批大臣说："诸侯初破，燕、齐、荆地远，不为置王，毋以填之。请立诸子，唯上幸许。"[①] 认为关东诸侯国刚刚被消灭，而且燕、齐、楚的故地距秦王朝统治中心又偏远，若不置王不利于统治。为此，他们请求秦始皇将其诸子封于燕、齐、楚的故地为王。王绾的主张实质上是不要全盘否定西周"封亲建戚，以藩屏周"的理论，尽管商鞅变法后秦国已将它摒弃了。这里应当注意的是，这就是作为丞相，王绾并没有完全否定郡县制度，他只是主张根据当时的实际情况加以变通，主张郡县与分封并存，在原来秦国、韩国、赵国、魏国四地上实行郡县制，在"燕、齐、荆"情况复杂之地实行封王建制，加以震慑，并没有全盘否定郡县制的意思。

2. 李斯反分封的理由

在朝堂议论中，廷尉李斯不同意分封。他说："周文武所封子弟同姓甚众，然后属疏远，相攻击如仇雠，诸侯更相诛伐，周天子弗能禁止。今海内赖陛下神灵一统，皆为郡县，诸子功臣以公赋税重赏赐之，甚足易制。天下无异意，则安

---

① 司马迁撰：《史记》卷 6《秦始皇本纪》，第 238—239 页。

宁之术也。置诸侯不便。"① 李斯的反对意见从两个方面来论述：第一，历史的教训。周文王、周武王、周公曾经大封子弟同姓，后来封国之间日渐疏远，以至相互攻伐如同寇仇，结果周天子也难以禁止。第二，有秦国现实的经验。如今海内统一后，已普遍设置郡县了。对皇帝诸子及功臣，只要让他们坐食赋税并重加赏赐就足够了。这样天下无异心，才是永久安宁之术。据此两点，李斯坚决反对分封制，认为重新分封诸侯会削弱皇帝的权力，使国家重新处于四分五裂的局面。

3. 秦始皇的裁决

秦始皇对历史上分封诸侯的过程以及所带来的恶果是了解的。他显然也是主张全面推行郡县制度的。因此，当他得到李斯进一步的提醒，态度便鲜明了。秦始皇认为李斯所言有理，他说："天下共苦战斗不休，以有侯王。赖宗庙，天下初定，又复立国，是树兵也，而求其宁息，岂不难哉！廷尉议是。"② 他认为过去天下苦苦争斗，战乱不休，就是因为天下分封诸侯。如今天下刚刚安定，又分封诸侯国，这是自树兵灾！如果兵事再起，要想保国家的安宁，就不那么容易了，还是廷尉李斯的意见对。于是秦始皇采纳了李斯的意见，坚决废除分封制，推行郡县制。

仔细分析与探讨秦帝国开国伊始的这场套大讨论，真正

---

① 司马迁撰：《史记》卷 6《秦始皇本纪》，第 239 页。
② 司马迁撰：《史记》卷 6《秦始皇本纪》，第 239 页。

的情况一定要比这丰富与复杂得多。表面上看，这是最高统治集团之间的政见不同。但从更深层面看，事情应该十分复杂：

1. 秦始皇的态度

秦始皇在翦除嫪毐和吕不韦两大势力以后，才亲自掌握政权。前事不远，后人之鉴。分封给君主集权带来的祸患秦始皇十分清楚。因此，当王绾提出"请立诸子"的主张后，秦始皇事实上对分封之后可能所出现的结局十分忧虑。有感于分封制的弊端，他决定否定王绾的建议，不给无功的宗族贵族高级爵位，也不分封子弟为封君。所以司马迁说："秦无尺土之封，不立子弟为王、功臣为诸侯者，使后无战攻之患。"[①]

2. 丞相王绾对于国情的认识

王绾是秦代一位卓越的政治家，是秦帝国的开国功勋与第一任丞相。秦朝用人是十分严格的。"宰相必起于州部，猛将必发于卒伍。"[②]王绾之所以能得到秦始皇的赏识与重用，成为大秦帝国的第一位丞相，虽然司马迁没有在《史记》中详言，但其人的政治见识、政治能力与对君主的忠诚等肯定是一流的。在秦始皇二十六年的朝廷会议上，他提出将秦始皇子弟分封到帝国力量薄弱地区封王建制，实际上代表了当时很多人的意见。天下初定，当时主张分封的势力相当大，许多大臣都认为王绾的建议是可取的。在这种情况下，秦始

---

① 司马迁撰：《史记》卷 87《李斯列传》，第 2546 页。
② 王先慎撰：《韩非子集解》卷 19《显学》，第 460 页。

皇便下令群臣专门就此问题进行讨论。

应当指出，其一，王绾的这个建议并非他个人之见。司马迁说的很是明白，是"丞相绾等言"，就是说，这是以王绾为首的不少大臣的集体意见。在"始皇下其议于群臣"时，"群臣皆以为便"。可见与王绾的观点相同的大臣为数是不少的。如果这个建议毫无可取之处，不可能得到这样多的大臣的支持。其第二，王绾建议的积极意义在于他为刚刚建立的秦王朝提出了一个必须立即设法解决的严重问题，就是如何加强对燕、齐、楚旧地统治的问题。这些地区距离都城咸阳遥远，而又土地广大，旧贵族势力活动猖狂。见于记载的，如项梁、项羽、张良、魏咎、张耳、陈余等，就在这些地区隐姓埋名，阴结党徒，伺机而动。秦王朝的统治实际上是鞭长莫及。后来陈胜、吴广揭竿而起时，项梁、景驹乘机起于楚，田儋、田荣、田假起于齐，"燕故贵人、豪杰"[1]起于燕。曾亲历这些事件的娄敬对刘邦说过："夫诸侯初起时，非齐诸田，楚昭、屈、景莫与。"[2]此话有相当多的道理。从上述情况看来，王绾的忧虑不能说是多余的。在这些地区"置王"以加强控制，这是他和部分大臣想采用的一种对策。廷尉李斯虽然提出了反对意见，但《史记》对于李斯的记载，详于王绾十倍，可是未见只字谈到对燕、齐、楚旧地加强统治的问

---

① 司马迁撰：《史记》卷48《陈涉世家》，第1956页。

② 班固著：《汉书》卷43《郦陆朱刘叔孙传》，第2123页。

题。作为秦王朝的一个重要政治家来说，至少与王绾相比，李斯不能说是更有深谋远虑。其三，王绾的建议实际上是一个站在公正的为国家负责的立场有感而发的。封王建制本身就意味着中央集权的削弱，是对中央政府权力的一种制衡。如果存有个人的私心杂念，王绾很可能就不会提出这种政治主张。其四，王绾的建议虽未被秦始皇采纳，但却在西汉初年，为汉高祖刘邦付诸实施了。这也是一件很值得寻味的事情。刘邦夺得天下后，由于接受了秦二世而亡的教训，对燕、齐、楚等旧地的贵族残余势力很放心不下。他曾以"强干弱支"之策，"徙齐诸田，楚昭、屈、景及诸功臣家于长陵。"[1]又以郡县制度为主体，在地方行政方面，增加了"置王"的制度，以强化统治。这就是所谓"郡国并行"制。置王的主要地区就在燕、齐、楚。全境划分为燕、齐、楚、吴、淮南、长沙等十个诸侯王国。这真是对王绾建议的"全面贯彻"。尽管如此，刘邦毕竟还是郡县制度的继续推行者，"汉承秦制"一语就是历代史学家对刘邦及其子孙的一个重大奖誉。秦和西汉初年的历史证明，王绾的主张是正确的。[2]

3. 李斯郡县制主张的背后

首先，李斯是主张郡县制的。从他这个人的政治品行来

---

① 班固著：《汉书》卷 28《地理志下》，第 1642 页。

② 参见张传玺：《应当正确地评价王绾》，《北京大学学报》(哲学社会科学版) 1979 年第 3 期。

看，他很多的建策表面上是光明正大，为君为国，但其实都隐藏着他私人的目的。李斯是法家，因为出身贫贱，本身没有多少政治资本，要想在秦王朝最高统治集团中占有一席之地，他一定会揣摩上意，充分研究了秦始皇深层次心理愿望的。其次，实现郡县制，对于他在朝中的权力只会是有增无减，与他个人是有益的。"观其人信其言"，对于李斯的人品，我们不应抱有过高的期望值。

从表面上看，无论分封制还是郡县制好像都只是关涉到帝国统治地方的一个政体问题，而不是个人权利之争，但如果这样理解，未免会隔靴搔痒。问题很明显。因为任何一个政治变化，都会涉及一系列政治利益的重新分配，都会为利益集团所关注，企图利用政治变动，做出对自己最有利的决策。对于秦王朝而言，刚刚统一六国，天下人心未定，在六国故地统治力量薄弱，加上历史的惯性，推行封建与郡县并轨制，应是结合历史惯性、人心需求，符合实际情况的一种正确国策。周王朝虽然亡于封建制，但毕竟延续了八百年。郡县制虽好，始作俑者的秦王朝却因为它十四年就亡了国。世界上没有绝对好坏的政策，有的只是它是否用在了合适的时候。对于秦帝国而言，加强中央集权本身无可厚非。然因为皇权与相权是一对天然的矛盾，彼此之间此消彼长。然而如果皇权集中在君主之手，这种高度中央集权就会对帝国秩序与稳定带来很大的促进作用；但如果君权被丞相或者别的野心家所架空或者侵夺，无论是中央政府或者是地方都没有力量拨乱反正，在这种的时候，因为没有权力制约机制，野心家就会起来乱政，从而导致天下大乱。

从秦亡国的历史教训看，如果当初秦始皇能采纳王绾的建议，实行郡县与封建并行的双轨制度，当秦始皇猝然死亡皇权出现真空之际，很可能就会出现这样两种情况：第一种是赵高、李斯虽然有个人野心，但因为地方王国力量的制约，从而不敢将皇权完全侵夺于己手，秦二世能够在中央与地方的力量制衡中操纵皇权，从而保证帝国政治秩序稳定；第二种是赵高、李斯如果敢于冒天下之大不韪，地方诸王就可以高举清君侧的旗帜，将各方政治力量集中起来粉碎赵高、李斯的篡夺皇权、祸国殃民的行为。可惜英明一世如秦始皇者，尚且看不到单纯推行郡县制给帝国未来统治造成的危害，看不到郡县与封建双轨制对中央政府官僚集团的有效制衡，他一手缔造了大秦帝国，他又一手用他的制度葬送了他的大秦帝国。汉高祖刘邦正是在总结了秦王朝这个失败原因的基础上，一方面秦果汉收，一方面又果断推行封建与郡县双轨制，从而在大秦帝国的基础上保证了四百多年汉王朝的统治。

二、在皇权继承人选上摇摆不定

秦始皇有子 18 人，加上十多位公主，子女共有 30 余人。历史表明，生长在皇宫大内的皇帝后裔，由于其特殊的生存环境，他们较之我们普通的百姓更缺乏安全感、幸福感。在家天下的父子继承体制之下，由于权力之争往往与生存利益联系在一起，在不是你死就是我活的激烈生存竞争中，父子亲情、兄弟亲情往往要让位于皇位之争。

史料记载，在秦始皇的诸多儿女中，他最属意的只有长公子扶苏与小儿子胡亥二人。

从有限的史料来看，扶苏与胡亥的差异很大。

《史记·秦始皇本纪》中说，公子扶苏，始皇长子也。按照中国的传统思路，长子一般最有希望能成为帝国的未来接班人。在《史记·李斯列传》中，司马迁借始皇帝侍从首领赵高之口，认为扶苏："刚毅而武勇，信人而奋士。"[①]同样，司马迁又在《史记·陈涉世家》一文中，又借民间"黔首"陈胜之口，将扶苏定格为："百姓多闻其贤。"[②]看来，这些记载不是司马迁漫不经心之笔，他没有专门为扶苏作传，而是借秦帝国朝野上下悠悠之口来定格公子扶苏形象的。扶苏有"刚毅"之性，"武勇"之能，又会识人、用人，还很得民众的认可与赞赏。胡亥是秦始皇的小儿子。《史记》与其他的有关秦史的资料，对他的早年记载的同样不多。在《史记·李斯列传》中，有赵高对胡亥这样的一段评价："慈仁笃

---

① 司马迁撰：《史记》卷87《李斯列传》，第 2549—2550 页。
② 司马迁撰：《史记》卷48《陈涉世家》，第 1950 页。

厚，轻财重士，辩于心而讪于口。尽礼敬士。"[1] 赵高是胡亥的授业老师。按道理说，以其对胡亥长期之观察，评价自然具有很高的可信成分。不过，据胡亥后来的表现来看，除了"口讪"尚能说得过去外，赵高对胡亥的其他评价都很难与他成为皇帝后的作为联系起来。

对于公子扶苏，始皇帝显然是十分看重的。这位秦帝国的长公子，在少年时一定是学习了儒法两家的大量知识。始皇帝虽然偏爱法家学说，但在灭亡六国前，秦国除了崇尚法家学说外，对诸子百家之学实际上并未完全禁绝。因此，扶苏除系统地学习与研究法家学说外，对儒家的学说同样也富有兴趣。

也许是学问上的原因，也许是性格上的因素，扶苏在治国方略上却与其父有着不同的意见，他不像乃父始皇帝专断严酷，而是主张儒法并存，以仁德治国。当年，秦始皇焚书坑儒，扶苏尽可以装聋作哑、不管不问，但责任心与勇武的天性，使他敢于挺身而出，成为天下唯一一个敢于直谏秦始皇的大臣。扶苏的大胆，令刚愎自用的始皇帝大为恼火。不久，始皇帝就把扶苏赶出都城咸阳，让他"北监蒙恬于上郡"[2]。扶苏被赶出都城，让朝野上下对帝国未来接班人的人选问题再次蒙上了一团乌云。扶苏离开都城，显然是始皇帝在立嗣

---

① 司马迁撰：《史记》卷87《李斯列传》，第2550页。
② 司马迁撰：《史记》卷6《秦始皇本纪》，第258页。

问题上有了一个重大的改变，表明始皇帝并不希望把权位传给一个与自己的政治观点有重大分歧的皇子。或许，扶苏的年长与刚毅才是让始皇帝内心深处不安的根本性因素。

由于皇帝的高深莫测与喜怒无常，朝臣们对帝国未来接班人的看法，由普遍看好扶苏转变为漠然待观。这种情况，对于大秦帝国的未来前途，显然不是一个好的兆头。

如果说，对于扶苏，始皇帝表现出的更多的是"严父"一面的话，那么，对于小儿子胡亥，这位身姿英武、不可一世的皇帝则表现出了与普通父亲疼爱幼子的一般无二的心理。也许是因为胡亥年龄最小，始皇帝于诸子之中对他最为宠爱。这种宠爱，简直到了有点不讲原则的地步。其一，他亲自给胡亥指定了授业老师。在《史记》中，也不知是司马迁的有意无意，关于扶苏与秦始皇的其他公子，都没有专门记载始皇帝为他们指定授业老师。唯独胡亥，司马迁神来一笔："秦王闻高强力，通于狱法，举以为中车府令。高即私事公子胡亥，喻之决狱。"①另外，在别的篇章中，司马迁又说："赵高故尝教胡亥书及狱律令法事，胡亥私幸之。"②翻阅其他有关秦朝的史料，除了抄袭司马迁的观点外，目前为止，本人并没有发现有关始皇帝为其他子女专门指定授业老师的记载。由此推断，掌管汉室图书史籍的司马迁，在胡亥受教

---

① 司马迁撰：《史记》卷88《蒙恬列传》，第2566页。
② 司马迁撰：《史记》卷6《秦始皇本纪》，第264页。

育上的这一笔，点得意义非凡。从这里传达出了一个信息：帝国最高执掌人对于小儿子有着特殊的关怀与期盼，这件事亦表明，扶苏很可能并不是始皇帝唯一选定的接班人选，至少在秦始皇的心中，公子胡亥也是在备选之列的。其二，据《旧唐书·元稹传》中记载："胡亥之生也，《诗》《书》不得闻，圣贤不得近。"[①] 如果这则史料表述的观点可信的话，它足以说明：秦始皇对胡亥是倾注了极大心血的。他独钟于法家学说，就特意让法律知识渊博的赵高去为胡亥授业。鉴于对于扶苏所受教育的不满意，始皇帝甚至不让胡亥去接近别人，除了赵高与法家学说外，胡亥平日里是"圣贤不得近"。由此印证，秦始皇对于长子扶苏尊重儒家学说是持否定态度的，这也可能促使这位专制君主有意加强对胡亥教育上的管理，这是除了法家学说，其他学说都不让胡亥接触的一个重要因素。在没有比较、没有选择的环境下，胡亥的思想意识中所得的认识只能完全来自老师赵高的一套关于严酷刑罚、残忍暴虐的教育与熏陶。他所尊敬与信赖的人，除了父亲秦始皇，也就剩下赵高一人了。这就在一定程度上影响了胡亥甚至大秦帝国的未来和命运。其三，始皇帝对胡亥特殊喜欢最明显的一点事情，就是在他外出巡游时，在众多子女中，唯独带上了胡亥。这可不是一个小事情。通观中国历史，在

---

① 刘昫等撰：《旧唐书》卷 166《元稹传》，中华书局 1975 年版，第 4328—4329 页。

家天下的父子继承体制之下，政情往往由亲情延展而出。帝
王的内心想法与隐私，往往就是国家与王朝的想法与隐私。国
家政情的变化与动荡，往往可从帝王的隐情与日常生活的变
动中窥出端倪。扶苏出都与胡亥伴驾，在朝臣们看来，这都
是丰富而明显的政治信息。未来帝国接班人之选，秦始皇更
加欣赏的是胡亥而不是扶苏。要知道，在专制的年代里，皇
帝的一言一行，往往直接影响着朝臣们的思想与举动。胡亥
有此专宠，这也是赵高、李斯能够在后来发动沙丘之变，矫
诏拥立胡亥，朝内外并没有出现反对声音的一个重要原因。

三、在权力集团上缺乏有效制衡机制

秦始皇在建立大秦帝国中央政府权力制衡中明显存在着
一些漏洞。

柳宗元认为秦王朝灭亡的原因是"失在于政"，"胡亥任
赵高而族李斯。乃灭"。秦王朝的覆亡是因为秦二世时赵高专
政改变了秦始皇的政治措施而引发动乱。

北宋王安石认为，大秦帝国之所以短期而亡，是因为秦
始皇父子加强王室、削弱诸侯。他说："周强末弱本以亡，秦
强本弱末以亡……秦戒周之亡，郡而不国，削诸侯之城，销
天下之兵聚咸阳，使奸人虽有觊心，无所乘而起，自以为善
计也。及其敝，役夫穷匠操锄耰棘矜以鞭笞天下，虽欲全节本

朝，无坚城以自婴也，无利兵以自卫也，卒顿颡而臣之。彼驱天下之众以取区区孤立咸阳，不反掌而亡，无异焉，强本弱末之势然也。后之世变秦之制，郡天下而不国，得之矣，圣人复起不能易也。"①

上述柳、王二人的观点有其一定道理。

秦王朝建立之后，围绕在皇权周围的有这样几个利益集团：其一，皇族亲贵集团。这个利益集团以公子扶苏为核心。其二，内廷宦官集团。这个利益集团的代表人物是赵高。其三，政府官僚集团。这个利益集团的核心是李斯。其四，军人集团。这个利益集团的代表人物是蒙恬。这既是秦始皇执政的资本，也是秦王朝赖以维持统治秩序的权力支柱。

第一，秦始皇用胡亥制约扶苏的举动是失败的。

秦始皇让长公子扶苏离开咸阳到生活条件艰苦的北方边境去体验生活，从表面上看，好像是因为扶苏上谏触动了他的逆鳞。但如果深入分析就会发现，问题并没有这样简单。从史书的记载来看，扶苏为人"刚毅而武勇，信人而奋士"。其性格上的刚毅与在政治上的成熟，也许在其父秦始皇看来，这对于他的皇权的稳定并不是一件好事情。从秦始皇的不断寻求神仙与仙药的祈求长生举动来看，很可能是秦始皇的身体健康早已经出现了问题。这位不甘屈服命运摆布的人间帝

① 曾枣庄、刘琳主编：《全宋文》第 65 册　卷 1406《王安石 44》，上海辞书出版社 2006 年版，第 20—21 页。

王，企图夺造化之功、寻求长生不老之道，不甘心就此退出历史的舞台。自然，他就不喜欢自己的接班人的过早成熟并拥有很强的政治能力。因为，从扶苏的政治成熟中，秦始皇隐隐感到了自己自然生命正在衰弱；从扶苏的刚毅奋勇中，他似乎隐隐感到了某种不安定因素的威胁。扶苏在政治上的成熟，敢于向他提出对国事的不同处理意见；扶苏的深得人心，让朝臣与黔首们对他充满信心。如果有一天，自己处理国事出现重大失误或者疏忽大意，谁能担保朝臣们不会拥戴扶苏来替换自己？身在高位，逼宫抢班的危险，使人不能不有所提防，而首当其冲的警惕对象，就是自己身边的继承人了。春秋战国时期那么多血淋淋的内廷政变事实无不说明，长大成人的亲骨肉，越是能力强，越是力量大，越是得民众心的，不是越有篡逆的危险吗？前车之覆，后车当鉴。饱读史书的秦始皇，怎能不明白其中的三昧？何况，在这位不可一世帝王的内心深处，因为幼年不幸福的生活经历，猜忌与不安一直在吞噬着他力图平静的内心。在这样的情况下，扶苏表面上很接近皇位继承人，实际上是处在一个十分危险尴尬的地位。

我们再看胡亥。秦始皇31岁生下胡亥后，大概因为健康出了问题，此后就没有再生育子女了。人们常说，幺子幼儿最可爱，年少天真无猜忌。爱幼的人情，不仅平民百姓如此，贵为天子的人也是如此。何况，幼子因为各方面的因素，继承皇位的可能性最小。年幼天真，不仅不会让身处皇位的帝王感到压力，而且常常因为双方没有猜忌而格外让人体会到亲情的幸福，这种闲暇时对幼子的爱怜与关怀，很可能就是帝王释放压力的一剂灵丹妙药。

历史上，因为老父爱幼子而对长子不放心导致废长立幼的事情比比皆是，举不胜举。相对于秦始皇而言，在他身前的有周幽王（周幽王废长子宜臼立幼子伯服）、晋献公（杀长子申生立幼子奚齐），在他身后有汉高祖刘邦（废长子刘盈立幼子如意失败）、魏武帝曹操（一度打算废长子曹丕立幼子曹植失败）、三国袁绍（不立长子袁谭而立幼子袁尚）、三国刘表（不立长子刘琦而立幼子刘琮）、隋文帝杨坚（废太子杨勇立幼子杨广）、康熙帝爱新觉罗·玄烨（两次废太子允礽）……简直可以写一部废长立幼的史书了。晚年的秦始皇，同样一直被继承人问题所困扰。

人性本复杂，人心多变化。秦始皇一方面将长子扶苏驱赶出咸阳，另一方面又对幼子胡亥宠爱有加，这都是大秦帝国皇位继承人可能发生变动的一个重要信号。

那么，胡亥凭什么得到了寡恩刻薄的父皇信任的呢？

秦始皇产生将胡亥确立为皇位继承人的想法，大致可能来自下面几个方面的原因：

其一，前面说过，秦始皇特别疼爱幼子，这是一个重要原因。

其二，胡亥天真直率、天性顽皮，这很可能是秦始皇诸子中性格最特殊的一位，因此很讨秦始皇的喜欢。

其三，西汉刘向在整理古代故事集的基础上，写过一本

《新序》。在《新序·杂事王》中，记录了一个有关胡亥幼年时期的故事。大意是：当胡亥幼时，一天，始皇帝设宴招待群臣，胡亥诸兄弟也都参加。古时人们席地而坐，入席通常先要脱鞋，鞋子放在屋外，宴席中间，胡亥一时兴起，出来将诸位兄长的鞋子个个踩了个遍。这件事作为一件趣事让始皇帝开怀大笑。据史料猜测，扶苏与其他公子在母亲的严厉教育下，是不可能在公共场合做出这等滑稽之事的。胡亥年幼丧母，无人看管，性格顽皮淘气一点，也在常理之中。而这种撒娇似的恶作剧，很可能正是始皇帝对他疼爱有加的又一个重要原因。

其四，胡亥没有政治野心。他本来没有当皇帝的野心，后来成为秦二世也是老师赵高怂恿利诱的结果。这一点，很可能是视权力如生命的始皇帝最为欣赏、也最放心他的一点。

其五，胡亥因为小小年纪就失去了母亲，他对父亲始皇帝的依赖是一件非常自然的事情，其忠顺之心肯定会时时自然地流露出来，劝父亲爱惜身体也必发自内心而不是礼节性的语言。所有这些很可能让秦始皇真正体会到了亲人之间的天伦之乐与一种难得的抚慰。政事之余，胡亥常常来找始皇帝，绕膝弄儿的天伦之乐，使始皇帝在心理上很可能也想在未来权力分配上补偿一下这个可怜的孩子。这样，就有了当始皇帝出巡时将胡亥带在身边的事情。

秦始皇出巡时之所以带上胡亥，很可能是出于这样几种考虑：

其一，路途中劳累奔波，带上爱子胡亥，闲暇之余可以享受天伦，可以缓解压力。

其二，秦始皇出巡，连带着帝国政府政治中枢的移动，不仅是个人的行为，更是一次重大的政治行动。让胡亥在身边看着自己处理政务，一方面可以让他成长见识，得到历练；另一方面又可以让他直接与随行的重臣们接近，从而为他将来主持帝国政府的工作铺垫好一点基础。

其三，秦始皇之所以带上胡亥，很可能还有一个更隐秘的意图。这就是始皇帝虽然已经决定将胡亥确定为自己身后的接班人选，但他并不放心，也并没有下定最后的决心。这从他一年前将扶苏贬斥出京，打发到上郡的蒙恬军中出任监军一事即可窥其端倪。

一年前，秦始皇将扶苏贬黜出京，毫无疑问是对扶苏的惩罚和警告。但是，贬斥并不等于废黜。蒙恬三十万大军关系着都城咸阳和北部边疆地区的安危，始皇帝将扶苏派到这里来监军，将蒙恬军队交给扶苏，从某种意义上讲实际上就等于将帝国的命运交给了扶苏。这样的安排，不能不说是怒中有爱，贬斥中隐含着重用，显示出秦始皇在继承人的问题上出现了犹豫和摇摆，表示出他还想继续观望和观察。

但是，经过出巡途中近一年的观察与考核，实践证明，胡亥显然不适合担任帝国未来的接班人选。作为一位讨父亲欢心的儿子，无疑他是最优秀的人选；但作为一位政治家，他显然不具备担负起作为帝国领航人的能力与资格。终于，秦始皇又将接班人的视线从胡亥转回到了扶苏的身上。扶苏年轻力壮，敢作敢为，具有从政的能力，又得到朝野上下的瞩目与信任，让他担任未来帝国的接班人选，显然较胡亥更加合适。经过反复考虑，理智终于战胜了感情。在秦始皇弥留的最后时刻，他决定将帝国舵手的重担交到长子扶苏的肩上。可是，经过他一年多来的犹豫和摇摆，他一手置下的潘多拉盒子已经不可能销毁。因此他一死，赵高、胡亥、李斯立刻联手在他的尸体旁边矫诏置公子扶苏于死地，发动了大秦帝国历史上最为残酷的夺嫡政变，帝国的潘多拉盒子一旦打开，亡国灾难也就不可避免。

前文说过，胡亥是一个没有政治抱负也没有政治野心的帝王之子，他人生的最大目的就是人生苦短，及时行乐。也就是说，胡亥并没有当皇帝的欲望。因此，当秦始皇突然死在出巡的途中，赵高劝诱胡亥篡改遗诏、取代扶苏、抢班夺权时，一开始就被胡亥一口否绝。对于此事，司马迁在《史记》中有较为详细的记载：

> 赵高因留所赐扶苏玺书，而谓公子胡亥曰："上崩，无诏封王诸子而独赐长子书。长子至，即立为皇帝，而子无尺寸之地，为之奈何？"胡亥曰："固也。吾闻之，明君知臣，明父知子。父捐命，不封诸子，何可言者！"赵高曰："不然。方今天下之权，存亡在子与高及丞相耳，愿子图之。且夫臣人与见臣于人，制人与见制于人，岂可同日道哉！"胡

亥曰："废兄而立弟，是不义也；不奉父诏而畏死，是不孝
也；能薄而材谫，强因人之功，是不能也。三者逆德，天下
不服，身殆倾危，社稷不血食。"[1]

从上述这段史料可以看出，胡亥回答赵高的引诱干脆利
落，毫无贪恋政治权力的意思。可见此时的胡亥，还是一个
心地单纯的青年公子。但是，长期以来他不问世事，与外界
隔绝的生活环境，使他对父亲始皇帝和老师赵高产生了无可
名状的、无法摆脱的心理依赖与实际生活上的依赖。秦始皇去
世后，能够给他安全感的就只剩下赵高一人了。赵高的话，
他不能不听，也不敢不听，因为他怕失去了赵高这最后一位
可以依赖的亲人。沙丘政变他之所以附逆，根本原因还在于
恐惧怕事，而不在于他有当皇帝的野心和欲望。后来的历史
也证明了胡亥没有政治抱负与政治野心，他成为大秦帝国的
二世皇帝后，多次显露出生命苦短、及时行乐的心理倾向。
司马迁说："二世燕居。"一个"燕"字，颇含深意。它将
胡亥追求安逸、贪图享受的心理与行为淋漓尽致地刻画了出
来。当上皇帝后，胡亥便与赵高商量："夫人生居世间也，譬
犹骋六骥过决隙也。吾既已临天下矣，欲悉耳目之所好，穷
心志之所乐，以安宗庙而乐万姓，长有天下，终吾年寿，其

---

① 司马迁撰：《史记》卷87《李斯列传》，第2548—2549页。

道可乎？"①秦始皇生前，胡亥对他的依赖近乎盲目；秦始皇死后，胡亥又将这种依赖之情自然转移到了赵高的身上。赵高是他的授业老师，常年的接触，这份感情旁人自然无法分享。在这种情况下，胡亥对于赵高的信赖几乎到了无以复加的程度。此后他的人生中所有的重大举动，都是在赵高的指导下充作了一个只会点头画圈的玩偶工具。

第二，秦始皇用赵高防范李斯的策略也没有成功。

对于丞相李斯在官僚集团中的强大影响力，秦始皇是十分清楚的。因此，秦始皇才会特别注意提拔赵高并让他成为胡亥的老师。这是用内廷制约外朝的一种权力制衡的手段。不过，让秦始皇没有想到的是，赵高是一个野心家、阴谋家，竟敢觊觎皇权、操纵皇权。因此，重用赵高，危险更大。在秦史中，赵高是秦二世胡亥的授业老师，也是秦始皇的中车府令，他既是沙丘政变的主谋，又是最后毁灭大秦帝国的罪魁祸首，这些都已经是确定无疑的事实。

据司马迁说，赵高是因为三种素质为秦始皇信任与重用的。这三种素质就是："强力""通于狱法"与"敦于事"。

从这三种素质来看：

其一，"强力"即是指孔武有力，搏击本领高强。这是秦始皇身边任何一个卫士都必须具备的素质。赵高是中车府令，

---

① 司马迁撰：《史记》卷 87《李斯列传》，第 2552 页。

应该具备这样的素质。一般来说，去过势的男子的身体都不会太健康，更谈不上强壮有力了。赵高武艺出众、本领高强，这从另一个视角看，也应该作为赵高不是奄宦的一个重要因素。

其二，"通于狱法"，显然就是娴熟秦帝国的法律律令。秦始皇能够任命赵高为他最心爱的儿子胡亥做老师，由此可见，赵高的法律知识及其他帝国政治必需的知识，应是相当渊博的。

其三，"敦于事"，是指做事果断干练、办事踏实。赵高犯法以律当斩，秦始皇因为爱惜赵高的办事能力而特别赦免他，由此也可知道赵高的办事能力应是相当强的。

实际上，赵高的书法，也堪称一流，在大秦帝国的高层官员中，能够与他相伯仲的，也只有丞相李斯一人。他对秦帝国的文字改革，有相当大的贡献。他著有《爰历篇》六章，是大秦帝国官方指定的识字课本的一部分，也是有名的文字学著作。

这样看来，赵高应该是一个在许多方面都有很强能力的人物。从秦始皇、秦二世父子二代对他不断升级的赏识和重用的程度来看，估计事实应该不会相差太远。

按大秦帝国的体制，中车府令是太仆的属下。太仆是帝国的三公九卿之一，负责掌管秦帝国的车马交通事宜，下属有各类车府官署，苑马监令。中车府令，同各类车府令一样，官秩六百石，有副官中车府丞一人，官秩三百石，所属吏员有数十人之多。以级别而论，中车府令只能算是个中级官吏。不过，由于中车府令是皇宫禁内的车府令,职务相当于皇帝的侍从车马班长,负责皇帝的车马管理和出行随驾,这就对于车马的驾驭和管理、保卫皇帝安全等能力方面都有极为严格的要求,职务至关重要,只有皇帝的绝对心腹亲近和应变能力很强的人才能担任,其位置与影响力一点也不可小觑。

根据秦帝国的法律规定,一般的车马驾驭,车手至少要经过四年的训练,四年后还不能熟练地驾驭车马,教官要受到严厉的处罚,本人也要服四年的劳役。合格的车手,要求年龄在四十岁以下,身高七尺五寸以上;步履矫健,追逐奔马疾驰自如;身手灵活,上下车随意自如;车技熟练,能够驾车前后左右周旋;强壮有力,能够在车上掌控旌旗;武艺高强,能够引八石强弩,在驰骋中前后左右开弓自如。中车府,聚集的都是大秦帝国车手与武功高手的精华,对于他们的要求,当然远在上述条件的车手之上。用现代的话说,人人都是驾车能手,个个都是大内武士;驾车、技击皆是帝国一流。中车府令,如果不具备上述基本素质,恐怕无法担当与领导好护驾这一至关重要的任务。这样看来,赵高不仅文采出众,而且驾车、武艺也超群,是一个不可多得的文武全才。

应该看到,升任中车府令,对于赵高来说,意义重大。这不仅在于他的职务得到了晋升,更重要的是,他从此能够接近皇帝,能够从此涉足帝国政治权力的中枢与核心。后来,秦始皇对他信任有加,将玉玺管印大权也交给他办理,本指望靠赵高在关键处能够制约丞相李斯,谁能想到秦始皇刚死,赵高就挟势与李斯合手架空了皇权，将始皇帝的帝国直接推向死亡的深渊。

第三，秦始皇用蒙恬军人集团制约李斯官僚集团的制衡计划也归于失败。

因为情况很明显，秦始皇在胡亥与扶苏关于继承人问题上的摇摆不定，使得帝国的皇族集团与军人集团无法确认最终合法继承人的人选，加上握有皇帝玉玺加印权的赵高与官僚集团领袖李斯的突然联合，再加上秦国法治的威力，扶苏与蒙恬先后自杀，军人集团最终选择了屈服。

总之，大秦帝国之速亡，有建国之初秦始皇在制度设计方面的缺陷，有秦始皇在统治集团之间权力制约的无效等等因素。事实表明，秦王朝的灭亡，非君权强大，恰是秦二世统治时期君权太弱所致。秦始皇缺乏对最高统治集团各派有效的制衡，在他死后皇权为赵高、李斯所架空，这是导致大秦帝国覆亡的根本原因。

结　语　**秦皇治国论**

　　秦始皇创制的若干重要制度，特别是皇帝制度、郡县制度、官僚制度，以及统一文字、货币、度量衡等强有力的措施，对此后两千多年中国政治的演进产生了重要而深刻的影响。秦始皇继承前代的法治传统，在秦法律制度日益完善的基础上，提出了以法治国、以吏为师的政治准则。作为中国历史上第一个真正地实现了"大一统"的高度中央集权的大秦帝国之领袖，秦始皇执政的理论基础是法家的以法治国、以刑去刑、事皆决于法的基本思想。他的统一思想、以吏为师等政治举措，为后世中国的政治运作提供了一种颇具价值的治理模式。

一、创立皇帝制度

　　秦始皇对中国政治第一个开山式、里程碑式的创造，便是为自他而后的最高统治者发明了"皇帝"制度及其与之相配套的一系列称号。从秦始皇开始，"皇帝"称谓一直成为君权时代历代王朝最高统治者的正式尊号。"皇帝"也由此而成为秦汉以来中国君主专制制度的代表性文化符号，与此相应的皇权观念亦成为最高统治者为巩固权力和培植权威资源的重要价值理念之一。随着历史的积淀，皇帝观念早已经深入人心，已经成为中国传统政治文化的核心组成部分。

公元前221年，经过多年的兼并战争，秦灭六国，在扬弃周文化的基础上全面实现了国家统一。

司马迁说："秦王兼有天下，立名为皇帝。"①

天下统一后，秦王嬴政不满意前朝君王的政治称谓，指令群臣议上尊号，标准有两个："称成功"与能够"传后世"。

很明显，"称成功"，就是说嬴政的尊号与权力，要与他前无古人的功业相匹配；"传后世"，就是要让个这个新创立的帝国制度规范与长久化，能够代代相传下去，实现万世一统。

最后，根据群臣的提案，嬴政将尊号定名为"皇帝"，秦始皇遂成为中国历史上第一位皇帝。

司马迁说："始皇自以为功过五帝，地广三王，而羞与之侔。"②

皇帝尊号与制度，无疑是秦始皇对中国政治制度的一大发明与创举。

---

① 司马迁撰：《史记》卷6《秦始皇本纪》，第246页。
② 司马迁撰：《史记》卷6《秦始皇本纪》，第276页。

从历史上看，"皇帝"一词，古即有之。《尚书·吕刑》有"皇帝哀衿庶戮之不辜""皇帝清问下民"①等。这是现存文献中"皇帝"称谓的最早记载。对于《吕刑》中所说的"皇帝"，学界大多认为是对尧、舜等前代帝王的尊称。在功盖三皇五帝的意义上使用"皇帝"一词，并将这顶桂冠加在当代君主之头上，显然始于秦王嬴政，他是中国历史上第一个把皇和帝联系起来，在总结前人的辉煌成就的基础上，第一个敢于称自己的功业超过了三皇五帝的充满政治自信与文化自信的帝王。

表面上看，"皇帝"是一种名号、一种君主称谓，但实质上，这不是一个简单的称谓问题，而是帝王观念的实现，它把帝王的尊贵推向了顶峰。秦始皇设置名号的根本目的是利用民众对君主制度和王权的普遍信仰来建立统治者独一无二的政治权威。在秦始皇之前，最高统治者已经有过一系列的高贵名号。如夏朝的"后"、商朝的"王"、周朝的"天子"等。但秦始皇认为这些称号还不足以概括其权势，显示其功德，彰显其神圣，于是指令群臣另上尊号。群臣引经据典，认为人类之中"泰皇最贵"，建议以"泰皇"为号。而秦始皇意犹未足，他干脆将概括天皇、地皇、泰皇之"皇"与上古最高统治者的"帝"号连缀在一起，创造了"皇帝"称谓。

---

① 孙星衍撰：《尚书今古文注疏》卷 27《吕刑》，第 5241 页。

秦始皇的"皇帝"名号，既是对新生帝国制度的新概括与新发展，也含有权势与功德都超越"三皇五帝"的文化意味。"皇帝"称谓是在一系列君主称谓的基础上产生的，它既可以与"皇""帝""王""天子""陛下"等其他君主称谓相提并论，又作为最高统治者的正式尊号而凌驾于一切君主称谓之上。

秦始皇创立的皇帝制度，不仅作为一种文化符号，更是与一系列国家名、器联系在一起的。皇帝权力表现在为民立极，即对全国臣民的行为准则和道德规范作了详尽、具体的规定。所有的臣民都必须按照皇帝的意志和命令行事。琅玡刻石中的一些文字记载就颇能说明这个问题。

与皇帝称号相同时，秦始皇还确立了尊君卑臣的一整套礼仪制度。为了维护皇帝尊严，从秦始皇开始，历代最高统治者还有一系列极为烦琐的礼仪规范，就连皇帝的衣、食、住、行都打上了皇权至上的印记。这就从名号、制度、礼仪、法律等各个方面，确保了皇帝至高无上和神圣不可侵犯的权力。在制度与观念的互动中，"皇帝"不再是单纯的政治文化符号，而是中国传统统治思想和政治制度的最高概括。

皇帝制度开两千年来中国君主专制制度之先河。从秦始皇开始，周王朝实行的分封制度，开始被郡县制所替代。这是政治上的大智慧，是大一统传统中国政治所需要。皇帝制度对此后两千多年的历史演进产生了深刻的影响。秦始皇这一筚路蓝缕、开创之功不可没！

二、巩固与完善郡县制度

大秦帝国的政治制度，在许多方面表现出了新鲜的气息。

秦统一天下之后，疆域空前广大。

据司马迁在《史记·秦始皇本纪》中记载，秦帝国的国土，东至朝鲜，西至临洮，南至"北向户"，也就是到了北回归线以南的地方，北边则据河为界，国防线与阴山并行东至辽东。

如何治理这片广袤的疆土，是继续采用周王朝的分封制，还是采用春秋战国以来新兴的郡县制，秦帝国君臣曾经就此进行过两次激烈的辩论。

秦刚刚实现统一之初，丞相王绾曾经主张推行传统的分封制度，以维护帝国的安定。

王绾认为，诸侯初破，燕国、齐国、楚国旧地距离关中都非常遥远，如果不分置诸侯王的话，就没有办法镇抚管理。他建议秦始皇分立诸子做诸侯，以统治距离国都咸阳较远的土地。

秦始皇对这一意见在秦宫廷上展开讨论，群臣大都表示赞同王绾的建议。只有廷尉李斯提出了不同的政治见解。

李斯说，周文王、周武王分封了许多子弟同姓为诸侯，但是后来这些诸侯国和周王朝的关系越来越疏远，又彼此如同仇敌一般互相攻击，连周天子也没法加以禁止。现在，全靠陛下英明神圣，海内实现了一统，都成为直属朝廷的郡县，诸子和功臣可以用国家的赋税收入给予丰厚的赏赐，这样便于控制天下，这是实现海内承平的"安宁之术"，而分置诸侯，是不宜施行的建议。

经过斟酌，秦始皇采纳了李斯的意见，他认为：天下苦于战争长久不息，就是因为诸侯王割据称雄、相互争夺的缘故。现在天下安定，如果重新分立诸侯国，就会再次埋下战争的隐患，要想谋求海内安定，就应该采取郡县制度与官僚制度。

然而，事情并未就此结束。

公元前 213 年，秦帝国君臣就是否推行郡县制，又发生了一次著名的御前辩论。

秦始皇置酒咸阳宫，博士七十人在御前祝酒。

仆射周青臣进颂说，以往秦国地方不过千里，赖陛下神灵明圣，平定海内，放逐蛮夷，日月所照的地方，全都成了陛下的国土。以诸侯统治旧地设立郡县，于是人自安乐，不再有战争的祸患，天下可以传之万世。自上古时代算起，诸多帝王，哪一个都不及陛下的威德。

然而，博士齐人淳于越却直接反驳了周青臣的说法。

他说，殷周政权能维持一千多年，正是因为分封子弟功臣，自为枝辅。今陛下拥有海内，却废除分封制而推行郡县制。做事不遵循古训而能够长久的，好像还没有前例可循。

两种意见仍然是相持不下。

于是，秦始皇命令就分封或是推行郡县再次进行讨论。

在第二次辩论中，李斯继续批驳"师古"的分封主张，以为五帝的政策不相重复，三代不相沿袭，但是各自都实现了安定进步，政制只能依时势而变化演进。李斯又指出古来天下散乱，不能一统，以致出现"诸侯并作""诸侯并争"的严重危害。他坚持郡县制对于"创大业，建万世之功"有重要作用的主张。李斯肯定郡县制的意见再次得到秦始皇的赞同，而对于与此不同的政见，随后秦始皇则采取了以"焚书"为标志的严厉打击的措施。

明代思想家李贽在《史纲评要》卷四《后秦纪》中曾经称李斯倡行郡县之议是"千古创论"，又就"置郡县"之举多所赞誉。他说，李斯等人，都是应运豪杰、因时大臣。假使圣人重新复生，所推行的政策也不会有所改变的。

在明确了治理之策后，秦始皇于是分天下为三十六郡，在每一个郡，设置守、尉、监诸官职，分别负责行政、军事、监察，彻底固化郡县制度。郡县制在秦帝国的推行，标志着中华帝国最基本文化圈的初步形成，后来中土文化向四方传播，都是以此作为主要基地的。

在秦的地方行政体系中，郡的下级单位是县。少数民族地区的县级行政单位则称"道"，这是因为当时中央政府对于这些地区一般只能控制主要的交通线，并由此推行政令、集散物资的缘故。

秦帝国的郡县制度大致有以下几个主要特点：

第一，地方行政机构设郡、县两级，县以下有乡、里等基层政权组织。基本上实行单纯的郡县制，中央政府之下设数十个郡。作为地方最高行政区划的郡规模相对较小。

第二，郡县主官一律由中央政府任免，其他各级重要官吏的任免权也全部操在中央政府的手中。各级官吏的基本职责和行政行为主要依靠国家制定的各种法规加以规范。一切地方官都属于官僚制度中的官僚，他们必须服从国家及上司的法令、政令，定期向上一级政府报告政务，并接受上一级政府的考课。中央在地方设置专门的派出机构以监察郡县百官或直接管理相关事务。

第三，国家将各项重大权力集中于中央政府，通过掌握大政方针的决策权、国家法规和制度的制定权、各级主要官吏的任免权、所有军队的调动权、最高司法权、最高监察权和财政管理权等，加强对郡县的控制，使地方很难形成对抗中央政府的政治势力。

第四，初步形成地方官吏分权、制衡的机制。如在郡一级，郡守、郡尉、监察御史在行政、军事、监察方面有所分工，军事、监察权力有一定的相对独立性。但是，在这方面还有许多有待进一步改进、完善的地方。

第五，中央赋予地方较多的实权，使之与后世郡县相比有较多的自主权。各级政权机构基本上实行行政、司法、军事、财政、监察等诸权合一。郡守和县令还有制定地方法规、政令和选任低级官吏、属吏的权力。每一级行政机构只有一个权力中心，行政首长的权力仍然比较大。地方享有的权力尚足以承担属于其职权范围中的各项日常政务。必要时郡守还有条件集中包括军事力量在内的各种资源以应对危机。

过去，许多政治史的研究著作都认为秦朝灭亡的原因之一是秦始皇嗜权如命，导致中央集权过甚而地方政权权力太少而导致。其实，这种观点是值得商榷的。秦帝国的灭亡，恰恰是权臣架空皇权，皇权遭到严重削弱的结果。综观中国古代政治制度史，在历代王朝中，秦朝郡县一级政权及其行政长官的实际权力属于较大的一类。然而，这种政治体制存在很大的隐患，只是因为秦始皇威权太大而一时没有显现出来。然在秦二世统治时期，在当时中央政府因为权臣祸国而皇权极为脆弱的历史条件下，这是容易出问题的。

从历史发展的角度看，秦帝国郡县体制的弊端主要有两个：一是地方主官的权力太集中。由于秦帝国立国时间太短，这个问题还没有从内部充分地暴露出来。但是在发生动乱时，项梁、刘邦等一批豪杰只要夺取守令印信，便可以形成一股强大势力，在一定程度上暴露了这个问题。二是地方最高一级行政区划的规模太小。全国分划为四十多个郡，中央直接管理的下一级政权机构数目太多。从管理学的角度看，这也是有问题的。郡一级的行政区划太小，致使力量过于分散，在国家出现危机时，单凭各个郡县的力量，很难在更大的范围内组织有效的应对措施，而中央权力又难免鞭长莫及。秦末天下动乱之际，这个弊端暴露无遗。从稳定"家天下"的政治结构的角度看，在认同旧的政治体制的传统势力仍然相当强韧的秦代，特别是在刚刚实现国家统一的立国之初，如果秦始皇在关键地区适度分封若干嬴姓王国，可能在政治上对稳定统治会更有利一些①。这样做既可以减少一些舆论的批评，加强高层内部的团结，又有利于巩固嬴秦王朝的家天下，使整个国家的政治运作状况适度增加一些稳定性。一旦中央政府内部出现权臣祸国问题，地方也有能力勤王"清君侧"。这些缺失，汉帝国的创始者刘邦都十分明智地在借鉴秦亡原因的基础上加以了改进和完善。

三、建设帝国官僚制度

实行郡县制度后，为了有效地管理国家与官吏，秦始皇吸取了战国时期置官设制的经验与教训，建立了比较完备的中央与地方二级政权组

秦始皇创建的官僚制度独具特色。

从一开始，中国早期政权就是完全建立在家族统治的基础之上的。这决定了秦制与周制所赖以存在的社会性质与基础结构是一致的，即宗法社会。所不同的是，周制直接将宗法

---

① 参见张分田著：《秦始皇传》，第 310—311 页。

社会的宗法制度上升为国家政权建构的制度基础，从而将政权与族权结合一体；秦制没有否定宗法社会与宗法制度，否则，它就不可能确立家天下制度。但秦制政权建构又在很大程度上超越了宗法社会与宗法制度，最重要的体现就是除了皇帝制度之外，国家不是靠家族来治理的，而是靠人才来治理的，从而使得家族的社会地位不能直接转化其在国家治理中的权力地位。这样，基于封建制必然形成的贵族阶级与贵族统治就逐渐被基于人才治理国家所形成的官僚制所取代。秦制正是依靠这样的制度，建立了比周制更具统一性和牢固性的家天下格局。

秦制创造了中央集权的高度统一以及相应的强大皇权，但它从诞生的那天起就使得秦始皇用秦制统一中国时所追求的"万世一系"变成黄粱美梦。这是因为，秦制在用官僚制替代贵族制的时候，就使得"万世一系"失去了赖以存在的社会基础。正是这种家天下的内在矛盾，使得国家权力可以被某一个家族所掌控，但不可能永远掌控在一个家族的手中。国家权力的归宿和掌握一旦失去了血缘与家族的神圣性，国家权力自然就成为全社会的公器，在以家族为单位的宗法社会中，各家各姓都有权染指。中国是百家姓社会，任何一家一姓都拥有掌握皇权的权力与机会，因而谁家在有条件时都可以发出"王侯将相宁有种乎"的挑战，表达"彼可取而代也"的宏志。所以在这套制度与治理体系下，皇权不可能为一家万世垄断，必然是在百家姓之间流转，从而形成王朝更替。不同家族掌握国家权力，就会形成不同的朝代。但掌握皇权的任何一家，要想江山巩固，则必须拼命守住政权，而守住政权的关键，不在权力本身，而在能否赢得天下，而赢得天下的根本，除了人心之外，就是皇权能否赢得既有制度和治理体系蕴含的"正统"合法性基础。拥有了这种合法性基础，既能有效运行制度与治理体系，也能赢得广泛的民心。正是这种独特的政治传统与政治文化，使得传统国家的制度与治理体系，虽依赖皇帝制度而运行，但又能超越皇帝制度而存在，从而成为维系中国大一统格局的制度与治理体系。于是，朝代更替就成为秦制家天下的形式。这与诸侯分封与割据的周制家天下形成了鲜明对比。

无论是中央官员还是地方官员，秦始皇全部打破周王朝的贵族世袭制度，结束终身制，任免与考核全由中央政府决定，同时全面强化政治监控机制及其相关的一系列管理制度，防止与惩办官员的腐败与不作为行为。

在中国古代政治史中，秦代的官制确实有着特殊重要的意义。《汉书·百官公卿表上》说，周政衰败，官制混乱，战国并争，各有变异，秦兼并天下，建皇帝之号，立百官之职。汉王朝予以继承，没有大的变动。秦立百官之职，汉代基本因循秦制又经进一步健全之后，终于形成了中国历代王朝官制的基本格局。

四、统一文字、货币、度量衡

秦始皇以武力征服天下，摧毁了六国政治疆域的篱笆，建立了统一的帝国政治制度。但他没有停步于此，又把目光对准了斑驳陆离的文化领域、经济领域，致力于构建"大一统"的思想文化、经济文化形态。秦帝国建立不久，秦始皇就雷厉风行地扫荡各地经济文化差异，统一文字、货币、度量衡，推行书同文、车同轨、度同制、行同伦等等有利于大一统的经济文化政策。

1."书同文"

统一文字、简化字形是秦始皇在统一文化制度方面最重要的举措之一。秦始皇称帝不久就下令"书同文字"①。他针对各国"文字异形"的不易相认的状况，下诏令统一文字的字形与书体。

秦始皇首先推行经过整理的秦篆，也就是小篆。小篆是以秦国文字为基础，以西周以来通行于周地、秦国的《史籀》大篆为蓝本，又汲取齐鲁等地通行的蝌蚪文笔画简省的优点，修改而成的。秦始皇将李斯、赵高、胡元敬等人用小篆编写的《仓颉篇》《爰历篇》《博学篇》作为标准的文字范本。李斯等人创造的"小篆"又称"秦篆"。秦篆形象匀圆、字体齐

---

① 司马迁撰：《史记》卷6《秦始皇本纪》，第239页。

整、笔画简略。它作为官方规范文字，颁行全国。另外，秦始皇还推行隶书。"秦始皇改革文字的更大功绩，是在采用了隶书。"[①]云梦秦简的发现证实了这个观点的正确。

秦始皇简化汉字、统一字形，对于中华民族政治与文化的发展有着重大的贡献。中国地域辽阔，各地方言、乡音差别很大，而汉字的表意性很强，有了统一的文字，基本上克服了各地政治经济文化交流中的方言障碍、乡音隔阂。统一文字不仅对促进国家政治统一、经济、文化交流发展有积极的意义，还促进了中华文化共同体的迅速形成。

2."车同轨""行同伦"

"车同轨"，秦始皇大修驰道，改变各国车轨尺寸不一的状况，将全国车轨统一为六尺，以加强政治的统一功能。

"行同伦"，即统一人们的文化心理。秦始皇以政令、法律等形式，统一道德规范和法律规范，诸如"依法为教""禁止淫泆"等。秦帝国还在各地设置专掌教化的乡官，名曰"三老"。在颂扬秦始皇功德的秦代刻石中，至今仍然依稀可见到一批列举着与"行同伦"相关的政治措施。

3.统一货币、度量衡

秦始皇以法令的形式划一币制。战国时期各国货币本位制、单位和铸币的轻重、大小、形制都不一致，根据实际需

---

① 郭沫若：《古代文字之辩证的发展》，《考古学报》1972 年第 1 期。

要，秦始皇依法统一币制并加强货币管理，还制定了中国现存最早的货币金融法规《金布律》及一系列相关法规。

统一度量衡也是秦始皇巩固国家统一与保障经济发展的一项重要措施。他统一度量衡，规定统一的度量单位和进位制。为了保证这项法令的贯彻落实，由中央政府向各级地方政府颁发统一制作的标准量器。凡制造度量衡器，都要刻上皇帝诏书全文。不宜刻字的陶器也用刻字木戳印上字样。从现存秦代量器看，秦始皇把商鞅变法时确立的度量衡标准推行到全国，也就是说，他是以秦国的标准统一了各国在度量衡上有所不同标准的。

五、重视与强调以法治国

秦始皇是一位非常重视"以法治国"的积极有为的皇帝。秦帝国是一个厉行"法治"的君主专制王朝。秦始皇深受法家思想影响，重视以法为治。他公开宣称以法治国，把法作为治国之本，立法度，行法治，任狱吏，严刑罚。正是因为秦始皇对法治的高度重视，使得秦帝国的政治模式和秦始皇的统治方略与后世很多王朝有所不同而别具特色。

秦始皇比较全面地实践着法家的法治理念。秦帝国的群臣颂扬他："皇帝临位，作制明法，臣下修饬……治道运行，诸产得宜,皆有法式。"①后世也有人以"繁法严刑而天下振""禁暴诛乱而天下服"②来评说他。事实也正是这样。秦始皇汲取先秦法治思潮的各项成果,采撷其对治理国家积极有益的成分,以雷霆手段将之贯彻到了秦帝国的日常政治实践中。

1. 秦始皇是一位"因道全法"的皇帝

这一点可以从三个重要事实中加以推定:一是秦始皇十分欣赏韩非的政治学说,而韩非坚信道是"万物之始""是非之纪",国家法制、治国之道、赏罚之术,等等,都因道而设,依道而行。二是秦始皇相信阴阳家的"五德终始"说,并依据"水德"确定了秦帝国的政治模式和法制风格,而阴阳家相信一切根源于道,"五德终始"则是天道运行在政治上的体现。三是秦朝的三公、九卿、博士大多有法家或儒家学术背景,都相信法据于道。自百家争鸣以来,道或天(天道)一直是中国政治哲学的最高范畴,它必然被历代统治者引为一切政治活动的最高依据。作为大秦帝国的开国领袖,秦始皇当然也不能例外。

2. 秦始皇是一位重视立法定制的皇帝

秦始皇集先秦法学理论和法制思想之大成,在"天下大定"之后,以法为本,逐步建立"法令由一统"的国家制度。秦始皇自诩大小政务"皆有法式","除疑定法,咸知所辟",

---

① 司马迁撰:《史记》卷 6《秦始皇本纪》,第 243 页。
② 司马迁撰:《史记》卷 6《秦始皇本纪》,第 278 页。

实现了"职臣遵分，各知所行，事无嫌疑。黔首改化，远迩同度"。李斯说秦帝国"明法度，定律令，皆以始皇起"①。正是因为秦始皇重视完善法制与倡导以法治国，秦帝国有关的法律、法规体系相对比较健全和完备。

3. 秦始皇是一位热衷普及法制的皇帝

秦帝国的法制具有公开性与普及性。秦律在依法规定臣民必须履行某种义务时，总是先宣布对于违反者的处罚手段及其量刑标准，以明令禁止、事前告诫乃至威吓的方式，敦促臣民履行义务。秦始皇明确规定：秦朝各级官吏都要学习法律，精通法律，他们有责任向民众宣讲法律，并回答有关法律问题的咨询。云梦秦简中的《语书》为秦帝国各级政府官员注意成文法的公布及国家法制的宣传、教育工作提供了一个可靠的范例；《内史杂》规定有关官吏必须及时抄写其职责范围内所需要的法律；《法律问答》明确规定官员必须及时地、正确地解答百姓的法律咨询，否则有可能负连带法律责任。在继承与推行法治方面，秦始皇不仅理念和行为完全符合商韩法家学说的要求，而且在政治实践上还有重大的突破与发展。

4. 秦始皇是一位善于依法施治的皇帝

为了使秦帝国政治"合五德之数"，秦始皇"刚毅戾深，事皆决于法"。为了有效贯彻法制，秦始皇建立了以法吏为基

---

① 司马迁撰：《史记》卷87《李斯列传》，第2546—2547页。

干的官僚体系。与历代王朝相比较，秦王朝的法吏体制和法吏责任制颇具特色。秦帝国尚法而治，因此法律和法吏在政治生活中的地位和作用与其他朝代有所不同，有关体系之完备和制度之严密也非常突出。从现存文献看，在通常情况下，秦始皇注意依据制度和法律实施政治，办理政务。大量历史事实表明，秦政得失与秦法制定和实施好坏有着密切的关系。

5. 秦始皇是一位依法严格治吏的皇帝

秦始皇对违法的权贵、官吏严惩不贷，在很大程度上贯彻了"不别亲疏，不殊贵贱，一断于法"①的法治原则。在国家法律面前，一律平等，只要触犯法律，无论贵贱亲疏，都要受到制裁。为了保证国家法制得以贯彻，秦始皇在治国方略上实行"事皆决于法"，司法官吏很难违法定罪科刑或贪赃枉法而不受惩处。②

六、结　论

秦始皇对国家的统一，对皇帝制度的创始，对郡县制度的推行，对官僚制度的完善，对中央集权的加强，对文字、货币、度量衡、车轨等的统一，在诸多方面都超越了前人，可

① 司马迁撰：《史记》卷130《太史公自序》，第3291页。
② 参见张分田著：《秦始皇传》，第445、446、447、451页。

谓是继周公之后中国历史上又一位政治方面的"万世师表"。
"自秦始皇变法之后，后世人君皆不能易之。"①

在政治理念上，秦始皇的治国思路是法律至上，其基本政治模式就是将国家治理统一于"法治""法吏""法教"。秦始皇对法制和"法治"的重视和强调居历代皇帝之首。在政治实践上，秦王朝前期的依法为治也堪称典范。汉代以降，历代王朝都奉儒家学说作为统治思想的基干，提倡以"礼""德""仁"为主的政治方略，大大降低了"法"在国家政治生活中的地位和作用，秦帝国和秦始皇也因此招致"专任刑罚"之讥。从这个意义上说，秦始皇可谓是中国古代史上唯一的一位真正实践了以法治国的皇帝。

---

① 黎靖德编：《朱子语类》卷134《历代一》，第3218页。

附　录

一、主要参考书目

（西汉）陆贾撰：《新语》，商务印书馆 1929 年版。

（东汉）班固著：《汉书》，中华书局 1962 年版。

（东汉）王充著：《论衡》，上海人民出版社 1974 年版。

（唐）柳宗元等著：《论秦始皇》，上海人民出版社 1974
年版。

（西汉）司马迁撰：《史记》，中华书局 1982 年版。

蒋礼鸿撰：《商君书锥指》，中华书局 1986 年版。

王先谦撰：《荀子集解》，中华书局 1988 年版。

王先谦撰：《庄子集解》，中华书局 1987 年版。

洪亮吉撰：《春秋左传诂》，中华书局 1987 年版。

睡虎地秦墓竹简小组编：《睡虎地秦墓竹简》，文物出版
社 1990 年版。

（宋）司马光编著：《资治通鉴》，中华书局 2009 年版。

（元）马端临著：《文献通考》，中华书局 2010 年版。

（西汉）贾谊著，方向东译注：《新书》，中华书局 2012 年版。

侯外庐等著：《中国思想通史》，人民出版社 1957 年版。

顾颉刚著：《秦汉的方士与儒生》，上海人民出版社 1978 年版。

杨宽著：《战国史》，上海人民出版社 1980 年版。

朱绍侯著：《军功爵制试探》，上海人民出版社 1980 年版。

林剑鸣著：《秦史稿》，上海人民出版社 1981 年版。

瞿同祖著：《中国法律与中国社会》，中华书局 1981 年版。

高敏著：《云梦秦简初探》，河南人民出版社 1981 年版。

马非百著：《秦集史》（全二册），中华书局 1982 年版。

吕思勉著：《秦汉史》，上海古籍出版社 1983 年版。

李学勤著：《东周与秦代文明》，文物出版社 1984 年版。

安作璋、熊铁基著：《秦汉官制史稿》，齐鲁书社 1985 年版。

黄留珠著：《秦汉仕进制度》，西北大学出版社 1985 年版。

林剑鸣等著：《秦汉社会文明》，西北大学出版社 1985 年版。

张传玺著：《秦汉问题研究》，北京大学出版社 1985 年版。

栗劲著：《秦律通论》，山东人民出版社 1985 年版。

孙星衍撰：《尚书今古文注疏》，中华书局 1986 年版。

左言东主编:《中国政治制度史》,浙江古籍出版社 1986年版。

黎靖德编:《朱子语类》,中华书局 1986 年版。

郭志坤著:《秦始皇大传》,上海三联书店 1989 年版。

郑良树著:《商鞅及其学派》,上海古籍出版社 1989 年版。

何建章注释:《战国策注释》,中华书局 1990 年版。

朱绍侯著:《军功爵制研究》,上海人民出版社 1990 年版。

孙实明著:《韩非思想新探》,湖北人民出版社 1990 年版。

(英)崔瑞德、鲁惟一编:《剑桥中国秦汉史》,中国社会科学出版社 1992 年版。

祝瑞开主编:《秦汉文化与华夏传统》,学林出版社 1993年版。

韩国磐著:《中国古代法制史研究》,人民出版社 1993 年版。

冯尔康主编:《中国社会结构的演变》,河南人民出版社 1994 年版。

白寿彝主编:《中国通史》,上海人民出版社 1994 年版。

丁守和主编:《中国历代治国策选粹》,高等教育出版社 1994 年版。

林剑鸣著:《吕不韦传》,人民出版社 1995 年版。

吴荣曾著:《先秦两汉史研究》,中华书局 1995 年版。

田昌五、臧知非著:《周秦社会结构研究》,西北大学出版社 1996 年版。

梁启超著:《先秦政治思想史》,东方出版社 1996 年版。

王育民著：《秦汉政治制度》，西北大学出版社 1996 年版。

李存山著：《商鞅评传》，广西教育出版社 1997 年版。

王云度、张文立著：《秦帝国史》，陕西人民教育出版社 1997 年版。

王长华著：《春秋战国士人与政治》，上海人民出版社 1997 年版。

王先慎撰：《韩非子集解》，中华书局 1998 年版。

高敏著：《秦汉史探讨》，中州古籍出版社 1998 年版。

田静著：《秦宫廷文化》，陕西人民教育出版社 1998 年版。

周桂钿著：《秦汉思想史》，河北人民出版社 1999 年版。

王遽常著：《秦史》，上海古籍出版社 2000 年版。

周桂钿著：《秦汉思想史》，河北人民出版社 2000 年版。

刘泽华著：《中国的王权主义》，上海人民出版社 2000 年版。

颜吾芟著：《崛起咸阳城——秦始皇的治国谋略》，华夏出版社 2000 年版。

吴小强著：《秦简日书集释》，岳麓书社 2000 年版。

翦伯赞著：《先秦史》，北京大学出版社 2001 年版。

范忠信著：《中国法律传统的基本精神》，山东人民出版社 2001 年版。

孟祥才著：《先秦秦汉史论》，山东大学出版社 2001 年版。

徐元浩撰：《国语集解》，中华书局 2002 年版。

卜宪群著:《秦汉官僚制度》,社会科学文献出版社 2002 年版。

张分田著:《秦始皇传》,人民出版社 2003 年版。

齐涛主编:《中国政治通史》卷 3《走向大一统的秦汉政治》,泰山出版社 2003 年版。

黎翔凤撰:《管子校注》,中华书局 2004 年版。

郭沫若著:《十批判书》,中国华侨出版社 2007 年版。

王绍东著:《秦朝兴亡的文化探讨》,内蒙古大学出版社 2004 年版。

林甘泉著:《中国古代政治文化论稿》,安徽教育出版社 2004 年版。

韩星著:《儒法整合秦汉政治文化论》,中国社会科学出版社 2005 年版。

国风著:《中国古代的权力结构》,山西人民出版社 2006 年版。

雷戈著:《秦汉之际的政治思想与皇权主义》,上海古籍出版社 2006 年版。

陈鼓应注译:《黄帝四经注今译——马王堆汉墓出土帛书》,商务印书馆 2007 年版。

刘泽华著:《中国政治思想史集》,人民出版社 2008 年版。

万昌华、赵兴彬著:《秦汉以来基层行政研究》,齐鲁书社 2008 年版。

吕不韦编,许维遹撰:《吕氏春秋集释》,中华书局 2009

年版。

李治安主编：《中国五千年中央与地方关系》，人民出版社 2010 年版。

萧公权著：《中国政治思想史》，新星出版社 2011 年版。

田延峰著：《中华帝制的精神源头——秦思想的发展历程》，人民出版社 2011 年版。

祝中熹著：《秦史求知录》（上、下），上海古籍出版社 2012 年版。

张分田著：《中国古代统治思想研究》，人民出版社 2013 年版。

胥仕元著：《秦汉之际礼治与礼学研究》，人民出版社 2013 年版。

刘敏著：《秦汉编户民问题研究》，中华书局 2014 年版。

《赵正书》，载《北京大学藏西汉竹书（叁）》，上海古籍出版社 2015 年版。

钱穆著：《秦汉史》，九州出版社 2015 年版。

焦培民著：《中国政治制度史新论》，人民出版社 2015 年版。

李开元著：《秦崩：从秦始皇到刘邦》，生活·读书·新知三联书店 2015 年版。

李鹏等编著：《中国古代标准化探究》，中国质检出版社、中国标准出版社 2016 年版。

宋洪兵著：《循法成德：韩非子真精神的当代诠释》，生活·读书·新知三联书店 2015 年版。

李禹阶主编:《秦汉社会控制思想史》,中国社会科学出版社 2017 年版。

王子今主编:《秦统一的进程与意义》,中国社会科学出版社 2017 年版。

朱宝昌著:《先秦学术风貌与秦汉政治》,商务印书馆 2018年版。

辛德勇著:《生死秦始皇》,中华书局 2019 年版。

二、秦始皇行政大事记

秦始皇元年(公元前 246 年),14 岁
开郑国渠。

秦始皇八年(公元前 239 年),21 岁
秦王平定弟成蟜叛乱。

秦始皇九年(公元前 238 年),22 岁
四月,秦王在雍都蕲年宫举行加冕,开始亲自执政。长信侯嫪毐作乱。秦王令相国昌平君、昌文君发兵平嫪毐叛乱。

秦始皇十年(公元前 237 年),23 岁
罢免吕不韦相国之职。
迎太后入咸阳。

下逐客令。李斯上书谏说之后又撤销逐客令。李斯始入权力层。

大梁人尉缭来说秦王，任其为国尉，掌握军权。

秦始皇十一年（公元前 236 年），24 岁

王翦、桓齮、杨端和攻邺，取九城。

秦始皇十二年（公元前 235 年），25 岁

秦王发四郡兵，助魏击楚。

吕不韦自杀。

秋，令嫪毐舍人迁蜀。

秦始皇十三年（公元公元前 234 年），26 岁

秦将桓齮攻赵平阳、武城，杀赵将扈辄，斩首十万。因东击赵，秦王到河南。

秦始皇十四年（公元前 233 年），27 岁

秦攻赵军于平阳，取宜安，破之，杀其将军，桓齮平阳、武城。

韩非使秦，秦用李斯谋留非。韩非被迫自杀。

秦拔赵宜安。

秦始皇十五年（公元前 232 年），28 岁

秦大举出兵，一军攻到邺；一军攻到太原，取下狼孟、番吾。

秦始皇十六年（公元前 231 年），29 岁

九月发兵，接收韩国的南阳，派遣内史腾摄理该地行政。

开始命令男子报写年龄。

魏献秦雍州新丰县一带土地，秦置丽邑。

秦始皇十七年（公元前230年），30岁

秦王派内史腾进攻韩国，虏获韩王安，把韩国整个纳入秦的版图，改设为颍川郡。

秦始皇十八年（公元前229年），31岁

秦大举攻打赵国，王翦率兵攻下井陉；杨端和率兵围困邯郸城。

秦始皇十九年（公元前228年），32岁

王翦、羌瘣完全平定赵国，在平阳虏获赵王迁，公子嘉逃走，自立代王。

秦王到邯郸，从太原、上郡返回。

秦始皇二十年（公元前227年），33岁

燕国太子丹派荆轲前往秦刺杀秦王失败。秦王命令王翦、辛胜进军燕国。

秦始皇二十一年（公元前226年），34岁

王贲攻打燕国，取得蓟城。获得太子丹的首级。

秦将王贲击楚，取十城。

秦始皇二十二年（公元前225年），35岁

王贲攻魏，挖掘河沟，用大水淹灌魏都大梁，虏获王嘉，尽取其地。

秦始皇二十三年（公元前 224 年），36 岁

秦王再度征召王翦。王翦进攻楚国，虏楚王负刍。

秦王出游，到达郢和陈。

楚将项燕立昌平君为楚王，在淮南起兵反秦。

秦始皇二十四年（公元前 223 年），37 岁

王翦、蒙武攻打荆楚，昌平君战死，楚将项燕自杀。

秦始皇二十五年（公元前 222 年），38 岁

秦将王贲率军进攻燕国的辽东，虏得燕王喜。又回兵攻打代国，虏代王嘉，赵亡。

王翦平定楚国以及江南地方，降服越地的君长，设立会稽郡。

秦始皇二十六年（公元前 221 年），39 岁

王贲攻打齐国，虏获齐王建。

秦王嬴政完成统一事业，建立皇帝制度。

废除谥法。

把天下分为三十六郡。

收天下的兵器，聚集在咸阳，铸为钟鐻。

统一文字、货币、度量衡。

车同轨。

徙天下豪富于咸阳十二万户。

秦始皇二十七年（公元前 220 年），40 岁

秦始皇第一次出巡，游陇西、北地。

普赐天下民爵一级。

下令修筑驰道。

秦始皇二十八年（公元前219年），41岁

修筑阿房宫。

修凿灵渠。

秦始皇第二次出巡，派徐福入海求仙。

秦始皇二十九年（公元前218年），42岁

秦始皇第三次出巡，在博浪沙遇刺未伤。

秦始皇三十年（公元前217年），43岁

无事。

秦始皇三十一年（公元前216年），44岁

秦始皇令民自行陈报土地占有情况。

秦始皇三十二年（公元前215年），45岁

秦始皇第四次出巡。

令蒙恬率三十万军北击匈奴。

秦始皇三十三年（公元前214年），46岁

平定百越地区，置三郡，迁徙五十万人戍其地，与越人杂处。

蒙恬败匈奴，略取河南地，置四十四县。增筑长城，西起临洮，东至辽东，以防匈奴。

秦始皇三十四年（前213年），47岁

秦始皇下令焚书。

凡欲学法令者以吏为师。

发五十万逋亡、商人、赘婿等罪徙戍五岭。

秦始皇三十五年（前212年），48岁

秦始皇下令坑术士。

继作阿房宫。

秦始皇三十六年（前211年），49岁

东郡降陨石，上刻"始皇帝死而地分"。

迁民三万户至北河、榆中。

秦始皇三十七年（前210年），50岁

秦始皇第五次出巡。登上会稽山。

七月，丙寅，始皇病死沙丘。

赵高、李斯、胡亥策划沙丘之谋，赐死扶苏。

九月，始皇帝葬骊山。

此后，在秦二世统治时期，赵高、李斯不断祸乱朝政，至此，大秦帝国覆灭的命运已经不可避免。